大学生安全教育

《大学生安全教育》编写组　编

中国农业出版社

北　京

图书在版编目（ＣＩＰ）数据

大学生安全教育/《大学生安全教育》编写
组编. -- 北京：中国农业出版社，2020.11
ISBN 978-7-109-26901-9

Ⅰ．①大… Ⅱ．①大… Ⅲ．①大学生-
安全教育Ⅳ．①G641

中国版本图书馆 CIP 数据核字（2020）第 093782 号

中国农业出版社出版

地　　址：北京市朝阳区麦子店街 18 号楼
邮　　编：100125
责任编辑：陈婷　闫保荣　王贺春
文字编辑：赵冬博
版式设计：求知
责任校对：吴丽婷
印　　刷：西安创维印务有限公司
版　　次：2020 年 10 月第 1 版
印　　次：2020 年 10 月第 1 次印刷
发　　行：新华书店西安发行所
开　　本：700mm × 1000mm　1/16
印　　张：16
字　　数：170 千字
定　　价：39.00 元

前言

FOREWORD

　　校园安全是国家安全和社会安全的重要组成部分，对保障广大青少年的健康成长、维护学校安全和谐具有重要的现实意义。维护校园安全是全社会共同的责任。

　　习近平总书记指出，青年兴则国家兴，青年强则国家强。当前，我国已经进入了实现中华民族伟大复兴的关键阶段。大学生作为祖国的未来，民族的希望，是推动经济社会发展的重要力量。大学生的健康成长与安全成才，事关国家的长治久安，事关社会的繁荣稳定。近年来，随着高校规模的扩大和社会化建设的加快，高校成员构成日趋复杂，除教师、行政人员、后勤人员和学生外，还有一些教职工家属、临时工以及在校内经商、进修学习的人员等。在这种情况下，刚刚走出家门的高校学生社会经验较少、思想单纯、安全意识较差、防范意识不强、自救能力较弱，极易成为不法分子的侵害目标，校园安全教育迫在眉睫。

　　为配合高校的安全教育工作，帮助大学生树立安全防范意识，提高自救能力，我们组织编写了《大学生安全教育》一书。本书共分十章，分别从大学生安全教育概述，国家安全，人身与财产安全，交通安全，消防安全，网络安全，生理健康安全，心理健康安全，实验、兼职、实习、留学与求职安全，突发事件中的安全问题这些领域全面总结了校园安全的各个方面。其中，本书还结合实际，针对目前突出的校园贷问题、网络安全问题、求职安全问题等热点话题做了详细解读。此外，为充分调动大学生的阅读兴趣，本书结合了大量案例来进行讲解，并附有"知识视窗"栏目以拓展大学生知识视野。全书语言通俗平实，言简意赅，是一部内容详尽、可读性高、实用性强的权威读本。

希望本书的出版能增强大学生抵御不法侵害、预防安全事故、应急逃生避险的能力，为维护高校的安全、和谐和稳定，维护师生的生命财产安全和身心健康，保障高校开展正常的教育教学活动起到切实有效的帮助。

2020 年 10 月

编　者

目录 | CONTENTS

前　言

第一章　大学生安全教育概述 ………………………………………… 1

　第一节　安全的含义与大学生安全 ……………………………… 2

　第二节　大学生安全教育 ………………………………………… 5

第二章　国家安全 ……………………………………………………… 11

　第一节　维护国家安全 …………………………………………… 12

　第二节　严守国家秘密 …………………………………………… 20

　第三节　防范恐怖活动 …………………………………………… 27

　第四节　崇尚科学，抵制邪教 …………………………………… 33

第三章　人身与财产安全 ……………………………………………… 37

　第一节　预防校园暴力 …………………………………………… 38

　第二节　防止性骚扰和性侵害 …………………………………… 43

　第三节　学会正当防卫 …………………………………………… 49

　第四节　防止被盗、被骗、被抢 ………………………………… 54

　第五节　抵制传销，避免上当 …………………………………… 64

第四章　交通安全 ……………………………………………………… 71

　第一节　校园交通安全 …………………………………………… 72

　第二节　预防交通事故 …………………………………………… 78

　第三节　交通事故的处理方法 …………………………………… 83

第五章 消防安全 ·· 89

第一节 火灾知识和火灾的预防 ······················ 90

第二节 消防器材的使用和消防安全标志 ·············· 95

第三节 火灾救援和火场逃生 ························· 102

第六章 网络安全 ·· 109

第一节 杜绝网络成瘾 ······························· 110

第二节 网络交往安全 ······························· 114

第三节 计算机病毒危机的应对 ······················ 118

第四节 校园贷的危害 ······························· 123

第五节 远离网络"黄赌毒",防范网络犯罪 ··········· 130

第七章 生理健康安全 ···································· 135

第一节 饮食安全 ··································· 136

第二节 运动安全 ··································· 146

第三节 常见疾病及处理方法 ························· 155

第四节 应急救护方法 ······························· 163

第八章 心理健康安全 ···································· 169

第一节 大学生心理健康及心理问题调适 ·············· 170

第二节 大学生人际交往障碍及调适 ·················· 178

第三节 大学生恋爱安全及性心理健康 ················ 184

第四节 远离毒品,拒绝赌博 ························· 195

第五节 防范犯罪 ··································· 203

第九章 实验、兼职、实习、留学与求职安全 ············· 209

第一节 大学生实验安全 ····························· 210

第二节 大学生兼职、实习安全 ······················ 215

第三节 大学生留学与求职安全 ······················ 219

第十章 突发事件中的安全问题 ·························· 225

第一节 避免踩踏 ··································· 226

第二节 躲避地震危害 ······························· 230

第三节 应对洪水危害 ······························· 235

第四节 妥善应对滑坡和泥石流 ······················ 239

第五节 其他自然灾害的防范和应对 ·················· 243

第一章
大学生安全教育概述

　　大学生正处于成长的关键时期，面临学习、生活、恋爱、升学、就业等一系列人生重大课题。随着社会的不断发展变化，高校已不再是只闻朗朗读书声的世外桃源和一方净土，社会上的各种思潮——是与非、正与误、直与曲、好与坏、善与恶，都以各种形式在神圣的大学殿堂里投射。与此同时，大学生安全问题也无时不在，无处不在。

　　大学生安全问题是高校进行一切活动的前提和基础，是高校生命安全的保障。它直接关系着大学生的人身安全，关系着高校的稳定。通过安全教育，帮助大学生增强安全防范意识，掌握必要的安全知识和安全防范技能，消除各种安全隐患，对于确保大学生安全具有十分重要的意义。

第一节　安全的含义与大学生安全

安全是人类的基本需要之一，对保证人的健康成长，维系社会和国家的稳定具有重要意义。安全问题是人类保证自身生存和生命延续不容忽视的基本要求。对刚刚走出家门、异地求学的大学生来说，安全问题更是难以忽视的一环。大学生安全，亦是一个特殊而重要的话题，它关系着国家正常的人才建设、社会的和谐稳定。

一、安全的含义

所谓安全，是指在合法的范围内人身或财产不受威胁，没有危险、危害和损失的人与自然、人与社会和谐相处的良好状态。安全是目前使用频率非常高的词汇，其使用范畴涵盖了食品、医药、交通、人身、财产、心理等各个领域的方方面面。作为一个外延范畴广泛的词汇，安全有着以下三种基本属性。

（一）安全是人的基本需要

安全是人类保证自身生存和生命延续的基本要求。美国心理学家马斯洛在他的需求层次理论中把人的需求分为五个层次，依次是生理、安全、社交、尊重和自我实现。其中，马斯洛指出，安全是人类的第一需要，是人类保证自身生存和生命延续的基本要求。如果不能保障安全，人类就无法满足必要的生理需求，也更加无从谈起去实现其他的人身需求。

（二）危害安全的事件具有因果联系

任何危害安全的事件的发生都是有原因的，比如某人坐公交车遭遇偷窃，原因是该车上事先有行窃的小偷；一群人在某食堂就餐后食物中毒，是因为这些人共同吃的某种食物已经有毒，等等。由此可见，危害安全的事件往往具有因果性。细究其因果联系，原因与结果的关联是多种多样的：有一因一果的，如食物中毒；有一因多果的，如某车在高速路上突然熄火停车，引起后面车发生连续追尾；有多因一果的，如某人因自身警惕性不高，导致银行账户信息泄露，进而被诈骗团伙骗钱等；还有多因多果的。

危害安全的事件具有因果性说明，大部分的安全事件是可以预防的，即使是自然意外事件，如果未雨绸缪，也能大幅度降低危害的程度，如在震区，建造住房可增加防震的功能；居民进行经常性的防震教育和演习，一旦发生地震，就能把危害降到最低程度。

（三）在合法的范围内排除安全问题

排除安全危险要在合法的范围内进行，否则，超出了合法的界限，就会成为不法行为，成为危害他人安全的威胁。比如，在遭受不法伤害时如果防卫过当，就会触犯法律的底线。这一属性要求体现了依法办事的原则，体现了现代社会中自身安全与他人安全和社会安全的目标一致的属性。

二、大学生安全

 案例追击

案例一：

某高校学生王某在宿舍因违规使用电器"热得快"，在停电后未及时将插头拔下，来电后不慎引燃桌上物品，造成火灾，引发了一些财产损失。

案例二：

某高校学生刘某趁寝室无人，撬开宿舍同学陈某的衣柜，并拿走柜中的招商银行卡。通过这张卡，刘某盗走陈某卡内存款 3 100 元。

案例三：

某高校学生李某在外购物时横穿马路，不慎被一辆大型卡车撞成重伤，后经医院抢救无效死亡。

大学生安全是指大学生群体在合法的范围内人身或财产不受威胁，没有危险、危害、损失的人与自然、人与社会和谐相处的良好状态。

近年来，伴随着大学校园的日益开放和我国高等教育人才培养模式的转变，高校办学规模逐年扩大，校区建设加速，人员密度增高，大学校园的安全问题日趋严峻，集中存在着消防安全、交通安全、重大治安刑事案件、爆炸事故、盗窃和诈骗、社会交往以及大学生自杀等安全隐患，大学生安全形势不容乐观。

由于大学生群体的特殊性，大学生安全与普遍意义上的公众安全相比，具有两个显著难点。

（一）高校校区环境增大了大学生群体安全问题的发生概率

目前来看，大部分大学校园为了便于开展教学，都建在了远离市区、环境优雅、周边安静的郊区。这一特点无形中增大了安全问题的发生概率。郊区处于城乡结合地带，周围地形复杂、人员混杂，流动人口较多，往往有许多闲杂人员和不法分子混迹其中，极易对社会经验较少、思想单纯的大学生实施人身侵害。

（二）大学生群体思想单纯，安全意识淡薄，增大了安全风险

大学生群体大多处于 18~24 周岁，对这个阶段的大学生而言，虽然个体的生理发育已接近完成，具备了成年人的体格和生理功能，但其心理却远未成熟。从中学校门直接走进大学校门的大学生，思想单纯，心理承受能力不强，社会经验不足，缺少独立生活的足够经验，安全意识较为淡薄，防盗、防骗意识不强，极易被不法分子盯上，遭受不法侵害。

人才培养是我国科教兴国战略的核心内容。高校为知识分子聚集区，确保高校的安全稳定，就是在为我国科教兴国战略、实现中华民族伟大复兴保驾护航。大学生安全是公共安全中不容忽视的一个方面。加强大学生安全教育，加强对大学生公共安全知识的教育，提高大学生安全防范意识，掌握安全防范知识和具备应对处理突发事件的能力，对确保高校人才培养、教学科研、服务社会功能的实现及维护高校稳定、社会和谐有着重大意义；对加强高等院校的日常管理，维护学校的正常教学、科研及生活秩序，保障学生人身和财物安全，促进学生心理的健康成长同样意义重大。

第二节　大学生安全教育

大学生安全教育，针对大学生安全问题而展开教育，旨在增强大学生的安全防范能力，提高大学生安全意识，对保障大学生的身心健康，促进高校各项活动的正常开展，维护社会和谐具有重要作用。

一、大学生安全教育的定义

大学生安全教育，是指学校为了正常管理、维护教学秩序，使大学生增强安全防范意识，提高自我保护和心理调节能力，确保人身、财产安全和身心健康不受伤害，依照国家有关法律法规，制定各种安全教育与管理规章制度，并对大学生进行国家法律法规、学校安全规章和纪律、安全知识与防范技能的教育与管理、演练与培训活动的总称。

加强大学生安全教育，对增强大学生的安全防范意识，提高大学生安全防范能力，维护高校校园稳定，保证高校正常教学的进行，维护社会的和谐稳定具有重要意义。

二、大学生安全教育的必要性

（一）加强大学生安全教育，是维护国家安全和利益的需要

从国家面临的安全环境来看，当前我国面临的环境复杂多变，安全形势不容乐观，一些境外敌对势力和间谍情报机构为达到分化、西化中国的目的，一方面利用各种渠道，以公开或秘密的方式，传播西方的政治和经济模式、价值观念以及腐朽的生活方式，培养和平演变的"内应力量"；另一方面则采取金钱收买、物质利诱、色情勾引、出国担保等手段，或打着学术交流、参观访问、洽谈业务等幌子，刺探、套取、收买我们国家和单位的秘密。从大学生对国家安全的认知来看，当前我国大学生对国家安全还停留在军事、战争、国防、领土、情报、间谍等传统和局部的认识上，且不能自觉地把维护

国家安全与自身的责任联系起来，国家安全意识淡薄。在这种情况下，就迫切需要对大学生进行安全教育，培养国家安全知识，树立国家新安全观。

（二）加强大学生安全教育，是高校治安形势的需要

随着改革开放的深入，高校由过去的封闭型办学变为开放型办学，管理方式社会化，办学形式多样化，学生结构复杂化，校区多而分散，校园周边治安环境日趋复杂，校园与社会相互交叉、相互渗透，校园治安形势日趋复杂严峻。在这种情况下，加强大学生安全教育，提高大学生安全防范能力，可以有效地减少和避免大学生安全问题，维护高校的安全和稳定。

（三）加强大学生安全教育，是提高学生自我防范意识、自我保护能力的需要

回顾现实，高校校园安全事故频发的原因，与学生安全意识淡薄、自我保护能力薄弱的关系密不可分。目前高校学生普遍存在着缺乏社会经验和安全防范意识，对社会消极因素抵御能力较差等问题。因此，面对频繁发生的校园安全问题，加强大学生安全教育，使广大学生提高警惕，掌握必要的安全知识迫在眉睫。

三、大学生安全教育的内容

大学生安全教育的内容，主要围绕着大学生面临的安全问题来展开。目前来讲，大学生可能面临的安全问题主要表现在以下方面。

（一）国家安全

随着高校对外办学、开放办学的深入，境外人员参观访问、学术交流、讲学留学、科技合作等情况日益增多，高校的国家安全工作面临诸多新的问题和新的考验。

（二）人身安全

从广义上来讲，人身安全是指人的生命、健康、自由、尊严依法不受侵害、不面临危险的状态。从狭义上来讲，人身安全一般指自然人的身体安全。人身安全是安全的首要原则。由于大学生自我管理意识较弱，容易成为暴力侵害的对象，因此，掌握防抢、防绑架、防被殴打、防性侵等自卫技能是大学生确保自身人生安全的重要方式。

（三）财产安全

财产安全指拥有的金钱、物资、房屋、土地等物质财富受到法律保护的权利的总称。由于大学生普遍存在社会阅历浅、自我保护与社会协调能力弱、应对各种问题时处理经验不足的问题，极其容易成为不法分子进行盗窃、诈骗、抢劫和勒索的对象。近几年来，大学生的财产安全问题成为现今校园安全里最频发、最普遍的问题。因此，必须加强大学生财产安全教育，减少侵财案件的发生，提高大学生的财产安全意识。

（四）心理安全

心理安全是指个体祥和、平稳的心境，积极、博爱的态度，适度、合理的行为下的一种凸显人格健全、负责、热情的生活状态。由于大学生的心理发育还不够成熟，心理素质具有较差的恒常性，极易因为长时间挤压不得排解的沟通因素、个性因素、环境因素、利益因素、恋爱因素、情绪因素等产生心理问题或者心理疾病，这种心理障碍会引发大学生出现一些极端行为，甚至使大学生走向自残或伤人的境地。

（五）消防安全

高校消防安全问题历来受到高度重视，学生宿舍区、实验教学区、公共活动区人员密集，有的易燃品集中，如果缺乏用火、用电、实验室安全常识，就容易诱发火灾，造成人身和财产的重大损失。虽然，高校几乎每栋教学楼、宿舍楼都配有灭火器，但就现状而言，大学生的防火意识依然比较淡薄，乱接电线、乱用插头、不当使用电器、随意使用违规电器等情况时有发生，这些无疑增加了火灾发生的安全隐患。因此，大力普及防火常识，增强火灾自救能力刻不容缓。

（六）交通安全

车祸是意外死亡案例中几率最高的一种，我国近几年死于交通事故的人数每年达 10 万人左右。在学生的意外死亡事故中，车祸占到很高的比例。大学生假期返乡、归校期间是交通事故高发期，提高交通安全意识、普及交通安全知识十分重要。

（七）疾病预防

高校人员密集，易于各种传染病、常见病的传播和流行。疾病的预防是大学生安全教育中比较薄弱的环节，很多大学生对疾病的了解不多、重视不够，在突发疾病时缺乏急救常识、不能准确及时地进行救治处理。

（八）实习安全

大学生毕业前实习活动是大学教育的必经阶段，在实习过程中维护自身合法权益，是大学生必须掌握的知识技能。

(九) 网络安全

随着信息技术的发展，网络不仅是大学教学一个必不可少的工具，也是大学生课余休闲的一个主要方式。根据调查显示，65.9%的学生每周平均上网时间为 7 小时以下；25.5%的学生为 7～14 小时；8.5%的学生平均每天上网时间为 2～4 小时。对于学生上网的目的，72.3%的学生是为了查资料，28.7%的学生是为了聊天，26.1%的学生是为了了解时事，12.2%的学生是为了打游戏。长时间的上网容易使大学生的新陈代谢、正常的生物钟遭到破坏，身体虚弱，严重者还会出现精神紊乱、免疫功能下降，甚至诱发焦虑和忧郁。此外，由于大学生网络安全防范意识比较淡薄，容易遭受网络诈骗，而过多接触一些网络不健康信息，沉迷网络还会使大学生出现厌学、逃课等现象，甚至弱化道德法律意识，走上违法犯罪的道路。因此，大力宣传网络安全，提高大学生网络防范意识，就显得尤为重要。

大学生安全教育，就是针对上述大学生可能存在的安全问题提出正确的指导方针，帮助大学生排除这些安全隐患，使大学生提高安全防范意识，掌握必备的安全技能，身心健康地成长。

四、大学生安全教育的意义

(一) 开展大学生安全教育是实施依法治国的需要

回顾校园安全事件，大学生不仅容易成为安全事故中的受害者，也容易成为施害者。开展大学生安全教育，不仅能够提高大学生的安全防范意识，增强学生的安全知识和技能，还能够培养大学生的责任意识，使他们意识到自己不当行为的严重危害。从这一点上来看，开展大学生安全教育，对增强大学生的社会责任感、提高大学生的法律意识，促进依法治国的开展，具有重要意义。

(二) 开展大学生安全教育是维护高校安全稳定的需要

作为高校主体，大学生安全防范意识的强弱、逃生自救技能的高低以及安全责任意识的强弱，直接影响着校园治安秩序的好坏，关系着校园和谐稳定与否。因此，加强大学生安全教育是维护高校安全稳定的必然要求。

(三) 开展大学生安全教育是高校开放办学模式的需要

随着高等教育改革的不断深化、办学理念的不断转变，大学校园从封闭式逐步转化为开放式，校园与社会融合进一步加深。开放办学模式下的高校潜藏了更多的不安全因素，被盗、被伤害等案件可能随时发生。要提高大学生安全防范意识，就必须加强大学生安全教育。

（四）开展大学生安全教育是现代素质教育的需要

增强大学生安全意识，提高大学生自救技能，与现代教育中提倡素质教育，培养学生多种能力的要求十分契合。加强大学生安全教育，提高大学生环境适应能力、发现和解决问题的能力，已成为大学生素质教育的重要方面。

五、自觉接受安全教育

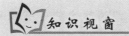 知识视窗

体验消防生活

受四川凉山森林大火的影响，为了表达对最美逆行者的崇高敬意，同时深入了解体验消防，来自浙江理工大学的12名大二学生组成了暑期消防社会实践小组，来到秀洲区消防救援大队，与消防指战员同吃同住同训练，近距离感受消防，体验了5天"消防员"生活。

一来到救援大队，实践小组成员就在消防官兵的带领下参观了消防中队内部，对消防车辆、装备及有关器材和消防指战员们的日常生活进行了深入的了解。

体验一："魔鬼"训练初体验。5天时间中，"实践消防员"们在消防官兵的指导和做好了充分安全防护的情况下，进行了绳索攀爬、壶铃折返跑、6米拉梯、一人两带等科目的训练。作为学生们印象最深的消防员日常训练生活，大家纷纷表示看似一气呵成的动作，要领和技巧却是不少，对长年如一日进行高强度训练的消防官兵们满是钦佩和敬意。

体验二："应急救援"共参与。来到消防救援大队后，学生们就迅速进入角色，和指战员一起前往浙江洛克新材料股份有限公司参与危险化学品泄漏起火综合应急演练。在"救援"现场，学生们亲眼见证了消防战士英勇奋战的场面，对整个救援过程有了更加直观和清晰的认识。在之后的危险化学品企业开放活动中，对于企业日常安全监管的要点和日常消防设施设备的使用方法也有了更加深刻的了解。

体验三："快闪、红歌"广宣传。在消防体验过程中，大学生们还在中队消防员的带领下前往南湖，开展"快闪红歌行"的主题表演，彰显最美消防精神。此外，"实践消防员"们还在人员集中区域，积极开展消防宣传活动，成了南湖边一道亮丽的风景。接下来，他们还将把体验视频剪辑制作进行网络分享，让社会大众通过镜头更好地了解消防队伍。

通过此次实践活动，不仅让参与暑期实践的大学生学到了消防安全的相关知识，同时也为全民学习消防安全知识营造了良好氛围。在体验活动结束后，大学生们表示："通过体验才知道消防员的艰苦，回去后一定好好学习，珍惜大学生活！"

（来源：中共嘉兴市委 嘉兴市人民政府网，原标题为《秀洲区推出安全专题暑期实践项目：大学生同吃同住同训练，近距离感受消防生活》）

作为在校大学生，应意识到目前严峻的高校安全形势，自觉接受学校的安全教育，提高安全防范意识和责任意识，掌握必要的安全知识，增强安全自救能力。

（一）上好校园安全课

目前，大学生安全教育这项课程已列入了高校必修科目。作为大学生，应提高对安全问题的重视程度，上好校园安全课，自觉接受安全教育。

（二）积极参加"安全教育月""安全知识讲座""消防演练"等校园活动

作为大学生，应积极参加学校举行的各种安全教育实践活动，如"安全教育月""安全知识讲座""消防演练"等活动，通过活动来检验掌握的安全知识，学会在实践中运用安全知识。

（三）重视心理安全教育

随着社会的发展，大学生面临的各种压力日益严峻，心理问题也越来越多。心理安全问题已成为了大学生安全问题的重要方面。作为大学生，要自觉重视心理安全，学会通过适当的方式排解不良情绪，缓解心理压力，必要时，可向辅导员、心理医生等咨询请教。此外，面对有心理问题的同学，应主动关心，帮助其早日摆脱心理阴影，树立起健康积极的人生观。

第二章
国家安全

　　国家安全是国家生存的保障，是国家全部活动的基础和前提，也是一个国家的民众所追求的最基本的目标之一。古今中外的实践表明，安全利益是国家利益、民族利益，也是最广大人民根本利益的集中体现。作为大学生，应自觉树立国家安全意识，在生活实践中维护好国家安全。

第一节　维护国家安全

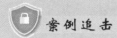 案例追击

　　2014 年，来自某国防科工高校的学生小路到我国台湾参加一个学术研讨会。在台湾期间，负责接待的台湾人林庆哲对小路热情友好，渐渐取得了小路的信任，并与小路建立了密切的友情。小路回大陆后，林庆哲主动联系小路，说自己有个朋友对航空航天类的前沿信息很关注，想让他帮忙找一些这方面的资料，并指出这件事情是有报酬的。

　　毫无警惕心的小路接受了林庆哲的邀请，从此后开始频繁地为林庆哲搜集资料。在几年的时间里，小路共拿到了 15 800 元的报酬。这样的日子持续不久后，国家安全部门的有关人员找到了小路。这时小路才了解到，原来林庆哲的真实姓名是林家辅，是台湾间谍人员，1984 年生。他长期通过参加台湾某基金会的活动，以义工的名义与参加基金会活动的大陆学生进行接触，并从中物色有策反发展条件的学生。

　　每年的 4 月 15 日，是我国的全民国家安全教育日。提到国家安全，很多人会联想到间谍、特工、战争等，觉得离自己太遥远。实际上，"国家安全"早已不限于"保卫国家不受侵略"的意思，而拓展到了经济、社会、生态环境、网络空间等各个领域，与我们每个人的生活都息息相关。《中华人民共和国国家安全法》指出，中华人民共和国公民、一切国家机关和武装力量、各政党和各人民团体、企业事业组织和其他社会组织，都有维护国家安全的责任和义务。作为大学生群体，要在日常生活中提高防范意识，自觉成为国家安全和社会稳定的坚定维护者。

一、国家安全的定义

2015 年 7 月，我国在新通过的《中华人民共和国国家安全法》（以下简称新《国家安全法》）中指出："国家安全是指国家政权、主权、统一和领土完整、人民福祉、经济社会可持续发展和国家其他重大利益相对处于没有危险和不受内外威胁的状态，以及保障持续安全状态的能力。"同时，为了增强公民的国家安全意识，新《国家安全法》将每年的 4 月 15 日定为全民国家安全教育日。

国家安全是国家建设发展的前提，是人民安居乐业的基石，更是我们建设中国特色社会主义、实现中华民族伟大复兴的重要保障。国家安全的外延极其广泛，涵盖了国家独立、主权和领土完整以及人民的生命财产不被侵犯；国家政治制度、经济制度不被颠覆；经济发展、民族和睦、社会安定不受威胁；国家秘密不被窃取；国家工作人员不被策反；国家机构不被渗透等方方面面的内容，包含了国民安全、领土安全、主权安全、政治安全、军事安全、经济安全、文化安全、科技安全、生态安全、信息安全。其中，国民安全是最核心最基本的国家安全之一。

国家安全既包含传统的政治安全和军事安全，也包含非传统的、非军事领域的经济安全、社会安全、科技安全和资源环境安全等。任何境外机构、组织、个人实施或者指使他人实施的，或者境内组织、个人与境外机构组织及个人相勾结实施的危害中华人民共和国国家安全的行为均被视为危害国家安全的行为。

二、危害国家安全的行为、常用手段和法律责任

想要真正维护国家安全，就必须对国家安全的相关知识了解清楚，掌握危害国家安全的行为、常用手段和法律责任等相关信息。

（一）危害国家安全的行为

危害国家安全的行为主要包括叛国、分裂国家、煽动叛乱、颠覆或者煽动颠覆人民民主专政政权的行为；窃取、泄露国家秘密等危害国家安全的行为；渗透、破坏、颠覆、分裂活动。根据新《国家安全法》的有关规定，危害国家安全的行为具体可以概括成以下方面。

第一，阴谋颠覆政府，分裂国家，推翻社会主义制度的。

第二，参加间谍组织或者接受间谍组织及其代理人的任务的。

第三，窃取、刺探、收买、非法提供国家秘密的。

第四，策动、勾引、收买国家工作人员叛变的。

第五，进行危害国家安全的其他破坏活动的。

此外，危害国家安全的其他破坏活动行为包括：

第一，组织、策划或者实施危害国家安全恐怖活动的。

第二，捏造、歪曲事实，发表、散布文字或者言论，或者制作、传播音像制品，危害国家安全的。

第三，利用设立社会团体或者企业事业组织，进行危害国家安全活动的。

第四，利用宗教进行危害国家安全活动的。

第五，制造民族纠纷，煽动民族分裂，危害国家安全的。

第六，境外个人违反有关规定，不听劝阻，擅自会见境内有危害国家安全行为或者有危害国家安全行为重大嫌疑的人员的。

（二）危害国家安全的常用手段

境外敌对势力和间谍情报机关为了分化、西化社会主义中国，常常采取窃密、勾连策反、心战谋略、行动破坏等手法，具体包括以下方面：

第一，通过各种渠道，以公开或秘密的方式，灌输西方的政治、经济模式。如一些外籍人士会以"民主""自由""人权"的名义，散布极端的个人主义和无政府主义思潮，宣传西方物质文明及拜金主义等等，用腐朽的生活方式作为腐蚀工具，培养和平演变的"内应力量"。

第二，采取以金钱、物质作为引诱、许诺出国担保、进行色情勾引、抓其把柄以威胁等手法，或打着身份合法、学术交流、参观访问、现场照相留念和文明结友等幌子，刺探、套取、收买我国政治、经济、军事、科技、文化和国家单位内部秘密。

第三，通过报刊、广播、音像等媒介，运用无中生有、编造谣言、借题发挥、以偏概全、挑拨离间、搬弄是非、假冒他名、虚张声势等伎俩，进行"心战"宣传，影响师生员工的精神和心理状态，煽动不满情绪，实现其颠覆、破坏的目的。

第四，策划、支持成立旨在阴谋颠覆政府、分裂国家、推翻社会主义制度的暴力集团、恐怖组织、反动宗教、社会团体和企事业单位，为他们提供经费场地和物资。

第五，为达到个人的某种目的，主动为境外的机构、组织人员窃取、刺探、收买、非法提供国家秘密或情报。

（三）危害国家安全的法律责任

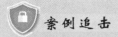 **案例追击**

2007年3月、2009年8月，两位日本公民A、B未经测绘行政主管部门批准，先后两次分别以考古、学术交流为名，携带高精度手持卫星定位仪到江西省南丰、鹰潭、上饶、铅山等地进行非法测绘活动。

江西省国家安全机关联合测绘部门对其审查，发现A、B采集的坐标点位数据中有2个绝密级、4个机密级、1个秘密级军事秘密，一旦外泄，将对我军事设施安全构成严重威胁。

A、B的行为违反了《中华人民共和国测绘法》第七条规定，江西省铅山县国土资源局于2009年3月依据《中华人民共和国测绘法》第五十一条规定，对两人做出了没收测绘工具和测绘成果、罚款人民币2万元的行政处罚。

（来源：澎湃新闻 节选自《江西披露一批危害国家安全案件：有日本公民曾进行非法测绘》）

任何个人出现危害国家安全的行为，都将遭受到国家的法律制裁。一切不符合现行法律所规定的、超出现行法律所允许的危害国家安全的行为，都要承担相应的法律责任。《中华人民共和国刑法》第一百零二条至一百一十三条详细规定了各项危害国家安全的行为将会受到的惩罚。具体如下：

1. 背叛国家罪

勾结外国或者境外机构、组织、个人，危害国家主权、领土和安全的，处无期徒刑或者十年以上有期徒刑。

2. 分裂国家罪

组织、策划、实施分裂国家、破坏国家统一的行为，对首要分子或者罪行重大的，处无期或10年以上有期徒刑；对积极参加的，处3到10年有期徒刑；对其他参加的，处3年以下有期徒刑、拘役、管制或者剥夺政治权利。

3. 煽动分裂国家罪

煽动分裂国家、破坏国家统一的，处 5 年以下有期徒刑、拘役、管制或者剥夺政治权利；首要分子或者罪行重大的，处 5 年以上有期徒刑。

4. 武装叛乱、暴乱罪

组织、策划、实施武装叛乱或者武装暴乱的，对首要分子或者罪行重大的，处无期徒刑或者 10 年以上有期徒刑；对积极参加的，处 3 年以上 10 年以下有期徒刑；对其他参加的，处 3 年以下有期徒刑、拘役、管制或者剥夺政治权利。

策动、胁迫、勾引、收买国家机关工作人员、武装部队人员、人民警察、民兵进行武装叛乱或者武装暴乱的，依照前款的规定从重处罚。

5. 颠覆国家政权罪

组织、策划、实施颠覆国家政权、推翻社会主义制度的，对首要分子或者罪行重大的，处无期徒刑或者 10 年以上有期徒刑；对积极参加的，处 3 年以上 10 年以下有期徒刑；对其他参加的，处 3 年以下有期徒刑、拘役、管制或者剥夺政治权利。

6. 煽动颠覆国家政权罪

以造谣、诽谤或者其他方式煽动颠覆国家政权、推翻社会主义制度的，处 5 年以下有期徒刑、拘役、管制或者剥夺政治权利；首要分子或者罪行重大的，处 5 年以上有期徒刑。

7. 资助危害国家安全犯罪活动罪

境内外机构、组织或者个人资助实施上述规定之罪的，对直接责任人员，处 5 年以下有期徒刑、拘役、管制或者剥夺政治权利；情节严重的，处 5 年以上有期徒刑。

三、维护国家安全

维护国家安全，履行好公民义务，是我们每一名大学生的重要责任。作为大学生，应从身边小事入手，自觉树立国家安全意识，遵守国家安全的相关法律，采取合法合理的方式维护好国家安全。

（一）维护国家安全是每个公民应尽的义务

新《国家安全法》第十一条明确规定：中华人民共和国公民、一切国家机关和武装力量、各政党和各人民团体、企事业组织和其他社会组织，都有维护国家安全的责任和义务。中国的主权和领土完整不容侵犯和分割。维护国家主权、统一和领土完整是包括港澳同胞和台湾同胞在内的全中国人民的共同义务。

履行维护国家安全的义务，要做到：遵守国家宪法及各项法律法规中关于国家安全的有关规定。及时报告危害国家安全活动的线索。如实提供所知悉的涉及危害国家安全活动的证据。为国家安全工作提供便利条件或者其他协助。向国家安全机关、公安机关和有关军事机关提供必要的支持和协助。保守所知悉的国家秘密。法律、行政法规规定的其他义务。

国家安全是国家生存和发展的根本所在，也是公民实现各项权利和自由的基本前提，维护国家安全，是每个公民应尽的神圣义务，在任何情况下，公民都不得做有损国家安全的事情，并要自觉与一切损害国家安全的行为做斗争。任何个人和组织不得有危害国家安全的行为，不得向危害国家安全的个人或者组织提供任何资助或者协助。

（二）大学生要树立国家安全意识，维护好国家安全

大学生应自觉维护国家安全和社会稳定，维护国家和人民的根本利益。大学生群体作为公民群体中的高级知识分子，必须遵守公民义务，将维护国家安全和社会稳定列为首要任务，做国家安全和社会稳定的自觉维护者。

1. 始终树立国家利益高于一切的观念

国家安全和社会稳定涉及到国家社会生活的方方面面，是国家、民族生存与发展的首要保障。科学技术是没有国界的，但科学家却有自己的祖国。只有维护好国家利益，保证国家安全，才能实现个人安全。因此，作为大学生要牢固树立国家利益高于一切的观念，提高安全防范意识，不给任何敌对分子以可乘之机。

2. 熟悉并掌握有关国家安全的法律、法规

法律、法规是维护国家安全的重要保障。对于与国家安全有关的法律、法规，如《中华人民共和国宪法》《中华人民共和国保守国家秘密法》《中华人民共和国反间谍法》《中华人民共和国网络安全法》等法律法规，大学生要及时了解、熟悉和掌握。在遇到法律界限模糊不清的问题时，要及时请教弄懂。这样，才能学会遵守国家安全的相关法律法规，坚守国家安全的法律底线。

3. 要善于识别各种伪装

在现实生活中，不少间谍情报人员会采用各种五花八门的手段来套取国家机密，获取国家机密情报。对此，大学生在对外交往中要提高警惕意识，在保持热情友好的同时要顾及国家利益，不要触动国家底线。同时，大学生要积极认识各种伪装手段，不要贪图名利，及时识破他人伪装，依法举报，绝不姑息纵容。

4. 及时举报

当发现外籍人员在不恰当的场所公然宣扬西方的"自由""民主""人权"，散布极端个人主义和无政府主义思潮，宣传西方物质文明及拜金主义等，要保持警惕心理，及时向有关部门报告，主动上交收到的反动宣传品，防止扩散。

5. 出国前，做好维护国家安全的准备工作

大学生到国外就读或学习、旅游前，要主动接受国家安全教育，掌握国家安全知识，提高国家安全防范意识，自觉维护国家安全，抵制敌对势力的策反、拉拢、威胁、利诱活动，并定期向学校汇报工作、学习情况。同时，要严格遵守外事纪律和有关规章制度，遵守前往国家的法律法规，尊重人家的社会公德和风俗习惯，避免产生误会或出现不应有的问题，绝不能做有损国格、人格的事情。

6. 克服妄自菲薄等不良心理

任何国家都有自己的长处，也有自己的不足。作为中国人，面对西方发达国家，要保持不卑不亢的态度，不能妄自菲薄、悲观失望，要看到我们发展中的"中国特色"和"中国长处"。如果不能克服一些不良心理，就会产生许多错误观念，容易被西方观念渗透、同化，甚至会做出损害国家利益、危害国家安全的事情来。

7. 积极配合国家安全机关的工作

国家安全机关是国家安全工作的主管机关，是与公安机关同等性质的司法机关，分工负责间谍案件的侦查、拘留、预审和执行逮捕。作为大学生，当国家安全机关的工作人员在表明身份和来意之后，要积极配合国家安全机关工作人员的有关工作，尽力提供便利条件或其他协助，如实提供情况和证据，做到不推、不拒，更不以暴力、威胁的方法阻碍执行公务。同时，要注意保守好已经知晓的国家安全工作的秘密。

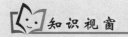 知识视窗

与国家安全相关的法律有哪些?

● 《中华人民共和国反间谍法》

2014 年 11 月 1 日,第十二届全国人民代表大会常务委员会第十一次会议表决通过了《中华人民共和国反间谍法》,自公布之日起施行。《中华人民共和国反间谍法》是党的十八届四中全会作出全面推进依法治国重要决定后,全国人大常委会审议批准的维护国家安全的第一部专门法律,也是新中国建立后加强和规范隐蔽战线反间谍斗争的第一部法律。制定和实施《中华人民共和国反间谍法》,是以总体国家安全观为指导,在新的历史时期维护国家安全的客观要求,是加强隐蔽战线反奸防谍斗争的迫切需要,是贯彻党的全面推进依法治国战略决策的重要举措。

● 《中华人民共和国国家安全法》

2015 年 7 月 1 日,第十二届全国人民代表大会常务委员会第十五次会议通过了《中华人民共和国国家安全法》,自公布之日起施行。《中华人民共和国国家安全法》包括维护国家安全的任务、职责,国家安全制度,国家安全保障,公民、组织的义务和权利等内容,是我国实现国家安全法治化,构建国家安全法律制度体系的重要基础。

● 《中华人民共和国反恐怖主义法》

第十二届全国人民代表大会常务委员会第十八次会议于 2015 年 12 月 27 日通过《中华人民共和国反恐怖主义法》,自 2016 年 1 月 1 日起施行。《中华人民共和国反恐怖主义法》的制定,是完善国家法治建设、推进全面依法治国方略的要求,也是依法防范和打击恐怖主义的现实需要。

● 《中华人民共和国境外非政府组织境内活动管理法》

2017 年 11 月 4 日,第十二届全国人民代表大会常务委员会第三十次会议通过了新修订的《中华人民共和国境外非政府组织境内活动管理法》,自 2017 年 11 月 5 日起施行。《中华人民共和国境外非政府组织境内活动管理法》对规范、引导境外非政府组织在中国境内的活动,保障其合法权益,促进其依法开展交流与合作具有重要意义。

● 《中华人民共和国网络安全法》

第十二届全国人民代表大会常务委员会第二十四次会议于 2016 年 11 月 7 日通过了《中华人民共和国网络安全法》,自 2017 年 6 月 1 日起施行。《中华人民共和国网络安全法》是我国第一部全面规范网络空间安全管理方面问题的基础性法律,是依法治网、化解网络风险的法律重器。它不仅明确了政府各部门的职责权限,强化了网络运营者的主体责任,还对我们每一个人都提出了明确要求。

第二节　严守国家秘密

 案例追击

2016 年，江西省国家安全机关共对全省各市、县（区）29 家单位、千余台各类网络终端设备进行了反窃密技术检查，查获存在失泄密隐患的终端设备 68 台，涉密文件资料逾 25 万份，其中机密级文件 274 份、秘密级文件 4 237 份。其中多家省直单位的外网邮件服务器系统存在被境外间谍情报机关远程攻击窃密的情况，危害极为严重；近 20 台互联网终端存在严重丢失泄密隐患，部分计算机在不同程度感染有可疑木马程度的情况下，还被用于处理内部工作文件，甚至个别还曾编辑存储过涉密文件。

（来源：澎湃新闻　节选自《江西披露一批危害国家安全案件：有日本公民曾进行非法测绘》）

维护国家安全，必须做到严守国家秘密。随着信息化时代的发展，目前的泄密手段也越来越多变，在这种情况下，了解国家秘密的相关内容，学会用更加灵活的方式严守国家秘密就显得更为重要。

一、国家秘密

国家秘密涉及范围十分宽广，涵盖了政治、军事、经济、科技、文化等各个方面的内容。只有充分了解国家秘密的相关内容，才能真正保守好国家秘密。

（一）国家秘密的定义

2010 年 4 月 29 日修订通过的《中华人民共和国保守国家秘密法》（以下简称《保密法》）规定：国家秘密是关系国家安全和利益，依照法定程序确定，在一定时间内只限一定范围的人员知悉的事项。

《保密法》规定，下列涉及国家安全和利益的事项，泄露后可能损害国家在政治、经济、国防、外交等领域的安全和利益的，应当确定为国家秘密：国家事务的重大决策中的秘密事项。国防建设和武装力量活动中的秘密事项。外交或外事活动中的秘密事项及对外承担保密义务的事项。国民经济和社会发展中的秘密事项。科学技术中的秘密事项。维护国家安全活动和追查刑事犯罪中的秘密事项。其他经国家保密工作部门确定的国家秘密事项。

此外，政党的秘密事项中符合前款规定的，也属于国家秘密。

（二）国家秘密的分级

根据国家秘密的密级排列，国家秘密可分为"绝密""机密"和"秘密"三级。

"绝密"级国家秘密是最重要的国家秘密，泄露会使国家安全和利益遭受特别严重的损害。如军事工业中涉及核武器、战略导弹、核潜艇等战术技术性能及这些武器的生产储存数量、作战频率等。

"机密"级国家秘密是重要的国家秘密，一旦泄露会使国家安全和利益遭受严重的损害。如我国研制的具有国际先进水平的、经济价值较高的科技产品的成分、工艺技术诀窍等，这些东西泄露出去会给国家的经济利益造成严重损害。

"秘密"级国家秘密是指一般的国家秘密，一旦泄露会使国家的安全和利益受到一般的危害和损失。

国家秘密及其密级的具体范围，由国家保密行政管理部门分别会同外交、公安、国家安全和其他中央有关机关规定。军事方面的国家秘密及其密级的具体范围，由中央军事委员会规定。国家秘密及其密级具体范围的规定，是在有关范围内公布，并根据情况变化及时调整的。

二、保密工作的定义、范围及保密法规

为了维护国家秘密，我国针对保密问题制定了《中华人民共和国保守国家秘密法》（以下简称《保密法》），确定了保密工作的相关内容。保守国家秘密，要严格执行保密工作的各项规定，遵守《保密法》。

（一）保密工作的定义

保密工作是指为达到保密目的而采取的一定手段和防范措施等，把秘密

限制在一定范围和时间内的工作。主要包括保密立法，保密宣传教育，建立健全规章制度，研制、开发和应用先进的防窃密、泄密的技术设备，依法进行保密检查监督，追查处理泄密事件，以及开展保密工作的理论研究等活动。随着改革开放的深入发展和信息化建设的快速推进，世界各国之间的交往日益密切，保密工作的对象和领域、内容和形式、方法和手段发生了深刻变化。当前的间谍和反间谍、窃密与反窃密斗争更加尖锐和复杂，保密工作面临着诸多挑战。为了积极适应新变化、作为一名大学生，我们有必要及时了解保密工作的各项法律和法规，自觉为严守国家秘密承担应有的责任和义务。

（二）保密工作的范围

保密工作涉及军事、科技、经济、涉外等多个领域，具体而言，可分为以下几项。

1. 科学技术保密

科学技术保密的重点是保护国家批准的发明、可能成为发明的阶段性成果、国外没有或国外虽有但属先进的科学技术或国外虽有但仍需保密的其他科技研究成果等。科学技术保密对保证国家的安全和利益、促进社会主义建设和开展国际技术交流与合作具有重要作用。

2. 经济保密

经济保密涵盖了对外经贸、经济计划、统计数字、物价工资、测绘资料等多个方面。保守经济工作中的秘密，对保护国家经济利益和政治利益关系重大。

3. 涉外保密

涉外保密是一项重要的保密工作，包括了外事、涉外洽谈、对外技术交流、对外提供资料、引进工作、旅游接待、出国进修等方面的保密工作。

4. 宣传报道保密

宣传报道保密包括报纸、新闻、电台广播、电视电影、各类出版刊物和书籍等的保密工作。宣传报道和出版工作涉及内容广、信息量大、传播迅速、反应敏感，稍有不慎就会造成泄密，因此，做好宣传报道方面的工作十分重要。

5. 公文保密

公文保密指文件、资料、档案等的保密。从公文制发开始，公文的接收、登记、传阅、保管、携带、交接、清卷、归档、销毁这一系列过程中的保密工作都属于公文保密。

6. 会议保密

会议是党、政、军各部门开展工作的重要手段之一，是保密工作的一个重要方面。从会前准备、会议审查、会场选择、预防会议泄密的技术措施到会议的文件管理、会议的传达与新闻照片、报道都关系保密问题。

7. 政法保密

政法是共产党领导之下国家的专政机关和专政职能。它包括公安机关、检察机关、审判机关、司法行政机关、国家安全机关等工作中的保密工作。

8. 军事保密

凡是关系到国防、军队和军事工业安全和利益，在一定时间内只限一定范围人员接触知悉的事项都属于军事保密的范围，这是我国保密工作的一个重要领域。

9. 通信保密

通信保密包括邮政和电信等方面的保密工作，其中最主要的是电信保密，如电报电话、微波通信等。

10. 电子计算机保密

为了确保计算机信息的保密性，应严格划分计算机储存信息的密级并采用屏蔽措施等。

（三）保密法规

所谓保密法规，是指一切有关管理国家秘密问题的法律规范的总称，包括《保密法》和其他保密规范。

《保秘法》是我国针对保守国家秘密的相关要求，于1988年颁布、2010年修订的一部专门法律。《保密法》是制定一切保密法规、规章和具体保密制度的基本依据，其根本宗旨是维护国家的安全和利益，保障改革开放和社会主义建设事业的顺利进行。

除了《保密法》外，其他保密法规还包括我国《宪法》中有关保密的规定；国家基本法律中有关保密规定，如《刑法》《刑事诉讼法》中的保密条款；国家依照《宪法》的有关规定统一制定的有关法律中关于保密的规定，如《专利法》《档案法》《公民出入境管理法》《统计法》《技术合同法》等项法律中的保密规定；保密行政法规，如《保密法实施办法》；地方性保密规章；中央国家机关各部门制定的保密规章；有关部门（一般指法律授权的部门）对保密法规的解释；按照我国《保密法》及有关法律规定的权限，由国家有关部门同境外机构、组织、个人、团体等签订的保密协议或其他协定中规定双方承担保密义务的条款等。

三、窃密的常用手段及泄密犯罪

 案例追击

　　在 Z 市北部上百千米的边境线上，驻扎着不少边防部队，而该市某局的工作与部队密切相关，这个局的工作邮箱已经被境外间谍情报机关某 IP 地址远程控制。由于该局的电子邮箱密码就是办公室电话号码，境外间谍情报机关了解中国政府部门普遍存在多人合用一个电子邮箱，而且常将办公室电话作为邮箱密码等使用习惯，他们利用技术手段搜集到该局电话号码和邮箱账号，结果邮箱中存储的近 2 000 份文档资料全部被窃取。这些被窃的文档中详细记载了 Z 市的驻军分布信息。

　　（来源：央视新闻移动网 2018 年　节选自《网上谍影：境外间谍今年对我党政机关等实施多轮次攻击窃密》）

（一）窃密的常用手段

1. 以使馆、商务办事处为据点，以合法身份掩护其非法窃密活动

如某些西方资本主义国家的使馆派出大批情报人员，以记者身份为掩护，到某些高校搜集我方情报。

2. 通过贸易活动、学术交流等方式从事窃密活动

随着我国对外开放政策的实施，内外交流日益扩大，外国情报人员往往利用这些时机大肆活动。如在一次外国科技展览会上，某国一情报人员以商务人员身份与我国某公司联系，又以洽谈业务为名，认识这家公司的某个工程师，通过引诱拉拢，在以后多年时间里套取了我国大量科技情报。

3. 从报刊、广播、网站、资料上分析研究获取情报

据统计，国外情报机关获取的我国的情报中，80% ~90% 来自公开的资料。

4. 以旅游参观为名进行窃密

在来我国旅游参观的人员中，也可能混进了情报人员，他们往往从事与其公开身份不相符的活动，只要有机会就会下手。

5. 用攻心战术，拉拢、腐蚀、引诱我国工作人员出卖秘密情报

一些西方敌对势力，会采取各种形式、手段，引诱我方人员置国家民族利益于不顾，向境外敌对势力泄露和出卖国家秘密，妄图达到阻碍我国社会主义建设的目的。

（二）泄露国家秘密犯罪的构成

1. 泄露国家秘密罪

泄露国家秘密罪是指已达到刑事责任年龄、具有承担刑事责任能力的公民，违反保密法律、法规和规章，使国家秘密被不应该知道的人知道，或使国家秘密超出了限定范围，情节严重的，均构成泄密罪，并要依法追究刑事责任。

2. 为境外机构、组织、人员窃取、刺探、收买、非法提供国家秘密罪

这里的境外是指中华人民共和国海关关境以外。"境外人员"是指外国人、定居境外的中国公民和逃亡境外且反对我国的中国公民。"境外机构、组织"是指境外的政权、政党及境外人员成立的一切机构、组织。凡为境外机构、组织人员窃取、刺探、收买、非法提供国家秘密行为的，不论其情节是否严重，均构成犯罪，均须追究其刑事责任。

四、严守国家秘密

严守国家秘密，是每一个公民的应尽义务，是每一名大学生的应尽职责。维护国家安全，就必须重视保密工作，保守好国家秘密。

（一）严守国家秘密是每个公民应尽的义务

保守国家秘密是每个公民的基本义务。我国《宪法》第五十三条规定："中华人民共和国公民必须遵守宪法和法律，保守国家秘密……"我国《宪法》第五十四条还规定："中华人民共和国公民有维护祖国的安全、荣誉和利益的义务，不得有损害祖国的安全、荣誉和利益的行为。"我国《保密法》第三条规定："一切国家机关、武装力量、政党、社会团体、企业事业单位和公民都有保守国家秘密的义务。"凡是中华人民共和国的公民，根据我国《宪

法》和法律的规定，在享有公民权利的同时，必须承担公民的义务。保守国家秘密，关系到国家的安全和利益，关系到社会的稳定，关系到改革开放和经济建设的顺利进行。因此，保守国家秘密是每个公民应尽的义务。

国家的安全关系着整个国家和民族的生死存亡。没有国家的安全，公民个人的安全就无法得到保障。作为普通公民，我们必须尽到严守国家秘密的义务，从自身做起，树立国家安全意识，严守国家秘密，维护国家安全。当发现有危害国家安全的行为时，应及时向国家安全机关或公安机关报告。当国家安全机关在工作时，要积极配合，为国家安全机关执行公务提供便利条件和协助。

（二）大学生要树立保密意识，严守国家秘密

1. 熟知国家安全法和国家机密保护法，懂法、守法、爱法

作为大学生，应有意识地学习关于保密的各项法律法规，这样，才能掌握各项保密要求，在实践中遵守保密法律、法规的各项要求，主动守法、爱法。

2. 充分了解本专业有涉及国家机密的内容，遵守保密条例

不同的专业往往有着不同的保密规定和要求。作为大学生，要主动增强保密意识，及时了解本专业的保密规定，充分了解的基础上做到心中有数，主动遵守保密条例。

3. 主动配合国家有关部门的调查工作

作为大学生，当发现他人有泄漏国家机密的行为时，应主动承担公民义务，自觉站出来进行举报，并积极配合有关部门的调查工作。

4. 主动参与和开展严守国家秘密的宣传工作

大学生作为国家的知识分子，应主动向大众科普严守国家秘密的相关内容。大学生可以通过参与社团活动、制作网页、发放校园宣传单等方式积极向他人普及严守国家秘密的重要性，帮助大众树立保密意识，维护国家安全。

第三节　防范恐怖活动

 案例追击

　　2014 年 3 月 1 日，云南昆明火车站遭遇了一场由新疆分裂势力组织策划的无差别砍杀事件。10 余名蒙面暴徒冲进火车站广场砍杀无辜群众，共造成 29 人死亡，130 余人受伤。

　　恐怖活动是一种严重危害普通民众生命财产安全、扰乱社会公共秩序和稳定，威胁国家安全的暴力行为。防范恐怖活动，加强反恐意识和能力，与保障我们日常生活的安宁息息相关。

一、恐怖活动

　　恐怖活动的界定，有着明确的要求。了解恐怖活动的特点和恐怖活动的法律责任，才能正确认识恐怖活动的危害，进而积极防范。

（一）恐怖活动

　　恐怖活动是指以制造社会恐慌、胁迫国家机关或者国际组织为目的，采取暴力、破坏、恐吓或者其他手段，造成或者意图造成人员伤亡、重大财产损失、公共设施损坏、社会秩序混乱等严重社会危害的行为。煽动、资助或者以其他方式协助实施上述活动的，也属于恐怖活动。

　　与恐怖活动相关的事件通常称为"恐怖事件""恐怖袭击"等。具体来讲，恐怖活动可划分为下列行为。

　　第一，组织、策划、准备实施、实施造成或者意图造成人员伤亡、重大财产损失、公共设施损坏、社会秩序混乱等严重危害社会的活动的。

　　第二，宣扬恐怖主义，煽动实施恐怖活动，或者非法持有宣扬恐怖主义的物品，强制他人在公共场所穿戴宣扬恐怖主义的服饰、标志的。

　　第三，组织、领导、参加恐怖活动组织的。

第四，为恐怖活动组织、恐怖活动人员、实施恐怖活动或者恐怖活动培训提供信息、资金、物资、劳务、技术、场所等支持、协助、便利的。

第五，其他恐怖活动。恐怖活动的主要类型十分广泛，包括暴力袭击、枪击、爆炸、纵火、投毒、暗杀、劫持人质、劫持交通工具、核生化袭击、网络袭击等方式。

恐怖活动和毒品、邪教一起被称为当今世界的三大毒瘤，是威胁国家安全、社会秩序、人民生命的极大隐患。我国反对一切形式的恐怖主义，坚决依法取缔恐怖活动组织，严密防范、严厉惩治恐怖活动。

（二）恐怖活动的特点

恐怖活动作为一场有组织、有预谋的活动，与其他群体性活动相比有着鲜明的特点。

1. 动机、目的带有政治性

作为有着特定政治目的的暴力行为，恐怖活动的主要目的并不是消灭和摧残行动的目标，而是要制造恐惧和惊慌来影响公众心理，威慑政府和特定的社会群体，迫使其作出让步，以达到政治报复、破坏统治秩序的目的。恐怖活动所具有的政治或意识形态方面的动机，有着强烈的信仰支撑和精神动力。

2. 精心策划并通过组织的方式实施行动

恐怖活动的实施者并非一盘散沙，往往是由恐怖组织精心策划的。在这种恐怖组织中，不仅有核心策划者，还有行动实施者，他们在组织恐怖活动时，会按照提前做好的准备和筹划分工进行，打击精准。

3. 活动方式残暴

为了达到引起公众恐慌、给政府施压、实现自己政治意图的目的，恐怖组织在实施恐怖活动时，主要采取武装暴力的方式，使用大规模杀伤性武器袭击平民，活动方式十分残暴。

4. 活动具有隐蔽性和突发性

恐怖组织在实施恐怖活动时，往往都是采取一些隐秘的方式进行的，即使使用先进的侦查技术和手段也很难完全预测。这些活动杀伤力大、突发性强，总是令人防不胜防。

5. 活动危害性和破坏性大

恐怖活动无视了道德和法律的束缚，手段残暴，给民众的生命财产安全带来了巨大的破坏，对社会的危害十分巨大。

随着信息化时代的到来和经济全球化的不断深入，恐怖主义活动也呈现出了不少新特点。一方面，恐怖组织往往利用网络方式，突破国家、区域的限制，建立起遍布世界各地的跨国组织，这种方式无疑增加了恐怖活动的隐蔽性和行动破坏性，使得恐怖活动呈现出国际化和全球化发展趋势。而在使用传统的暗杀、绑架、爆炸、劫机、投毒等方式的同时，恐怖组织也开始逐渐往高智能、高科技的方向发展，利用计算机网络等方式进行恐怖活动。

除此之外，随着民族分裂主义愈演愈烈的局势，在复杂的文化和宗教背景中产生的恐怖活动带有鲜明的宗教狂热色彩。这些组织成员往往思想极端、精神狂热，无视道德和法律的种种束缚，给社会的稳定带来了巨大威胁。

面对恐怖活动的种种威胁，我们必须加强国际合作，完善反恐机制和相关的法律法规，做到有效反恐。

（三）恐怖活动的相关法律责任

国家反对一切形式的恐怖主义，依法取缔恐怖活动组织，对任何组织、策划、准备实施、实施恐怖活动，宣扬恐怖主义，煽动实施恐怖活动，组织、领导、参加恐怖活动组织，为恐怖活动提供帮助的，依法追究其法律责任。组织、策划、准备实施、实施恐怖活动，宣扬恐怖主义，煽动实施恐怖活动，非法持有宣扬恐怖主义的物品，强制他人在公共场所穿戴宣扬恐怖主义的服饰、标志，组织、领导、参加恐怖活动组织，为恐怖活动组织、恐怖活动人员、实施恐怖活动或者恐怖活动培训提供帮助的，依法追究其刑事责任。有传播宣扬恐怖主义，煽动、胁迫他人运送危险物品等行为的，将面临警告拘留或罚款等处罚。

二、防范恐怖活动

防范恐怖活动，要在了解《中华人民共和国反恐怖主义法》（以下简称《反恐怖主义法》）的基础上，从意识和行动两方面入手进行。不仅要意识到恐怖活动的危害性，加强对恐怖活动的重视程度，更要学会在面临恐怖袭击时保持冷静，采取自救措施尽可能保障自己的人身安全。

（一）《反恐怖主义法》的保障作用

2015 年，在第十二届全国人民代表大会常务委员会第十八次会议上，我国通过了《反恐怖主义法》。

《反恐怖主义法》总结了我国多年来反恐怖主义工作经验，借鉴国际通行做法和一些国家的成功立法先例，结合我国当前和今后一个时期反恐怖主义工作实际需要，对反恐怖主义工作的基本原则、体制机制、恐怖活动组织和人员的认定、安全防范、情报信息、调查、应对处置、国际合作、保障措施、法律责任等作出了规定，是我国第一部全面系统规范反恐怖主义工作的综合性法律，是反恐怖主义工作的基本法，对贯彻落实总体国家安全观，构建反恐怖主义法律制度体系，防范和惩治恐怖活动，维护国家安全、公共安全和人民生命财产安全，具有重大意义。

（二）防范恐怖活动

1. 加强防范意识

作为大学生，在平时的日常生活中要加强恐怖活动的防范意识。在去到人多的地方时，要自觉提高警惕。如发现恐怖活动嫌疑或者恐怖活动嫌疑人员时，要按照《反恐怖主义法》的要求及时向公安或有关部门报告。

2. 提高防范能力

作为大学生，应主动学习防范恐怖主义自救课程，有机会的可以参加一些防范恐怖主义自救演练活动。在课外，大学生还可以通过观看防范恐怖主义自救视频和书籍来提高自己的防范能力。

3. 树立正确的人生观、世界观和价值观

为了避免受到极端恐怖主义思想的影响，大学生应积极树立正确的人生观、世界观和价值观。作为大学生，可以通过参与精神文明建设的方式实现自己的人生价值，避免受到极端恐怖主义思想的影响。

（三）掌握应对恐怖袭击的方法

大学生平常基本都在相对安全的校园中学习、生活，但也有可能成为恐怖分子的袭击目标，所以高校大学生也不能掉以轻心，应该掌握应对恐怖袭击的方法。

1. 刀砍（刺）、棒击等暴力袭击

观察四周，确保安全后迅速打 110 报警；不要围观，迅速撤离，不要惊慌，以免因踩踏造成次生伤害；无法撤离时，寻找周围的墙壁、柱子、雕塑、石墩等遮挡物躲避；听从现场安保人员指挥，有序疏散或有组织地进行自卫反击；不传谣、不信谣。

2. 车辆撞击

（1）学会识别可疑车辆，即观察车辆是否在人员密集场所加速行驶或行驶路线异常、车辆是否违规停留在重要目标附近及人员密集场所。发现可疑车辆后，迅速拨打110报警。

（2）发生车辆撞击时，选择绿化带、台阶、隔离栏、灯柱、树木或水泥柱等障碍物躲避，确保安全后，迅速按打110报警。

3. 枪击

选择适宜躲藏身体的掩蔽物，快速掩蔽，若无掩蔽物时可就地趴下；在确保安全的情况下寻找机会快速逃离；迅速按打110报警：发现有伤者，及时进行自救和互救；事后积极向警方提供现场情况的相关信息。

4. 爆炸袭击

（1）学会识别可疑爆炸物。可疑爆炸物一般是无人认领、来历不明、有异常声响、异常气味（臭鸡蛋、氨水味等）的物品；寄送地址不详、标有特殊文字图案及有裸露电线或怪味的可疑包裹；公安机关通报的其他物品。

（2）发现可疑爆炸物时不要触动，以免引爆。应立即报告给相关工作人员，迅速拨打110报警，由警方专业人员处置。在报警的同时迅速有序撤离，不要拥挤，以免发生踩踏造成伤亡。最后，积极协助警方调查。在确保安全下，尽可能记录现场相关情况，为警方提供有价值的线索。

（3）爆炸发生时应立即卧倒或选择适宜的物体躲避，确认安全后迅速撤离。密闭场所发生爆炸时，要按照安全疏散标识或在工作人员指引下，采用低姿方式有序撤离，避免踩踏。无法撤离时，为防止烟雾中毒窒息，应尽可能利用湿毛巾（衣物）捂住口鼻，若身上衣服着火，就地打滚或用厚重衣物压灭，迅速拨打110报警，等待救援。

5. 纵火

（1）进入陌生场所，要识记好安全出口、逃生通道、消防器械等。

（2）火情发生后沉着冷静，不盲目呼喊，不留恋财物，要迅速撤离并拨打110（119）报警。

（3）公共汽车、地铁、列车等交通工具上遇到纵火恐怖袭击时，要迅速利用车载的消防设备进行灭火，视情况从车门或车窗有序逃离。

（4）客船上遇到纵火恐怖袭击时，要迅速向客船前后部及顶部逃离，尽可能找到船上的救生绳、救生梯、救生衣等，向水中或者救援船上逃离。

（5）室内遇到纵火时，要迅速找到安全出口逃离现场；若出口被封，应选择背火通风处或弱火区躲避等待救援；遇室外纵火，要往上风口躲避。

（6）撤离时不要乱跑，不要乘坐电梯、不轻易跳楼。要尽可能用湿衣物捂住口鼻及身体，不要深呼吸，低身逃离。若自身着火，应脱掉衣物，就地打滚或借用水、灭火器等进行灭火。

6. 劫持

保持冷静，不惊慌、不对视、不激怒对方、不轻易反抗；观察劫持者和所处场所的情况；尽可能隐藏通信工具，选择合适时机向外界传递情况，请求警方解救；在警方发起突击时，要尽可能趴在地面，按照指挥撤离现场。

7. 核辐射、生物战剂和化学毒剂袭击

（1）学会识别核生化袭击。需要注意异常现象，如大量昆虫死亡；异常烟雾；异常气味，如辛味、苦仁味等；异常反应，如恶心、胸闷、惊厥、皮疹等；异常物品，如遗弃的防毒面具、桶、罐等。

（2）遇到核袭击时应迅速拨打110报警。在室内应利用建筑物或者家具等隐蔽、卧倒减少暴露，避开窗子、玻璃等物品，减少碎片伤害；在室外应利用山丘、土包、矮墙、花台等高于平行地面的掩体，或利用低于地面的沟、洼、渠等地形，面部朝下卧倒，并利用随身携带的物品遮掩口鼻，闭眼闭嘴，防止或减少放射性粉尘吸入。避险时，切忌向闪光点方向观看，应迅速离开危险区域。

（3）遇到生化袭击时，要迅速拨打110报警。可利用身边的设施或器材，如口罩、毛巾、衣物、眼镜等保护呼吸道、皮肤、眼睛等部位，寻找出口，迅速沿逆风向离开污染区域。事后就医时，应注意隔离，避免扩大病源污染。

8. 学会自卫与反击

遇到袭击时，要迅速拨打110报警，在安保人员未到达之前，要力所能及地实施自卫和反击，保护自己；遇到棍棒、刀斧袭击时，要利用外套、皮带、手机、包、旅行箱等随身物品进行自卫；可利用身边的物品，如砖头、棍棒、灭火器等进行自卫；听从安保人员指挥，有序疏散或有组织进行自卫；就地实施自救互救，等待专业人员处理，尽量保护好现场。

第四节 崇尚科学，抵制邪教

 案例追击

案例一：

2011年1月10日，河南省兰考县的全能神信徒李某因被邪教蛊惑，认为自己两个月大的女儿影响了她为全能神做工，导致自己在全能神内部由"带领"降级为"执事"，从而认为自己的亲生女儿是小鬼，处处危害自己。于是，她便趁女儿熟睡之际，用一把剪刀将女儿刺死。

案例二：

2004年11月9日，湖北省枣阳县的全能神信徒靳某受邪教蛊惑，为追求所谓"升天"，以菜刀割向了自己的喉咙。随后，靳某被家人送往医院进行抢救。谁知，好不容易被抢救过来的靳某却坚持不打针吃药，并执意回家。结果，没过几天，靳某便因病情恶化而离开了人世。

邪教一直以来便是危害人民生命安全、影响社会稳定的重要威胁之一。大学生群体思想单纯、社会经验浅薄，容易被邪教组织"洗脑"利用，做出一些危害自己人身安全，甚至是他人生命财产安全的行为。因此，大学生应自觉树立科学意识，抵制邪教。

一、邪教的定义、特点和传播手段

邪教是指冒用宗教、气功或者其他名义建立，神化首要分子，利用制造、散布歪理邪说等手段蛊惑、蒙骗他人，发展、控制成员，危害社会的非法组织。其本质是反人类、反社会、反科学。邪教大多是以传播宗教教义、拯救人类为幌子，散布谣言，且通常有一个自称开悟的具有超自然力量的教主，以秘密结社的组织形式控制群众，一般以不择手段地敛取钱财为主要目的。

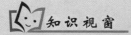 知识视窗

邪教与宗教的区别

邪教与宗教的本质区别在于，宗教活动是在登记开放的宗教活动场所中公开举行的，有自己的典籍和教义，主张与社会相结合。宗教中的教职人员并不自称为神，宗教也不允许教职人员骗财敛财。而邪教则是通过秘密结社的方式进行活动的，其所谓的教义都是危言耸听的歪理邪说，邪教主自称为神，依靠宣传邪教的方式大肆掠夺别人的财产。

邪教通常崇拜"教主"，编造邪说，聚敛钱财、秘密结社，以此来危害社会。这些都是邪教典型的特征。

为了达到扩大信徒，大肆聚敛财物的目的，邪教往往会采取以下几种手段进行传播：利用天堂地狱、鬼神邪说进行欺骗；制造教主是神的言论来进行欺骗；编造前世债孽来进行欺骗；以强身健体，治病救命进行欺骗；利用信仰需要，以传播福音骗人；制造新迷信。

二、邪教的危害

邪教的危害主要有以下几种。

（一）聚敛钱财

邪教组织往往会利用"拜师费""传功费""奉献费""治疗费"等手段，蒙骗一般群众，非法聚敛大量钱财。

（二）危害人民的生命健康

邪教组织宣扬的"有病不治""祷告治病"，甚至大搞"驱鬼治病"等骗术，会导致大批信徒盲目听从，最后落得残疾、精神失常或死亡的局面，严重危害了他们的生命健康。

（三）影响社会稳定

邪教组织往往会煽动成员抛弃家庭外出传教，练功走火入魔，残害亲人，导致了家庭的破裂。而邪恶势力宣扬的"地球爆炸论""世界末日论"等邪说渲染恐怖氛围，极易形成社会恐慌，严重扰乱了社会秩序，危害社会稳定。

（四）危害国家政权

邪教组织构筑、勾结反势力、民族分裂势力，形成所谓的"反中共联合阵线"，妄图伺机颠覆我国政权，严重损害国家利益。

三、自觉抵制邪教

邪教是人类社会的公害和毒瘤，往往打着宗教、科学、气功的旗号，编造歪理邪说，欺骗群众，混淆视听，采取种种诱惑欺骗手段，千方百计地扩大组织，发展势力，侵蚀基层政权，祸害广大群众的生产、生活和生命，严重毒害广大群众。作为大学生，应提高警惕，加强科学文化知识学习，自觉抵制邪教。

（一）崇尚科学和法律，提升自身素养

作为大学生，应积极学习相关的科学文化知识和法律知识，积极参加健康文明的文体活动，养成健康的身体，不断提升自身素养，远离邪教。对"法轮功""全能神"等邪教组织的反动宣传，要做到不听、不看、不信、不传。

（二）提高自身警惕，敢于与邪教斗争

要提高自身警惕，认清"法轮功""全能神"等邪教组织的反动本质，自觉抵制邪教的侵蚀。当看到邪教的反动宣传材料或遇到有人宣传邪教时，要在第一时间进行报警。当遇到公安机关或有关部门在进行打击邪教的活动时，要尽自己所能积极配合。

（三）培养科学健康、积极向上的生活方式和人生态度

大学生应养成积极向上、健康的生活方式和人生态度。课余时间可通过参加兴趣社团的方式放松心情、结交朋友、陶冶情操。遇到挫折时，可及时向同学、朋友、老师进行倾诉，不要压抑自己，影响到自己正常的生活状态。

（四）正确处理人际关系

作为刚刚走出家门的大学生，面对同学关系、师生关系、情感关系，要学会处理。当遇到不顺心的事情时，可以及时找他人倾诉。面对他人的缺点要学会宽容，正确处理好人际关系，不要因为寻求精神寄托而误入邪教泥潭。

第三章
人身与财产安全

人身与财产安全，是大学生安全问题的重中之重，是关乎大学生能否健康成长、保证高校各项教学教育活动顺利进行的重要因素。作为大学生，应自觉了解人身和财产安全的法律法规要求，增强防范意识和自救本领，保障好自己的人身和财产安全。

第一节　预防校园暴力

校园暴力是一种常见的危害学生人身与财产安全的暴力行为。校园暴力不仅会给受害者带来严重的身体创伤，更会对受害者产生长期的心理阴影，对受害者本人的健康成长造成不可挽回的损失。因此，预防校园暴力，营造和谐的校园氛围，就显得尤为重要。

一、校园暴力概述

校园暴力作为一种暴力行为，与其他暴力行为相比有着鲜明的不同之处，了解校园暴力的基本概念，对掌握校园暴力的防范措施具有重要的作用。

（一）校园暴力的定义

暴力行为是指故意使用肢体力量或者权力，对他人、群体或者社会进行威胁或者伤害，造成或有较大的可能造成人身伤害甚至死亡。校园暴力是指发生在校园及其附近的以学校教师或学生为施暴对象的恃强凌弱的暴力行为。如果一个学生反复或长期受到一人或多人的攻击，这个学生即为暴力或迫害行为的受害者。校园暴力是一种普遍存在的世界性现象，频繁发生校园暴力事件，会给教育发展带来极大危害。

（二）校园暴力的常见形式

校园暴力包括行为暴力、语言暴力和心理暴力三种形式。行为暴力是指包括打架斗殴、敲诈勒索、抢劫财物等一系列对人身及精神达到某种严重程度的侵害行为。行为暴力是最常见的一种校园暴力。语言暴力是指通过语言对精神达到某种严重程度的侵害行为，包括起侮辱性外号、造谣污蔑等行为。心理暴力是指通过言语、行为或其他方式对精神达到某种严重程度的侵害行为，如恐吓、侮辱、排斥、歧视、孤立等行为都是心理暴力行为。

从实际情况来看，校园暴力突出表现在以下几个方面上。

1. 索要钱物，不给就软硬兼施，威逼利诱；以大欺小，以众欺寡；

2. 为了一点小事大打出手，伤害他人身体，侮辱他人人格；

3. 同学间因"义气"之争，用暴力手段争短论长；不堪受辱，以暴制暴，冲动报复；

4. 侮辱女同学；侮辱、恐吓、殴打教职员工。

除以上外，校园暴力还可以分为硬暴力和软暴力。如对人拳打脚踢、拔刀相向就是硬暴力；乱起绰号、推举"最差"等就是软暴力。软暴力对学生的心灵伤害往往比硬暴力更重，对受害方会造成更大的身心压力。

（三）校园暴力的特点

随着社会的不断发展，校园暴力在以下几个方面上呈现出了不少新特点。

1. 校园暴力团伙化

团伙化是校园暴力泛化阶段的显著特征。校园暴力团伙的组织成员往往年龄较小，文化程度不高，仅仅是因为简单的兴趣爱好、脾气性格而结合在一起，暴力手段较为单一，形式较为简单，在实施暴力案件时往往缺乏主要动因。

2. 校园暴力个体化

近些年来，高校内故意伤害、杀人事件频发。虽然犯罪主体仅为一个人，但造成的影响是巨大的。这些个体案件往往针对性和目的性都很强，较团伙暴力的实施手段更为严重。

3. 实施主体低龄化

近年发生的校园暴力呈现出明显的低龄化趋势。根据中国青少年犯罪研究会的统计资料，近年来，青少年犯罪总数已经占到了全国刑事犯罪总数的70%以上。青少年的犯罪行为和校园暴力行为是分不开的，实施犯罪的青少年在校园中没有形成正确的"三观"，或长期受到欺凌，压抑自己不敢反抗；或欺凌他人，蔑视法律和道德。

4. 校园暴力形式多样化

在心理学上，校园暴力被分为直接暴力和间接暴力。直接暴力包括肢体暴力和言语暴力；间接暴力指通过散播谣言、利用人际关系、煽动他人恶意对待等方式，将受害人排除在某个团体之外。在互联网时代，校园暴力的形式逐渐多样化，以网络为媒介的暴力传播方式逐渐兴起，如将施暴视频或受害人隐私等信息公布在网上等，给防范校园暴力带来了不少新的难点。

二、校园暴力的成因

校园暴力的发生并不是一蹴而就的，而是有着深刻的社会、家庭、学校和个人原因，具体来讲可分成以下几点。

（一）社会原因

社会上暴力文化的泛滥、大众传媒的影响是发生校园暴力的重要原因。一些媒体和电影电视为了迎合观众，大肆渲染各种暴力行为和错误观点，对学生造成了不良的心理暗示。而一些社会人员拉帮结派、组建团体的行为，也对学生产生了不良的示范作用。

（二）家庭原因

在孩子的成长过程中，父母的教导十分重要。如果父母的教育方式不合理，孩子就容易形成不良的性格，成为校园暴力的受害者或施害者。在某些家庭里，如果父母的教育方式过于专制，孩子就容易形成逆来顺受的性格，不敢反抗权威，在人际交往中不会选择合适的方式处理自己与他人的矛盾，久而久之，孩子就很容易成为校园暴力的受害者一方。而如果父母总是采取放任不管的态度教育孩子，孩子的越轨行为就得不到父母的及时纠正，会逐渐形成任性、唯我独尊的性格，容易成为校园暴力的施暴者一方。

（三）学校原因

升学考试的压力，使不少学校只重视智育而轻视德育，忽视了道德法制教育的重要性。在这种情况下，不少学生法制观念淡薄，不能明辨是非，极易造成冲突和矛盾，发生校园暴力。而当校园暴力行为发生后，不少学校出于"家丑不可外扬"的思想，不愿意向学生、家长和社会公开，只想大事化小，小事化了。这样，既不能保护受害者，也不能真正惩戒施暴者，反而加剧了校园暴力的发生。

（四）个人原因

某些学生在人生观、世界观、价值观、道德观上存在一定偏差，缺乏基本的理想信念和评价能力，法制观念淡薄、学习目的不正确，自律性差，心浮气躁，遇到突发事件容易冲动，极易受到外界不良因素的影响而产生不理智行为。而另一些学生心理素质差，承受和自控能力低，在遇到压力或发生利益争执时，很容易产生负面情绪，做出不理智行为。除以上两点外，在恋爱观上，一些学生在不正确的恋爱观的影响下，喜欢用极端方式解决恋爱问题，这给自己和对方也会造成一定的负面影响和伤害。

三、预防校园暴力的措施

面对校园暴力，要做好预防措施，主动防范校园暴力。

（一）学会释放心理压力

面对心理压力，如果不能通过正常的渠道进行排解，就会被负面情绪包裹住，做出一些极端行为。因此，当有心理压力时，要学会保持乐观的态度，遇事时要多往好处想。在平时的生活中，应主动努力与他人沟通，尽量敞开心扉，表达心情，这样才能更好地平衡心理。通过外界的帮助来完善思维，解决各种困难和问题，从而避免遇事冲动、自作主张，更好地调节心理压力。

（二）加强自身的法律意识和法制观念

在平时，要注意加强法律知识学习，增强自身的法制观念。同学们可以通过看书、参加学校讲座、观看普法视频等方式加强法律学习，提高自身的法律意识。在平时，要自觉遵守法律法规，学会用法律来保护自己的合法权益，避免通过以暴制暴的方式解决问题。

（三）学会宽容和忍让

不少校园暴力行为最初都是由一些小矛盾引起的。因此，在平时要学会与同学友好相处，合理解决矛盾。当发生一些小冲突时，要学会宽容和忍让，不要逞一时口舌之快，为一点儿小事情斤斤计较，甚至拳打脚踢，做出种种出格之事。

（四）不崇拜暴力文化

面对身边的暴力文化，应选择正确的方式对待。首先，要远离那些充斥着暴力文化的影视作品、书籍、报刊及游戏等，不给暴力文化以存留的空间。其次，不要贸然模仿影视或游戏里的暴力行为，学会用正确合理的方式解决现实矛盾。再次，正确认识影视、书刊中英雄人物的形象和意义，不盲目崇拜影视作品中那些"除暴安良"的英雄人物，不用暴力表现自己的价值。最后，在平时要注意培养健康高尚的审美情操，多接触有益身心的文化。

（五）避免自己成为施暴者的目标

平常出门时，不要随身携带太多的钱和手机等贵重物品，不要公开显露自己的财物。当在学校僻静的角落、厕所或楼道拐角等校园暴力的多发地带活动时，要保持警觉意识，最好结伴而行，快速通过。

四、正确应对校园暴力

当在生活中不幸遭遇校园暴力时，要保持冷静，针对不同的暴力行为学会运用一些合适的方法进行自救，尽量将校园暴力的危害降到最低。

（一）合理应对语言暴力

应对语言暴力，要保持沉默，淡然处之，不要轻易被对方激怒而回击；冷静分析，积极进行自我反省，反思自身责任，看是否是自己的行为或做事的方法本身存在问题；如果对方是有意并且是较为恶劣的人身攻击或伤害，应学会郑重地声明自己的立场，冷静地进行回应；保持自信，肯定自己，不要受到对方侮辱性语言的影响，做好心理上的调节；如果施暴者的行为已经构成了诽谤，并造成严重的精神伤害时，要诉诸法律，通过法律手段来维护自身的权益。

（二）遭受行为暴力时的自救

当遭受对方的行为暴力时，要采取合适的方式保护自己。首先，要大声呼救，及时向过路人传达自己正在遭受不法伤害的信息，寻求各方帮助。其次，要保持冷静，及时寻找合适的时间逃跑。最后，在逃跑路上，要做好防范，双手抱头，尽力保护头部，尤其是太阳穴和后脑。

（三）遭受心理暴力时的自救

当遭受对方的行为暴力时，要学会调节好自己的心理。如果在学校遇到了排斥、歧视、孤立等心理暴力行为，应积极、主动地去与别人沟通，弄清楚原因。如果确实是自己的问题造成的，要主动进行改正。如果自己无法解决，应主动向班主任、辅导员老师进行求助。

（四）及时报告，以法维权

当他人邀请自己参与校园暴力时，应断然拒绝，不做校园暴力的帮凶。当看到校园暴力正在发生时，要在保护好自己的条件下主动向家人、老师和警察报告，采取最有效的救助措施帮助受害者。

第二节　防止性骚扰和性侵害

性骚扰和性侵害是危害当今大学生群体的重要安全问题之一，其对大学生的身心危害巨大，严重者会导致受害人做出种种不理智行为，甚至危害生命。因此，作为大学生应及时了解性骚扰和性侵害的一些知识，学会防范性骚扰和性侵害。

一、性骚扰

掌握性骚扰的基本知识，了解性骚扰的危害，学会使用正确合理的方式防范和处理性骚扰问题，对保障大学生本人的人身安全，避免更为严重的不法性侵害具有重要意义。

（一）性骚扰的定义

性骚扰是指以性欲为出发点的骚扰，以带性暗示的言语或动作针对被骚扰对象引起对方的不悦感。细究来看，只要言语或行为令他人感到不悦或有被冒犯的意图，且被认定存有性相关的暗示，都是性骚扰。广义的性骚扰并不仅限于异性间，对象亦不单指女性，同性间亦可构成性骚扰。

性骚扰的表现形式尚无统一界定，目前一般认为有口头、行动、人为设置环境三种方式。口头方式主要是指以下流语言挑逗对方，向其讲述个人的性经历、黄色笑话或色情文艺内容；行动方式上是指故意触摸、碰撞及亲吻对方脸部、胸部、腿部、臀部、阴部等性敏感部位；设置环境方式是指在正式场所周围布置淫秽图片、广告等，使对方感到难堪。

（二）性骚扰的特点

性骚扰一般存在以下一些显著特点：性骚扰侵害的是性的尊严和权利；性骚扰的受害者大多为女性；性骚扰受害者具有不敢控告的特点，受害者被侵害后很难留下证据；性骚扰是在违背对方意志的前提下作出的；对异性进行攻击时多采用挑逗性诱惑。

（三）性骚扰的危害

由于性骚扰是不受欢迎、不被欲求的性侵害、性要求（言辞或行为），是骚扰者违背受害人的自由意志强加给受害人的，因此会对受害当事人的身心带来极大的痛苦。性骚扰对受害者的危害主要体现在如下几点。

1. 增加受害者的心理包袱

长期遭到性骚扰的受害者会感到情绪紧张、烦躁、内疚、困惑和恐惧，容易产生无力感、无助感和脆弱感，继而自信心和自尊心下降、进取心减弱，易产生悲观、沮丧甚至绝望等情绪体验，严重者会患上一些心理疾病。

2. 影响正常的人际交往

遭受过性骚扰的受害者，会产生对他人的不信任感，这种心理的泛化会使受害者对周围的人都保持一种猜疑、不信任的态度，严重影响受害者的人际关系，给受害者适应社会生活带来困难。

3. 影响受害者的求学、就业、婚姻及个人声誉

性骚扰严重侵犯了受害者的人权，长期遭受性骚扰会严重影响受害人的心理状态，继而影响受害者正常的求学、就业、婚姻甚至是个人声誉。

4. 有损社会风气及社会秩序

如果性骚扰问题得不到有效的整治，就会滋生相关犯罪问题，继而严重危害社会的稳定，危害健康的社会风气。

（四）正确应对性骚扰

美国性犯罪专家约翰·迪宁斯说："性骚扰是性犯罪的前奏曲和温床。"预防性犯罪的发生，必须狠抓性骚扰的防治，正确处理性骚扰问题。

1. 提高警惕，加强防范意识

夏天时，尽量不要独自在行人稀少的街头巷尾行走，尽可能不穿太过暴露的衣服，不要单身搭乘陌生男子的机动车，不要单身上偏僻的公共厕所，乘车时不要随便打瞌睡，不要玩"征友"游戏或随意添加陌生人网聊。

2. 积极应对性骚扰

遭遇性骚扰时，要积极应对，不要忍让和退却，不能保持沉默与退缩。比

如，在公共场所碰到性骚扰时，可以大声吆喝"你放尊重些!"或怒目而视，从心理上给予威慑。如在家接到男性骚扰电话，可找男士代听电话，警告对方。

3. 采用合适方式摆脱骚扰

在遭遇性骚扰时，要冷静应对，采用合适的方式摆脱骚扰，避免侵害。如被好色之徒纠缠时，可以以上洗手间为名或回复朋友电话而进行告辞。又如，被男士抓住手长时间不放时，女方可以说："先别动，看你什么东西丢了?"从而转移男方的注意力，快速逃离困境。

4. 巧妙运用自卫术

遇到性骚扰，要巧妙运用一些自卫术与对方进行周旋。比如，当对方伸开双臂正面扑来时，可迅即抬腿以膝盖击其小腹和下阴。如女方与男性鼻部大体等高，对方从正面抱你时，女方可顺势用前额猛磕对方软弱的鼻梁骨，可使对方鼻酸泪流，两眼模糊。若对方从后面搂住你时，你可用头猛烈向后撞击其面部，当其放松手臂，后仰躲闪之机，你可分开双腿，使对方暴露在你的双腿之间，紧接着你要迅即弯腰，猛烈向上扳起他的一条腿，向上用力，对方必倒无疑。此外还要灵活使用身上的"小武器"，如将身上钥匙夹在拳头缝隙里，露出尖锐部位，紧握拳头，以钥匙击打脸部或阴部。手上戒指如有装饰突出物，或手握成拳，以硬物猛击对方太阳穴，使对方疼痛难忍，女方可立即乘机逃脱。

以上情形主要是从女性角度来讲的，当然，如果男性遭遇类似的性骚扰时，也不能因为自己遭到性骚扰而感到羞耻，选择沉默，而应当勇敢捍卫自己的权益。

二、性侵害

性侵害作为一种不法侵害，有着多种表现形式，对受害者的身心会造成无法挽回的损伤。防范性侵害，学会保护自己，是每一名大学生应当重视的事情。

(一)性侵害的定义

性侵害是指加害者以权威、暴力、金钱或甜言蜜语，引诱、胁迫他人与其发生性关系，并在性方面造成对受害人伤害的行为。此类性关系的表现形式包括：猥亵、乱伦、强暴、性交易、媒介卖淫等。性侵害的对象常以女性居多。

（二）性侵害的主要形式

1. 暴力型性侵害

暴力型性侵害是指犯罪分子使用暴力和野蛮的手段，如携带凶器威胁、劫持受害者，或以暴力威胁加之言语恐吓，从而对受害者实施强奸、轮奸或调戏、猥亵等。暴力型侵害手段残暴、行为无耻、具有群体性的典型特征。往往还容易诱发其他犯罪。

2. 胁迫型性侵害

胁迫型性侵害是指利用自己的权势、地位、职务之便，对有求于自己的受害者加以利诱或威胁，从而强迫受害者与其发生非暴力型的性行为。其特点如下：利用职务之便或乘人之危而迫使受害者就范；设置圈套，引诱受害者上钩；利用过错或隐私要挟受害者。

3. 社交型性侵害

社交型性侵害是指在自己的生活圈子里发生的性侵害，与受害人约会的大多是熟人、同学、同乡、朋友。社交型性侵害又被称为"熟人强奸""社交性强奸""沉默强奸""酒后强奸"等。受害者身心受到伤害以后，往往出于各种考虑而不敢加以揭发。

4. 诱惑型性侵害

诱惑型性侵害是指利用受害人追求享乐、贪图钱财的心理，诱惑受害者而使其受到的性侵害。

5. 滋扰型性侵害

其主要形式：一是利用靠近受害者的机会，有意识地接触受害者的身体，摸捏其躯体和大腿等处，在公共汽车、商店等公共场所有意识地挤碰受害者等；二是暴露生殖器等变态式性滋扰；三是向受害者寻衅滋事，无理纠缠，用污言秽语进行挑逗，或者作出下流举动对受害者进行调戏、侮辱，甚至可能发展成为集体轮奸。

（三）性侵害的危害

性侵害是一种危害很大的行为，对受害者的身心健康均会产生长期的不良影响。受到性侵害的人总会表现出焦虑、自卑、自责、孤独等非正常心理反应，有的还会出现自闭症、忧郁症、精神分裂症等精神疾病，影响学业、正常的恋爱和婚姻，甚至会影响一辈子。此外，一些受害者在面对爱情、家庭、事业以及生活的全面摧毁时，会失去对生活的信心，最终选择结束自己的生命或者采取暴力手段报复骚扰者，有的甚至报复社会。

（四）正确预防和应对性侵害

1. 正确预防性侵害

（1）提高警惕意识。独自外出时，尽量不要去僻静无人的地方，如废弃的厂房、公园里行人较少的小树林、影剧院的角落、网吧附近的阴暗处等地方。夜间单独外出更要格外小心，不要穿着过分暴露，不宜携带过多的钱物。独自行走时，如果发现有人尾随，就尽快改变行走路线，想办法甩掉对方，如到派出所、交通岗等，以此阻断对方的跟踪，也可以采用逆向候车、突然过街道乘公交车辆的方法甩掉对方。去异性的办公室或寝室时，不宜时间过长。熟悉的人和密闭的环境，容易使自己放松警惕，易引发性侵。

（2）谨慎待人处事。在与异性接触时，应消除贪图小便宜的心理，对一般异性的馈赠和邀请婉言谢绝，以免因小失大。对于不相识的异性，不要随便说出自己的真实情况，不要轻率地跟随其回家或者去酒店，也不要喝对方提供的饮料，以防其在里面放催眠药，使自己丧失反抗能力。对自己特别热情的异性，要提高警惕心，一旦发现异性对自己不怀好意，甚至动手动脚或有越轨行为，一定要严厉拒绝、大胆反抗，并及时向学校有关领导和保卫部门报告，以便及时加以制止。

（3）行为端正，态度明朗。在与异性交往时，应行为端正，态度明朗。如果自己态度明朗，对方则会打消念头，不再有任何企图。如果自己态度暧昧，模棱两可，对方就会增加幻想和纠缠。在拒绝对方要求时，要讲明道理，耐心说服，不嘲笑挖苦。中止恋爱关系后，若对方仍然是同学、同事，不能结怨成仇人。参加社交活动与异性单独交往时，要理智地、有节制地把握好自己，尤其应注意不能过量饮酒。

（4）当有人挡道拦截或纠缠时，要想办法尽快脱身。当遇到陌生异性拦截或纠缠时，可就近求助于行人、住户，夜晚可奔向有光亮、有声音的方向。如果处于危险境地，应大声呼喊。这样一方面可以引起周围群众的注意，另一方面呼喊本身足以震慑作案分子。呼喊之后，瞅准时机迅速逃离危境。

2. 正确处理性侵害

当遭遇性侵害的犯罪行为时，应保持冷静，机智应对。

（1）遇到陌生人欲实施性侵害，要机智应对。在僻静的街道、楼房的拐角处、小树林等行人少的场所，尽量保持冷静，与对方周旋，斗智斗勇。

（2）遇到熟人欲实施性侵害，应明确表示反对，态度应坚决。其实发生性侵害大部分会是熟人，如同学，网络结交的朋友，周围邻居等。遇到这类情形要敢于说"不"，理直气壮地让对方"住手"，想法让对方明白这样做是违法的行为。随即迅速离开现场，防范对方纠缠。一般情况下，只要当事人大胆拒绝，就可以使对方终止侵害行为。

（3）寻找机会呼喊和采取各种手段挣脱。歹徒做贼心虚，看见附近有人，一般不会再纠缠下去。

（4）抓住对方弱点，瞅准时机全力拼搏。

（5）万一不幸受辱，不要说刺激罪犯的话，避免激发加害者杀人灭口。及时报警，并保留提交证据。如果一切努力都失败，还是受到侵害，这并不是你的错，而是坏人的错。一定不要惊慌或感到羞耻，要勇敢面对现实，及时告诉自己的家长和老师并报警。

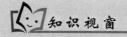 知识视窗

预防性侵害的宿舍小贴士

（1）经常进行宿舍安全检查。如发现门窗损坏，应及时报告给学校有关部门进行修理。

（2）在宿舍就寝时，要留心门窗是否完好，以免犯罪分子潜伏其中伺机作案。

（3）夜间如有人敲宿舍门，要问清是谁再开门。如发现有人想撬门砸窗闯进来，要大声呼救，并做好反抗准备。

（4）尽量避免夜间独自在寝室内过夜。

第三节　学会正当防卫

正当防卫是法律赋予我们的正当权利。在遭受不法侵害时，不要忍让、妥协甚至退让，应看准时机，运用正当防卫有效抵御不法侵害，维护自身的合法权益。

一、正当防卫

想要正确运用正当防卫维护好自己的权益，首先应正确认识正当防卫的基本知识。

（一）正当防卫的定义

正当防卫，是指对正在进行不法侵害行为的人，而采取的制止不法侵害的行为，对不法侵害人造成一定限度损害的，属于正当防卫，不负刑事责任。根据我国《刑法》第二十条规定，为使国家、公共利益、本人或者他人的人身、财产和其他权利免受正在进行中的不法侵害，而采取的制止不法侵害的行为，对不法侵害人造成损害的，属于正当防卫，不负刑事责任。

正当防卫的成立必须同时具备以下要件。

1. 防卫行为是为了使国家、公共利益，本人或者他人的人身、财产权利和其他权利免受不法侵害而实施的

这种不法侵害可能是针对国家、集体的，也可能是针对自然人的；可能是对本人的，也可能是针对他人的；可能是侵害人身权利，也可能是侵害财产或其他权利，只要是为了保护合法权益免受不法侵害而实施的行为，即符合本要件。

2. 有不法侵害行为发生

所谓"不法侵害"，指对某种权利或利益的侵害为法律所明文禁止，既包括犯罪行为，也包括其违法的侵害行为。

3. 必须是正在进行的不法侵害

正当防卫的目的是为了制止不法侵害，避免危害结果发生，因此，不法侵害必须是正在进行的，而不是尚未开始的，或者已实施完毕的，或者实施者确已自动停止的。否则，就是防卫不适时，应当承担刑事责任。

4. 针对不法侵害者本人实行

即正当防卫行为不能对没有实施不法侵害行为的第三者（包括不法侵害者的家属）造成损害。

5. 不能明显超过必要限度造成重大损害

正当防卫是有益于社会的合法行为，应受一定限度的制约，即正当防卫应以足以制止不法侵害为限。但另一方面，不法侵害往往是突然袭击，防卫人往往没有防备，骤然临之，情况紧急，精神高度紧张。一般在实施防卫行为的当时很难迅速判明不法侵害的确实意图的危险程度，也没有条件准确选择一种正当的防卫方式、工具和强度来进行防卫。因此，只要不是明显超过必要限度造成重大损害的，都应当属于正当防卫。

知识视窗

紧急避险与正当防卫

紧急避险是指为了使国家、公共利益、本人或者他人的人身、财产和其他权利免受正在发生的危险，不得已采取的紧急避险行为，造成损害的，不负刑事责任。紧急避险超过必要限度造成不应有的伤害的，应当负刑事责任，但是应当减轻或者免除处罚。

紧急避险与正当防卫有着以下明显区别：

（1）正当防卫的危险来源是人的不法侵害行为；而紧急避险的危险可以是不法侵害，也可以是自然灾害、动物侵袭。在遭遇到人的不法侵害时，如果行为人是对不法侵害人进行反击，属于正当防卫的范畴；如果为了躲避不法侵害，而损害第三人（不法侵害之外的人）利益的，属于紧急避险的范畴。

（2）紧急避险必须是出于迫不得已，而正当防卫无此要求。

（3）紧急避险要求主体不能有特定的身份，如警察、军人或消防队员等。而正当防卫无此要求。

（4）避险保护的是合法利益，损害的也是合法的利益（第三者的利益），紧急避险所保护的利益必须大于避险行为损害的第三者的利益，如果等于或者小于所损害的利益，避险就没有意义，法律也没有保护的必要。

（5）正当防卫只能对不法侵害人实施，而紧急避险是向第三者实施的。

（二）无限正当防卫

无限正当防卫，是指对正在进行行凶、杀人、抢劫、强奸、绑架以及其他严重危及人身安全的暴力犯罪，而采取防卫行为，造成不法侵害人伤亡的，不属于防卫过当，仍然属于正当防卫，不负刑事责任。正在进行的行凶、杀人、抢劫、强奸、绑架以及其他严重危及人身安全的暴力犯罪，属于侵害行为性质严重、强度大、情况紧急的不法行为，因此，采取正当防卫行为造成不法侵害人伤亡和其他后果的，不属于防卫过当，不负刑事责任。其中所谓"其他严重危及人身安全的暴力犯罪"，是指与行凶、杀人、抢劫、强奸、绑架类似的暴力犯罪，如在人群中实施的爆炸犯罪等。

（三）非正当防卫

非正当防卫，是指除正当防卫外的情形。如果非正当防卫造成了损害，则应负相应的法律责任。非正当防卫主要有以下几种。

1. 防卫过当

防卫过当是指行为人在实施正当防卫时，超过了正当防卫所需要的必要限度，并造成了不应有的危害行为。防卫过当在法律上应当负刑事责任，但是应当减轻或免除处罚。

2. 防卫挑拨

防卫挑拨是指行为人故意挑逗对方，使对方对自己进行不法侵害，接着借口加害于对方。

3. 防卫侵害了第三人，也叫局外防卫

局外防卫是指防卫者对正在进行的不法侵害以外的人实施的侵害行为。

4. 假想防卫

假想防卫是指不法侵害行为根本不存在，由于行为人猜想、估计、推断不法侵害行为存在，而对其实施侵袭的一种不法侵害行为。

5. 事前防卫，也叫提前防卫

事前防卫是指行为人在不法侵害尚未发生或者说还未到来的时候，而对准备进行不法侵害的人采取了所谓的防卫行为。

6. 事后防卫

事后防卫是指在不法侵害终止后，而对不法侵害者进行的所谓防卫行为。

二、正确运用正当防卫

正当防卫是法律赋予公民的神圣权利，大学生应学会运用正当防卫保卫国家、公共利益，保卫本人和他人的合法权利。当遇到抢劫、盗窃、强奸、行凶、杀人、放火等等违法犯罪行为时，就要善于运用正当防卫行为来维护合法权利。例如，女同学 A 独自走夜路，突然被一流氓 B 按倒在地，B 卡住 A 的脖子，企图强奸，情急中 A 用发卡刺瞎了 B 的右眼（重伤），从而避免了被强奸。A 的行为就属于正当防卫行为。尽管 A 使 B 受重伤，但 A 不负法律责任。

在法律上，正当防卫是否成立是需要界定条件的。根据我国《刑法》的规定，实施正当防卫必须同时符合四个条件：其一，只有在国家公共利益、本人或他人的合法权利受到不法侵害时；其二，必须是在不法侵害正在进行的时候；其三，必须是对不法侵害者本人实施防卫，而不能对无关的第三者实施；其四，正当防卫不能超过必要的限度，造成不应有的损害。

在实施"正当防卫"时，必须要考虑好是否符合正当防卫的条件。如果没有满足正当防卫行为的成立条件，就需要承担一定的刑事责任。

 案例追击

案例一：

郭某与张某是多年邻居，但两个人因宅基地划分不当结下了仇……

一日郭某看到张某提着锄头迎面而来，并怒视郭某。郭某以为张某要来打自己，便狠狠打了张某一顿，造成张某右臂骨折、背面多处受伤。郭某的行为属于正当防卫吗？

案例二：

一天，张某与杨某发生摩擦，张某很生气，扬言要报复杨某，并开始准备。杨某知道后想：与其等着受教训，不如自己动手，于是叫了几个兄弟殴打张某，致使张某肋骨骨折。杨某的行为是正当防卫吗？

案例三：

李某正在殴打王某，王某为了自保，一把抓起路边看热闹的李某的儿子，把他扔进了河沟里。李某停止殴打王某，赶紧去救儿子。王某的行为属于正当防卫吗？

案例四：

任某经过精心策划找了个机会，故意激怒唐某，致使唐某在极度气愤中先动手打了任某一下，于是任某用事前准备好的棒子猛击唐某头部，致使唐某颅骨骨折。这里任某的行为是正当防卫吗？

根据法律规定，以上几个案例中，当事人的行为均不构成正当防卫。

案例一中，郭某的行为是建立在假想张某会打自己的基础上做的，而正当防卫中所界定的不法侵害必须是现实存在的，因此，郭某的行为不构成正当防卫，属于假想防卫，应负法律责任。

案例二中，杨某的行为是在明知张某的报复行为并未开始的情况下做的，属于防卫不适时，防卫不适时构成犯罪的，都应追究刑事责任。因此，杨某的行为应负刑事责任。

案例三中，王某针对李某儿子的实施的暴力行为是针对第三者实施的不法侵害，而不是针对实施不法侵害的本人李某进行的，因此，他需要承担刑事责任。

案例四中，任某的行为属于防卫挑拨，是故意挑逗对方进行不法侵害而借机加害于不法侵害人的行为，不属于正当防卫。

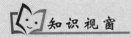
知识视窗

情景思考

假如你在公交车上不幸遭遇了小偷，以下哪种情形属于正当防卫呢？

(1)大喝一声：不许偷东西！

(2)发现小偷正偷东西时，上前抓住他的手，结果把小偷的手弄脱臼了。

(3)和周围的乘客把小偷扭送至派出所。

(4)狠狠踩小偷一脚，小偷疼得放弃了继续偷窃。

(5)一怒之下掏出小刀朝小偷心口刺去。

(6)小偷偷完钱包后下车。第二天你又看到了他，趁其不备你用公文包狠狠砸向了他的头部。

在以上几种行为中，前四种都是针对不法侵害者本人进行的，其反击的措施并没有超过必要的限度，因此均属于正当防卫。而第五种行为明显超过了必要的限度，属于防卫过当。第六种则是行为人在不法侵害已经结束后开始实施的，属于事后防卫。这两种行为均不属于正当防卫，应承担相应的刑事责任。

第四节　防止被盗、被骗、被抢

在大学生的人身财产伤害中，最常见的便是盗窃、诈骗、抢劫等不法行为。大学生独自远离家门，生活经验浅薄、防范意识不强，常常成为这些不法之徒的袭击目标。因此，掌握必要的防窃、防骗、防抢技巧，对大学生而言是十分必要的。

一、防止被盗

 案例追击

2015 年 3 月 9 日 18 时 30 分许，某高校学生王某报案称自己离开宿舍时，将一个装有 1 000 余元现金的钱包放在了床上，未锁门便离开了，回来时发现财物被盗。警方接到报警后，立刻展开了调查，于 3 月 12 日抓获了犯罪嫌疑人李某。据李某交代，自己曾利用下午学生上课的时间偷偷溜进校园，发现王某宿舍门未关后便盗走了现金 1 000 余元。

近年来，随着高校的社会化发展，校园周边环境日趋复杂，校园安全状况不容乐观。据统计，盗窃案件已经成为学校保卫工作中最大的顽疾，占案发总数的 60%～70%。盗窃案件的频发，严重影响了学校正常的教学和生活秩序，带来了巨大的校园安全隐患。作为大学生，有必要了解防盗知识，从而尽可能地维护好自身的财产安全。

(一)盗窃的定义

盗窃是指以非法占有为目的，盗窃公私财物数额较大或者多次盗窃、入户盗窃、携带凶器盗窃、扒窃公私财物的行为。大学盗窃案件是指以大学生的财物为侵害目标，采取秘密的手段进行窃取并实施占有行为的案件。

盗窃犯罪是高校中常见的一种犯罪行为，严重威胁着学生的财产安全。

为了提高大学生特别是新生的防范意识，加强对自身财物的保管，不给犯罪分子可乘之机，避免财产损失，我们有必要学习防盗知识，掌握好防盗技巧。

（二）大学盗窃案件的主要形式

1. 内盗

内盗是指盗窃作案分子为学生内部人员或学校内部管理服务人员而实施的盗窃行为。根据有关资料统计，在高校发生的盗窃案件中，内盗案件占一半以上。内盗案件的作案分子往往会利用自己对盗窃目标的熟悉而实施盗窃，因而易于得手，该类案件具有隐蔽性和伪装性。

2. 外盗

外盗是相对内盗而言的，是指盗窃作案分子为校外社会人员在学校实施的盗窃行为。外盗作案分子利用学校管理上的漏洞，冒充学校人员或以找人为名进入校园内，盗取学校资产或师生财物。这类人员作案时往往携带作案工具，如螺丝刀、钳子、塑料插片等。

3. 内外勾结盗窃

内外勾结盗窃即学校内部人员与校外社会人员相互勾结，在学校内实施的盗窃行为。这类案件的内部主体社会交往关系比较复杂，与外部人员都有一定的利害关系，往往结成团伙，形成盗、运、销一条龙，给同学们的财产安全带来了巨大损失。

（三）大学盗窃案件的特点

一般意义上的盗窃案件具有以下几项共同点：实施盗窃前有预谋准备的窥测过程；盗窃现场通常遗留痕迹、指纹、脚印、物证等；盗窃手段和方法常带有习惯性；有被盗窃的赃款、赃物可查。由于客观场所和作案主体的特殊性，高校盗窃案件还具有以下特点：时间选择上的集中性、目标上的准确性、技术上的智能性、作案上的连续性。盗窃分子往往会针对不同环境和地点，选择对自己较为有利的作案手段，以获得更大的利益。

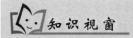 知识视窗

常见的大学盗窃案件作案手段

（1）顺手牵羊。作案分子趁人不备将放在桌椅上、床铺上等处的钱物信手拈来而占为己有。学校里如空无一人且门窗不闭的宿舍、用餐后将随身物品落下在食堂餐桌和自习时将财物空置而无人看守的图书馆、自习室都容易成为盗窃分子的作案地点。

（2）乘虚而入。作案分子趁主人不在、房门抽屉未锁之机行窃。较之"顺手牵羊"，其手段更为"专业"，行窃胃口更大，往往造成的损失更惨重。特别很多同学习惯早上洗漱、午休不锁门。

（3）窗外钓鱼。作案分子用竹竿、铁丝等工具，在窗外或阳台处将室内衣物、皮包勾出，有的甚至利用勾到的钥匙开门入室进行盗窃。

（4）翻窗入室。作案分子利用房屋水管等设施条件翻越窗户入室行窃。作案人窃得钱物后往往是堂而皇之从大门离去。

（5）撬门扭锁。作案分子利用专用工具将门上的锁具撬开或强行扭开入室行窃，入室后作案人又用同样的方法撬开抽屉、箱柜等。这是外盗分子惯用的主要手段，他们下手毒辣，毫不留情，只要是值钱的东西都不放过。

（6）盗取密码。作案人有意获取他人存折或银行卡密码并伺机到银行盗取现金。这类手法常见于内盗案件，并且以关系较好的同室或"朋友"作案较多。

（四）防盗措施

1. 提高自我防范意识

提高自我防范意识，是防范盗窃的有效方式之一。对大学生而言，可以从以下几点入手增强防范意识。一是不要将大额现金随意放在身边，应就近存入银行。最好不将自己的生日、手机或家庭电话号码、学号作为自己银行卡或手机微信、支付宝的密码，防止被他人发现盗取。二是对贵重物品如电脑、单反相机等，不用时最好锁起来，以防顺手牵羊者盗走。三是要养成随手关窗锁门的好习惯。

2. 遵守学校的安全规定

对于学校制定的安全规定，要严格按照学校要求执行。有些学生警惕性不高，总是不把学校的规定放在心上，因此做出了不少违反学校规定的事情，造成了巨大的安全隐患。比如，学校规定要及时锁好宿舍门窗，有的同学警惕性不高，没有养成随手关门的习惯，就会容易使犯罪分子乘虚而入，造成财务损失。

3. 养成良好的生活习惯

日常生活中的一些不良习惯，往往会增加作案分子的作案概率。比如，随意将贵重物品和大额现金乱放的行为就容易被有心人利用，增加被盗风险。因此，养成良好的生活习惯至关重要。

4. 团结朋友，谨慎交友

为了遏制盗窃的不良风气，在平时要注意团结，学会友好与人相处，形成互帮互助的良好风气。此外，在平时还要注意谨慎交友，避免成为盗贼的帮凶。

（五）正确处理盗窃案件

1. 及时报案

一旦发生被盗案件以后，不要惊慌失措，应迅速保护好现场，并及时向学校保卫部门报告。在被盗现场不要随意翻动、查看自己的丢失物品，防止破坏现场，不利于之后的调查取证。

2. 稳住可疑人员，向公安机关提供破案线索

如果发现可疑人员，一定要沉着冷静，应主动上前询问，一旦发现其回答有疑问，要设法将其稳住，必要时组织学生围堵，及时向有关部门报告。在当场无法抓获盗贼的情况下，应记住盗贼的特征，包括年龄、性别、身高、胖瘦、相貌、衣着、口音、动作习惯、佩戴首饰等，以便向公安保卫部门提供破案线索。

3. 配合调查

如发现银行卡被盗，应当尽快到银行挂失，并及时向公安机关报告，积极配合公安机关的调查取证工作。以免延误破案时机，加大破案困难，使犯罪分子继续逍遥法外。

二、防止被骗

案例追击

武汉某高校一学生刘某在学校门口处闲逛时被两女青年拦住。这两人称她们是来武汉旅游的，因银行卡被吞，想向刘同学借银行卡，并当场打电话给家人，让家人将钱打到刘同学卡上。在打完电话后，他们又以晚上银行不能存钱，想去住酒店为由，向刘某借1 500元作为酒店押金。此时，刘某感觉情况不对，便立刻借机走开并向学校保卫处报案。经查，这两人提供的身份证信息为假，真实身份存疑。

随着社会的不断发展，校园诈骗的方式和手段也日益多样，一些借助新媒体而生的诈骗手段和诈骗方式层出不穷。面对这种情况，我们更需要加强防范意识，警惕校园诈骗。

（一）诈骗的定义

诈骗，是指以非法占有为目的，用虚构事实或隐瞒真相的方法，骗取数额较大的公私财物的行为。由于这种行为完全不使用暴力，而是在一派平静甚至"愉快"的气氛下进行的，加之受害人一般防范意识较差，较易上当受骗。目前来讲，校园诈骗已成为严重扰乱校园教学秩序及危害师生合法权益的问题之一。面对校园诈骗，我们必须提高警惕心理，增强防骗意识，积极拿起法律武器有效应对诈骗行为。

（二）高校诈骗案件的常见类型和手段

1. 网购方式诈骗

如今，网购已走入了千家万户的日常生活。作为网购的消费主力群体之一，大学生往往存在社会经验不足、安全意识淡薄等问题，这为诈骗分子提供了可乘之机。在实际生活中，不少诈骗分子利用网络的虚拟性特点，通过网购渠道实施诈骗，其主要方式：一是在网上出售低价商品，以QQ、微信等方式向大学生发送虚假的支付宝链接，导致大学生上当受骗；二是盗取购物网站店主信息，联系买家因无法完成订单进行退款，然后指引买家进入钓鱼网站，盗取存款。

2. 利用推销手段进行诈骗

不少诈骗分子利用大一新生刚进校门不熟悉学校情况、社会经验匮乏的弱点，以推销的名义向这些大一新生销售所谓的学习资料、电子产品、化妆品、手机卡等物品。这些东西往往缺乏必要的质量保证，假冒伪劣产品较多，严重损害了大学生的正当权益。

3. 社交软件诈骗

由于大学生警惕意识不强，保密措施不当，一些诈骗分子会盗取大学生的微信、QQ等社交账号，冒充大学生本人向其父母、亲属、朋友索要财物。由于大学生出门在外，父母比较担心，往往会疏忽验证信息的真实性。因此，这种诈骗方式成功率较高，严重损害了大学生的财产安全。

4. 电话、短信诈骗

电话短信诈骗是一种十分传统的诈骗手段。尽管目前网络发展迅速，新兴的社交方式代替了一部分传统的电话和短信功能，但电话、短信诈骗依然存在，而他们的骗术也不断升级，欺骗性更大。一些诈骗分子会谎称自己是学生的熟人或老师向学生借钱。更有甚者，一些骗子还会谎称自己是公检法工作人员，要求学生配合调查案件，以核对银行卡信息或称学生邮寄的包裹中有违禁品等为由进行诈骗，诱骗学生在电话中输入银行卡密码或向骗子指定账户转账。

5. 虚假"保过"

某些骗子会利用大学生的考试压力，张贴各种"四六级代考保过""出售考研考前答案"一类的虚假广告，诱惑一些大学生产生侥幸心理，希望通过一些非正常渠道和手段达到自己就业、升学等目的。而结果是不仅没能顺利通过考试，反而损失了不少财物。

6. 虚假招聘

一些骗子会利用大学生急于找工作的焦急心理，通过张贴广告、网站宣传等方式发布虚假的招聘信息，以各种理由诱骗大学生缴纳各种手续费、报名费、押金等诱使大学生上当受骗。更有甚者，一些骗子还会对应聘大学生进行非法拘禁，强迫其从事传销、卖淫等，严重威胁大学生的人身安全。

高校诈骗方式多样、往往还采用智能化手段、且目标具有选择性，伴随案件较多且性质恶劣。

（三）预防高校诈骗

预防诈骗，要做好以下防范措施。

首先，要树立防范意识。保持必要的戒备心理是防范诈骗的重要手段。在平时，要多积累一些防骗常识，遇事时不要偏听偏信、盲目行事，要三思而后行，切忌麻痹疏忽，鲁莽行事。

其次，谨慎交友。在择友时，要有原则。必须遵循正确的原则，要广泛结交那些志同道合、道德高尚的人，切忌因感情用事而结交那些游手好闲之人等，以免被这些人利用而被骗。

最后，不要贪图小便宜。作为大学生，要树立正确的人生观、价值观，不贪不义之财，保持洁身自好，以免被骗子利用而上当受骗。

（四）受骗后的处理方法

大学生在受骗后，要及时报案，通过法律手段维护自己的合法权益。同时，要注意搜集作案人员遗留下来的文字资料、身份证件、电话号码等信息，并积极向学校保卫处和公安机关提供这些证据，如果自己认识诈骗者，要把交往的经过线索也反馈给相关部门，配合他们的调查行动来追缴被骗的财物。

三、防止被抢劫和抢夺

校园抢劫和抢夺严重影响了大学生正常的学习和生活，且极易转化成凶杀、故意伤害、抢劫等恶性案件，给被害人带来巨大的精神损伤，甚至危及其生命安全。因此，大学生应及时认识抢劫和抢夺的危害性，不断提高自我保护能力，有效防止人身伤害和财产损失。

（一）抢劫和抢夺

抢劫是指以非法占有为目的，对财物的所有人、保管人当场使用暴力、胁迫或者其他方法，强行将公私财物抢走的一种行为。抢夺则是指以非法占有为目的，乘人不备，公然夺取他人财物的行为。

抢劫和抢夺这两类犯罪行为严重侵犯大学生的财产及人身权利，威胁大学生生命安全，造成大学生生命、健康及精神上的损害，比盗窃犯罪具有更大的危害性，但二者又存在以下区别。

1. 客观行为不相同

抢劫罪表现为当场使用暴力、胁迫或其他强制方法，强行劫取公私财物，而抢夺罪则表现为乘人不备公然夺取数额较大的财物使他人来不及反抗。

2. 客体不完全相同

抢劫罪不但侵犯了他人的财产权利，还侵犯了他人的人身权利，而抢夺罪则一般只侵犯了财产权利。

3. 犯罪后果要求不同

抢劫罪对财物的数额没有要求，而构成抢夺罪则要求抢夺的财物数额较大。

4. 主观故意的内容不同

抢劫罪是希望或准备以武力或类似性质的力量迫使被害人失去财物，是希望在被害人不能反抗或无法反抗的情况下取得财物；而抢夺罪是以突然取得财物为目的而故意实施的，是希望通过趁被害人不备而取得财物，而不是希望通过武力威吓迫使被害人失去财物。这两类犯罪行为在大学校园里虽比盗窃行为发生得少，但也时有发生，因此，必须积极防范。

（二）大学生遭抢劫、抢夺的特点

1. 从地点来看

绝大多数抢劫和抢夺案发生在校园及其他大学生经常途经或活动的地带。例如，偏僻人少的地方、黑暗的小道、树林、建筑下地、临时搭建物等。

2. 从时间来看

抢劫和抢夺案发生的时间十分集中，一般在以下四种时间段内多发：一是午休或夜深人少之时；二是学生晚自习或者上课，绝大多数人员相对集中而校园及周边人员较少之时；三是严冬夜长昼短，天气寒冷，室外活动人员较少之时；四是新生刚入学报到的一段时间内。

3. 从对象来看

抢劫和抢夺案选择的对象以以下几种人群为多：一是携带行李单独返校的学生；二是单独晚归的学生；三是独自游离的学生；四是在学校周边租房居住或打工等具有一定活动规律的人员；五是形单影只的女生、个别性格懦弱的男生以及正在谈恋爱的男女生。

4. 从伤害来看

抢劫和抢夺案的犯罪分子动机虽然是抢劫、抢夺财物，但在实施过程中往往容易转化为人身伤害。

5. 从作案人员来看

除了个别是流窜作案外，多数抢劫和抢夺案的作案人员是学校及周边的暂住员、不务正业、有劣迹的无业人员。

（三）预防被抢劫、抢夺

1. 防飞车抢夺

（1）在行走时，要尽量靠里侧，不要在路边行走。飞车抢夺的歹徒一般会使用摩托车、电动车为作案工具，从背后窜出，坐在车上对行走在靠马路一侧的行人顺势抢夺。因此，有意识地往里侧行走，可以给歹徒增加些作案难度，赢得几秒钟的反应时间，便于躲避和求救。

（2）采用斜挎的方式背包。单肩直挎包歹徒趁人不备用力一拉便可得手。如果行人斜挎包，虽然只是小小一变，但歹徒的作案难度大大增加，防抢安全系数大大增加。

（3）尽量不要带包。东西比较多时可拎塑料袋或纸袋子。

2. 防麻醉抢劫

（1）对试图与自己表示亲近的陌生人，在无法确认其真实意图的情况下，不要随意接受其提供的饮料、茶水及香烟、食物等。

（2）不要轻易让对方获悉自己随身携带的钱财，一般情况下，作案人不会朝一个没有"价值"的目标下手。

（3）不要搭理一些故意表示亲近的陌生人。

3. 防提款抢劫

（1）在取款时，要注意观察四周异常情况。在取款时，要当心身边鬼鬼祟祟之人；离开时，要提防尾随者，特别是突然在路上来回穿梭的摩托车。

（2）当提取现金数量较大时，最好两人同行。实践证明，无论是在银行柜面，还是在 ATM 机上取款时，如果有同行人站在身边，注意四周情况，可以时时给予安全提醒；取款后与取款人若即若离地保持一段距离一同返回，这样能有效地震慑歹徒，防范抢劫案件的发生。

（3）只在柜面上清点现金，并尽量勿让旁人看到。有些取款人喜好在营业大厅旁若无人地清点钱款，这样过于"露富"，容易被歹徒作为下手目标。最好乘坐封闭式交通工具快速离开。

（4）取款后避免在过于僻静的道路行走。这些地点往往是抢劫案件的多发地，如果实在无法避免，请一定要保持一份警惕。

4. 出行防抢劫

（1）要注意边走边察看行走沿线的地形地貌，留意可疑人员，行走过程中特别要注意与可疑陌生人或障碍物保持必要的安全距离。

（2）不要随身携带贵重物品，做到财不外露。

（3）银行卡和身份证不要同时放在同一个地方，尤其不能同时放在包里，以防止被抢劫后财产损失巨大。

（4）灯光昏暗的过街天桥、地下通道，宁可不走，应舍近求远绕道而行。

5. 防拦路抢劫

（1）尽量避免晚上单独过街天桥及地下通道，如实在需要可等待同路人一起通过。

（2）发现有人跟踪，可直接向小卖部、保安室或灯亮处走，借问路、买东西或装作和人打招呼支走可疑人。

（3）假如有可疑人员已跟到楼下，不要急于打开自家房门，以免可疑人员尾随入室抢劫，可面向灯亮的窗户呼喊熟人或邻居的名字，待可疑人走后再快速打开房门进入。

（四）遭遇抢劫、抢夺时的自救措施

当遭遇抢劫、抢夺时，要在保证人身不被伤害的前提下，设法保护住财物，同时制服歹徒。必要时，为了保证人身不被伤害，可舍弃财物。如果人身和财物均受到伤害时，要设法掌握不法分子的证据，为以后破案打击犯罪收集证据。

具体来讲，可按照以下几项来进行自救。

第一，保持镇定，克服畏惧和恐慌情绪。只有从精神上和心理上保持镇定，才能理性应对。

第二，在遇到抢劫时，要对比双方力量，如果感到无法抗衡，要寻找好时机向人员聚集或有光的地方快速逃离。犯罪分子由于心虚，一般不会穷追不舍，从而尽可能避免案件的发生。

第三，犯罪分子实施抢劫一般都做了相应的准备，人多势众或者凶器相逼，此时如果鲁莽行事，往往容易被犯罪分子伤害。

第四，当遭遇抢劫无法反抗，暂时无法脱身时，就不要蛮干，以卵击石。可按不法分子的要求交出部分财物，同时以恰当的话语使不法分子心理满足，尽量麻痹其心理，寻机逃脱。还可以从心理上予以不法分子震慑，使其在得到部分财务后，终止继续作案。

第五，虽然犯罪分子一般都有胆大妄为和凶悍的一面，但更有其心虚的一面，只要把握机会，及时呼救，一些抢劫案便可得到有效控制。

第六，尽可能多地掌握不法分子的特征，如身高、年龄、体态、发型、口音、衣着等，并及时报案，使不法分子及时得到严惩。

第五节　抵制传销，避免上当

随着就业压力的日益加剧，大学生误入传销组织的新闻也屡见不鲜。据中国反传销协会会长李旭表示，近年来，加入传销组织的大学生有增多趋势。几乎每个传销组织都有大学生加入，有的传销组织中大学生竟然占到了80%。传销的盛行，不仅严重危害了大学生的生命财产安全，还严重影响了社会的正常秩序。对此，大学生应从自身做起，坚决抵制传销，避免上当。

一、什么是传销

树立抵制传销的坚定信念，离不开对传销相关知识的认识和了解。把握传销的相关知识，要从传销的定义、惯用招数以及它与直销的区别入手。

（一）传销的定义

传销是指组织者发展人员，通过对被发展人员以其直接或者间接发展的人员数量或者业绩为依据计算和给付报酬，或者要求被发展人员以交纳一定费用为条件取得加入资格等方式获得财富的违法行为。传销的本质是"庞氏骗局"，即以后来者的钱发给前面人。

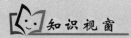 知识视窗

庞氏骗局

庞氏骗局是指利用新投资人的钱来向之前的投资者支付利息和短期回报，以制造赚钱的假象进而骗取更多的投资。它是由一个名叫查尔斯·庞兹的投机商人"发明"的。查尔斯·庞兹是一位生活在20世纪的意大利裔投机商，1903年移民到美国，1919年他开始策划一个阴谋，号召投资者向一个事实上子虚乌有的企业投资，许诺投资者将在三个月内得到40%的利润回报，然后，狡猾的庞兹把新投资者的钱作为快速盈利付给最初投资的人，以诱使更多的人上当。由于前期投资的人回报丰厚，庞兹成功地在七个月内吸引了三万名投资者，这场阴谋持续了一年之久，才让被利益冲昏头脑的人们清醒过来，后人称之为"庞氏骗局"。

传销最早出现于 20 世纪 50 年代的美国，当时主要是利用数字倍增的原理，并依靠人际传播，层层累积形成庞大销售网。因其发展势头极为迅猛，传销又被称为"经济邪教"或者"金字塔营销"。80 年代初，传销渐渐渗入中国并呈迅速蔓延态势，甚至发展到各大高校，仅"欧丽曼"传销案就有 2 000 余名大学生牵涉其中。

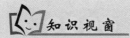 知 识 视 窗

"欧丽曼"传销案

2003 年初，来自河南只有初中文化的农民秦永军在其兄秦建华的动员下来到重庆，在交纳了 3 350 元入会费后，成为了以张勇为头目的"法国欧丽曼"化妆品有限公司的"会员"，开始了自己的传销"生涯"。2003 年 9 月底，秦永军在广西说服正在西安某高校就读的辛俊涛、唐刘兵加入传销组织。后来，辛俊涛的同班女友赵晓民也在男友鼓动下加入进来。随后，4 人带领 30 余名组员从广西将销售网络迁到重庆渝北区、合川市、巴南区，以"三无"产品"欧丽曼"化妆品为媒介，组成了"欧丽曼"传销团队。之后，他们以介绍工作、做生意为名，将以大学生为主的近千人骗至渝北，采取上课、讲直销理念、讲"欧丽曼"的"五级三奖制"发展下线，对被骗人员"洗脑"，使其"自愿"交纳 3 350 元认购一套"欧丽曼"化妆品，取得发展下线的资格。2005 年案发时，全国各地 2 000 多名大学生被骗，涉及人数之广，危害之深，均十分少见。

为打击传销，2005 年，我国出台了《禁止传销条例》，其中规定下列行为皆属于传销：

其一，组织者或者经营者通过发展人员，要求被发展人员发展其他人员加入，对发展的人员以其直接或者间接滚动发展的人员数量为依据计算和给付报酬（包括物质奖励和其他经济利益，下同），牟取非法利益的。

其二，组织者或者经营者通过发展人员，要求被发展人员交纳费用或者以认购商品等方式变相交纳费用，取得加入或者发展其他人员加入的资格，牟取非法利益的。

其三，组织者或者经营者通过发展人员，要求被发展人员发展其他人员加入，形成上下线关系，并以下线的销售业绩为依据计算和给付上线报酬，牟取非法利益的。

（二）传销惯用招数

传销组织为了达到"拉人"的目的，往往会打着其他名目的幌子宣传"拉人"。就目前来讲，传销组织的惯用招数如下。

其一，打着"国家搞试点""西部大开发"等旗号，诱骗参与所谓"资本运作""特许经营"等。

其二，打着"招聘""招工"等名义，诱骗参与传销。

其三，打着"特许经营""加盟连锁""直销"等名义，诱骗到异地传销。

其四，打着"网络直销""网络代理""网上学习培训"等名义，利用互联网进行传销。

其五，以销售商品可高额返利为诱饵，通过发展加盟商等形式从事传销。

（三）传销与直销的区别

直销是指厂家直接销售商品和服务的经销模式。在经销时，直销者会绕过传统批发商或零售通路，直接与最终消费者达成订单。将传销与直销相比，二者存在以下不同。

1. 是否以销售产品为企业营运的基础

直销是以销售产品作为公司收益的来源。而非法传销则以拉人头牟利或借销售伪劣或质次价高的产品变相拉人牟利，甚至根本没有产品。

2. 有没有高额入门费

直销企业的推销员无须缴付任何高额入门费，也不会被强制认购货品。而在非法传销中，参加者会通过缴纳高额入门费或被要求先认购一定数量的产品以变相缴纳高额入门费作为参与的条件，鼓励不择手段地拉人加入以赚取利润。其公司的利润也是以入门费为主，这实际上是一种变相的融资行为。

3. 是否设立店铺经营

直销企业一般会有正经的店铺进行管理，并接受工商局的管理。而非法传销的经营者则主要以无店发展会员或"地下"经营活动的模式开展。

4. 报酬是否按劳分配

直销企业的推销人员是以个人的销售额计算报酬的，其报酬经费是由公司从营运经费中拨出的，不存在上下线关系。非法营销则是以高额回报为诱饵招揽人员从事传销活动，参加者的上线从下线的入会费或所谓业绩中提取报酬。

5. 是否有退出、退货保障

直销企业的推销人员可根据个人意愿自由选择继续经营或退出，企业为顾客提供完善的退货保障。而非法传销通常强制约定不可退货或退货条件非常苛刻，消费者已购的产品难以退货。

知识视窗

警惕不正当直销

在实际生活中，直销行业管理混乱，一些企业打着"直销"的口号，却没有正规的经营证件，存在一些违法问题，属于不正当直销。这需要我们提高警惕，谨慎应对。通常来讲，不正当直销一般存在着以下特征。

(1)"拉人头"。参加者的业务主要是介绍他人参加，且收入主要来自所介绍的新成员交纳的入会费或者经营者的利润主要来自参加人员的入会费。

(2)高额入门费。以缴纳高额入会费或认购商品方式变相缴纳高额入会费作为加入条件的。

(3)虚假宣传。对参加者的报酬或者商品的质量、用途、产地等做虚假或引人误解的宣传，以请人入会的。

(4)高价高奖励。商品价格高于合理市场价格，牟取暴利的。

(5)不许退货。不准退货或设定苛刻的退货条件的。

当发现某些"直销"企业存在以上一些特征时，要谨慎应对，避免上当受骗，甚至误入传销。

二、传销的危害

传销行为在以下几个方面上具有严重危害。

(一)严重扰乱了市场经济秩序

由于传销涉及的地区广、人员多、资金大，有的还伴有非法集资、制售假冒伪劣商品、侵害消费者权益等大量违法行为，往往会诱骗大量的社会人力资源，吸纳大量的社会资金，严重破坏了市场经济的健康和谐发展。

(二)影响人们正常生活秩序和生命财产安全

传销违法活动具有很强的继发性，由此引发了大量刑事案件以及扰乱社会治安秩序案件。因传销引起的夫妻反目、父子相向，甚至家破人亡的惨剧时有发生，给不少家庭造成巨大伤害，动摇社会稳定的基础。

（三）危害国家安全和政治稳定

传销组织者对参与人员反复"洗脑"，进行精神控制，唆使参与人员阻挠、对抗执法部门，围攻、打伤工商、公安执法人员的事件时有发生，对抗性日益加剧，而且不断引发群体性事件。传销不但极大损害群众利益，还进一步激化社会矛盾，危害国家安全和社会和谐稳定。

三、大学生误入传销的原因

 案例追击

2016年4月28日，小马（化名）在高中同学小章（化名）的邀请下前去天津静海县游玩。谁知，小马刚一到天津，便被一传销组织控制监视。在求助同学小章无果后，小马选择自救。

在被传销组织控制的日子里，小马通过尽量与传销组织成员维持关系，使他们放松警惕。同时，他趁机在网上浏览新闻时随便发一些评论，并将自己需要的字加在其中。然后趁传销组织成员不注意把需要的字剪切出来，发给朋友小张。终于，在被传销组织控制第四天后，小马把求救的十二个字"天津、静海、传销、救我、报警、赶快"完整发给了朋友小张。在第五天的上午，小张靠这些线索带警察成功解救了小马。

自1998年我国开始禁止传销以来，仍有不少大学生误入非法传销的迷途，这与大学生法制观念淡薄、社会经验浅、就业压力大等问题不无关系。

（一）法律意识淡薄

法律观念淡薄是大学生误入传销的重要原因之一。据相关调查显示："当代大学生法律素质至少存在三点不足：其一，法律观出现偏差；其二，低估法律作用，认为"关系""背景""权力"凌驾于法律之上；其三，基本法律知识匮乏，只有9%的学生读过我国《宪法》，有近70%的学生对我国《民法》不了解或略知一二。这种法律意识不强的特点表现在日常生活中，突出表现为大学生警觉性差，对于参与传销等违法性行为后知后觉，遇到突发事件难以使用法律武器来捍卫自身权益。

（二）社会经验浅

对于刚刚离开家门进入大学的大学生来讲，社会经验还比较浅，缺少对社会复杂情况的实践，思想比较单纯，面对一些复杂问题缺乏辨别是非的能力。当非法传销的组织者或把非法传销说成是直销，给传销披上"科学""现代"的外衣，或宣称"传销可以一夜暴富"，甚至把传销说成最公平、"谁都有钱赚"等谬论时，部分大学生便对此深信不疑，甚至心甘情愿受骗，个别同学还成为了其中的骨干。

（三）就业压力大

近年来，大学生就业难不仅已成为社会热点问题，而且也对大学生的思想学习、生活方面产生着严重的影响。对此，许多传销组织打着帮助"就业"的幌子，以招聘为名，诱骗大学生参加非法传销活动。在就业压力之下，大学生屡屡受骗，尤其是贫困且急于想挣钱致富脱贫的大学生更容易受骗上当。

知识视窗

被国家工商行政管理总局作为典型集中通报的传销组织

1. 北京"集善家园网"传销组织

骗术：以"做慈善"为幌子要求缴纳入会费。

查处情况：2013 年被北京、河北、辽宁等地公安机关查处，17 人被抓。

2. "南京国通"传销组织

骗术：南京国通通讯公司利用"荟生仙子"（后改名"荟生电子"）网站销售 APP 软件发展会员下线。

查处情况：2015、2016 年被山东蒙阴县工商局、湖北京山县工商局查处。

3. "诚信买卖宝"传销组织

骗术：在"诚信买卖宝"网站上以投资理财名义，购买门票发展下线。

查处情况：2016 年被河南许昌工商、公安机关查处。

4. "智麻开门"传销组织

骗术：招收微商代理商，销售"智麻开门"固体饮料产品。

查处情况：曾于 2016 年被浙江杭州江干区市场监管局查处。

5. "云梦生活"传销组织

骗术：安徽梦泰科技公司打着"互联网＋创新"的旗号发展会员下线。

查处情况：2016 年被安徽合肥工商、公安机关查处。

四、抵制传销，避免上当

（一）增强法制观念

只有了解法律，才能在生活中对传销骗术辨别清楚，避免上当受骗，从而更好地运用法律武器维护自己的合法权益。作为大学生在平时可以通过参加法制讲座和法制宣传活动、观看影视资料、阅览图书等方式提高法律意识。大学生可以有针对性地了解《禁止传销条例》《刑法》等对传销的有关规定。

（二）树立正确的致富观

能否致富，要靠自己的勤劳和智慧去获取，不能违背基本的法律道德要求。一切投机、欺诈的致富终会受到法律的制裁。对于传销的骗术，我们要看清认清，避免上当。

（三）提高辨别是非的能力

对于传销，我们要提高自己辨别是非的能力，对于那些用光环罩着的非法传销的谬论，要能认清其欺骗的本质。非法传销不会"人人都成功"，也不是"一夜暴富"，更不是最公平的"谁都有钱赚"，而是顶级传销商敛财的机器。

（四）迷途知返

如果误入传销组织，可设法与学校老师取得联系，也可以向公安机关报警，尽快设法脱离传销组织，而不要一错再错，在自己被骗受害后，再骗别人受害。

第四章
交通安全

　　交通安全是出行安全的重中之重。伴随着城市化建设的加快，城市交通日益复杂，交通拥堵现象屡见不鲜，这在一定程度上加重了交通事故的发生概率。面对日益频发的交通事故，大学生只有重视交通安全教育，上好交通安全教育课，养成良好的交通安全意识，掌握一定的交通安全知识和自我防卫意识，自觉遵守交通安全规则，做到文明出行，安全通行，才能确保交通安全。

第一节　校园交通安全

🛡 **案例追击**

2017 年 11 月 20 日 14 时 40 分许，山东大学青岛校区校园内明伦大道(青岛校区博物馆南侧)发生一起交通事故，致一名学生死亡，两名学生受伤。

事发时，学校某学院 2016 级 3 名男生正在明伦大道中间路段的路南侧并肩行走。一辆鲁 B 牌照的轿车，在明伦大道上自西向东行驶到 3 名男生附近时，突然冲向人行道，向正在人行道上步行的两名男生撞去，同时刮擦了在人行道旁路面上行走的男生。

事发后，120 救护人员经现场努力抢救，发现其中一名男生已无生命迹象。其余两人均有不同程度的擦伤和骨折。

据了解，此次事故的肇事司机为一名承包山东大学青岛校区项目施工业务的校外人员。当时，由于该司机驾驶行为不当，造成车辆失控，冲上人行道，遂发生伤亡事故。

校园交通安全，地域上不仅只限于校园，其主要是针对交通安全涉及的特殊对象——学生群体。高校大学生外出使用的交通工具比较多元化，另外，高校大学生大都年满 18 周岁，有不少已取得机动车驾驶证，因此，大学生参与的交通因素相对更加复杂，所以，校园交通安全尤为重要。作为大学生，要着力提高交通安全意识和个人安全的警觉性，防范交通事故和因交通出行引发的安全事故。

一、道路交通安全常识

（一）行人交通安全常识

行人在没有人行道的道路上行走时，要靠右侧行走。横穿马路时应走人行横道、人行天桥或地下通道。在没有交通信号、人行横道的路段，要注意观察、避让来往车辆，在确保安全的情况下通过。在十字路口，要注意来往车辆，应当按照交通信号灯指示通行，服从交警的指挥和管理。不得跨越、倚坐道路隔离设施，不得扒车、强行拦车。滑板、旱冰鞋等滑行工具难于掌握方向和紧急停止，因此，不得在道路上使用滑板、旱冰鞋等滑行工具。

（二）骑自行车安全常识

要在非机动车道行驶，在没有非机动车道的道路上，应当靠车行道的右侧行驶，不抢行、争道。遇到路口转弯时应减速，并提前打手势，不能突然猛拐。不牵引、攀扶车辆或者被其他车辆牵引。骑车时不能双手离把或者手中持物，不俯身并行、互相追逐或者曲折竞驶。要严格遵守交通信号指示灯。通过人行道时，要注意避让行人。骑电动车时，速度不宜过快。横穿机动车道时，要下车推行。严禁无证和酒后驾驶摩托车。骑车时应按交通运行规则要求载人或载物。

（三）乘车人交通安全常识

作为乘客不得携带易燃易爆等危险物品乘坐公共交通车辆；不得向车外抛洒物品；不得有影响驾驶人安全的行为。在乘坐机动车时，不要将手和头等身体任何部分伸出车外。不要在道路中间上下车；开关车门不妨碍其他车辆和行人通行；下车时注意后面驶来的机动车和非机动车。乘坐公共汽车时，应排队上车，按顺序就座，没有座位时，应该抓好车内扶手站稳；乘坐小型客车时要主动系好安全带。不要在不允许停车的地方候车及拦车。

（四）机动车驾驶人交通安全常识

要遵守交通信号，听从交警指挥；不驾驶有机械故障的"带病车"上路。在机动车道通行；没有划分机动车道的，在道路中间通行；行驶时不超过限速标志牌标明的最高时速，与前车保持足以采取紧急制动的安全距离。行经人行横道时，减速行驶；遇到人正在通过人行横道时，停车让行；行经没有交通信号的道路时，遇行人横穿过道路，应当相让。不酒后驾车，特别是不醉酒驾车。在发生交通事故后，要立即停车，开启危险报警闪光灯，并在来车方向 50～100 米处设置警示标志，并全力抢救受伤人员。在高速路上行驶的车辆发生故障，需要停车排除故障时，应立即开启危险报警闪光灯，将车辆移至不妨碍交通的地方停放；车辆难以移动时，应当继续开启闪光灯，并将警告标志设置在事故车来车方向 150 米以外，车上人员应当迅速转移到右侧路肩上或者应急车道内，并迅速报警。

二、常见的校园交通安全问题

不要以为不出校园，就无所谓交通安全，不少大学生正是因此而掉以轻心，忽视了交通安全，养成了一些不好的行为习惯，才酿成了严重的灾难。

（一）不遵守交通规则

1. 不遵守交通信号灯

大学生不遵循交通信号灯，最常见的就是不走斑马线，横跨马路。还有的大学生没有时间观念，遇到紧急情况就不顾及交通信号灯，闯红灯，甚至翻道路护栏，作出一些危险举动。这些不良行为容易养成粗心大意侥幸的心理习惯，特别不利于出行安全。

2. 不遵守交通道路规则

有的大学生开车不遵守交通规则，逆行、超速等，特别容易引发交通安全事故。也有大学生不走人行道，侥幸横穿机动车道。道路交通很是复杂，尤其是车流量大的路段，最好不要踩滑板车、独轮车出行，也不要在送别时不理智地追车，在车行道内勿要坐卧、打闹嬉戏等。

（二）不遵守乘车规则

因不遵守乘车规则引发交通事故较多的就是不系安全带，有的大学生组团出游乘坐大巴车时，没有系安全带的习惯，再加上长途行驶人容易困倦，如果不系安全带睡着了，一旦发生危险，就极容易受到严重伤害。还有公交车上的跌撞踩踏事故。在公交车上，只顾着玩手机，容易在急转弯和刹车时发生跌撞踩踏事故，或者把胳膊伸到窗外，头探出窗外等，这些都容易造成伤害。因此，乘车一定要遵守乘车规则，比如火车、高铁一定要按时，最好提前到站候车，乘坐飞机要把手机调成飞行模式等。

（三）不文明出行

大学生常见的不文明出行行为有以下几种。

1. 三五成排，并行在马路中央

这样的情况常见于大学校园，往往是几个人谈笑风生，忘乎所以地横行在马路中央，往往忽视了身后的车辆鸣笛声。如若身后是急速运行的车辆，很容易被撞到。

2. 戴着耳机过马路

这多见于独自出行的学生，边走边听歌，沉浸于自己的世界中，忽略了过往行人、车辆，甚至在过马路时都不摘下耳机，这样忘我地行走，很容易发生交通碰撞的事故。

3. 边打电话边骑车，骑车玩自拍

即使是熟练的骑手，打电话时也有可能会遇到危险。有不少人骑自行车接到电话，都不停下来，一边摇摇晃晃地前进，一边接着电话，这样的行为很危险，但总被忽视。还有的大学生边骑车边拍视频，这些行为都存在不安全性，要引起重视。

4. 坐"黑车"、搭便车

"黑车"是指没有在交通运输管理部门办理任何相关手续、没有领取营运牌证而以有偿服务实施非法运营的车辆。"黑车"多存在检验不合格或者驾驶员驾驶技术不合格等问题，大学生外出乘车一定要乘坐驾驶手续合格，合法运营的车辆，以避免意外伤害。另外，由于大学生经济不独立，为了节省出行费用，往往容易选择乘坐一些超载车辆，或者容易被不法分子诱惑乘坐不安全的车辆，因此，大学生要提高出行的警惕度，乘坐正规车辆，以确保人身生命财产安全。

三、大学生如何确保交通安全

(一)提高交通安全意识

1. 外出乘车要关注天气因素

出行因时间限制，有时难以避免会遇到冰雪雨天等不利于出行的天气。如果是飞机，尽量改签或取消行程安排；如果是其他车辆，在实在不利于出行的情况下，尽可能地延迟，不要急于一时，以降低发生事故的概率。

2. 乘出租车要提高警觉性

大学生外出要提高自身安全意识，学会保护自己。有乘车需求叫车时要注意查看驾驶员信息，遇到酒驾或察觉有问题要及时举报，确保安全。女生最好不要独自出行，尤其夜间乘车时，不要独自乘车，最好结伴而行。并且夜间出行要着装简单，保持低调，以免引起不法分子的企图心。

3. 养成良好的通行习惯

大学生出行时遵守交通规则，养成走人行道的习惯；过马路等到绿灯亮时再通行；有过街天桥和地下通道的不横穿马路；不在机动车道、非机动车道上追逐、打闹；不跨越各种交通护栏、护网与隔离带等；外出较偏僻的地方要结伴而行；要养成良好的通行习惯；杜绝冒险违章行为。

（二）遵守交通安全法规

交通法规是道路通行的标准和规范，只有人车都遵守统一的交通法律法规，才能各行其道，有序通行，避免交通碰撞等事故。

遵守交通法规是规避交通事故最有效的方式，作为大学生，要熟知并遵守《中华人民共和国道路交通安全法》，有秩序、讲纪律，遵守交通秩序，按照道路规范通行。大学生遵守交通规则的具体要求有：

（1）出行遵守交通信号灯，不熟视无睹，不铤而走险，文明通行。

（2）通行中注意交通标识，按照交通标识指示的提醒，而不随意妄为。

（3）行走要遵守交通规则，走人行道或靠右行走，不闯红灯，不乱穿马路。

（4）驾车要谨记减速慢行，要有良好的安全驾驶意识和习惯，严厉杜绝酒后驾车，违章驾驶。

（三）注意乘车安全

 案 例 追 击

2018 年 10 月 28 日 10 时许，重庆市万州区一辆公交车行驶至长江二桥时，与一辆小轿车相撞后坠江。事后根据调查得知，乘客刘某在乘坐公交车的过程中，因坐过站与正在驾车行驶中的公交车驾驶员冉某发生争吵，随后演变为肢体冲突，在刘某抢夺冉某方向盘的过程中造成车辆失控，致使车辆与对向正常行驶的小轿车撞击后坠江，造成重大人员伤亡。

为了避免上述案例的惨痛后果，我们在乘车出行时，要仔细了解乘车安全常识，做文明乘客，确保个人及他人安全。

其一，车辆靠站停止前，不要向车门方向涌动。乘坐公共交通时，要排队候车，车辆停稳后，先下后上，按顺序上下车，不要争抢，不要乘坐超载车辆。

其二，乘车时要坐稳扶好，没有座位时，要双脚自然分开，侧向站立，手应握紧扶手，不故意拥挤，以免车辆紧急刹车时摔倒受伤。

其三，乘车时不要把头、手、胳膊伸出车窗外，以免被对面来车或路边树木等乱伤；也不要向车窗外乱扔杂物，以免伤及他人。

其四，乘坐小轿车、微型客车时，在前排乘坐时应系好安全带；不能乘坐无牌照及报废车辆。

其五，尽量避免乘坐卡车。必须乘坐时，不要站立在后车厢里或坐在车厢板上。

其六，不要在机动车道上招呼出租汽车。

其七，不在机动车道上等候车辆或者招呼营运汽车；在机动车道上不得从机动车左侧上下车。

其八，所乘车辆发生交通事故时，要听从工作人员指挥。

其九，外出旅行可能需要乘坐各种各样的交通工具，要有相应的乘车安全常识，并遵守乘车规则。

第二节　预防交通事故

交通事故按照其发生的主客观因素可以分为人为因素的交通事故和非人为因素的交通事故。前者的主要特点是由人为因素造成，人是引发交通事故的主要因素，是肇事者，最常见的就是酒驾和超速、超载等引发的交通事故；后者主要参与因素带有客观性，比如因遭遇极端天气或滑坡、泥石流、塌方、道路塌陷等造成的交通事故，具有突发性、不可控性。

一、交通事故和交通违法

（一）交通事故

交通事故按照造成的伤害严重程度，可分为轻微事故、一般事故、重大事故和特大事故。

轻微事故是指一次造成轻伤 1~2 人，或者财产损失机动车事故不足 1 000 元，非机动车事故不足 200 元的事故。

一般事故是指一次造成重伤 1~2 人，或者轻伤 3 人以上，或者财产损失不足 3 万元的事故。

重大事故是指一次造成死亡 1~2 人，或者重伤 3 人以上 10 人以下，或者财产损失 3 万元以上不足 6 万元的事故。

特大事故是指一次造成死亡 3 人以上，或者重伤 11 人以上，或者死亡 1 人，同时重伤 8 人以上，或者死亡 2 人，同时重伤 5 人以上，或者财产损失 6 万元以上的事故。

（二）交通违法

交通违法行为是指所有违反交通法律、法规的行为，包括大学生在校园内违反学校交通管理的违章行为。交通违法按照情节严重程度可分为以下三类。

第一，轻微违法是指由于旧习惯或者过失行为造成的违法，未造成不良后果的违法行为。

第二，一般违法属于明知故犯，对交通秩序影响不大，可能造成一定不良后果。

第三，严重违法是指完全无视交通法律法规和安全，造成严重后果的交通事故的违法行为。

二、大学生易发生的交通事故

随着城市各种车辆的与日俱增，交通路况的复杂化，每年发生的交通事故也呈上升趋势。大学生校园交通事故也不容忽视。现在，拥有驾驶证的大学生有很多，大学生交通安全也比以往更复杂。据了解，高等学校学生非正常死亡人数中，因交通事故死亡的占有很大一部分比例。大学生发生的交通事故不断增多。

具体来看，大学生易发生的交通事故主要有以下几点。

（一）被非机动车撞伤

这种情况大多数发生在校园内，大学生被骑自行车的人撞伤，而肇事者大多数又是大学生。有的大学生在校园内随意骑车，认为校园内没有红绿灯，可以不分左右人行道，骑快车，结果发生交通事故。还有的学生骑车拍照、拍视频，和其他车辆相撞。也有在校园内骑自行车玩飙车的，容易发生碰撞事故。

（二）乘坐汽车发生的事故

大学生因乘坐汽车发生的交通事故屡见不鲜，有时甚至造成群死、群伤事件，教训十分惨重。此类交通事故大多与学生集体外出旅游有关。比如，有的学生租用非法运营的私人车辆外出旅游，有的乘坐旅游公司的车辆旅游，途中发生交通事故，造成多人伤亡；有的大学生出行时疏忽安全情况，贪图方便乘坐非法营运车辆，而非法营运车辆往往不按规定行驶导致引发事故，造成受伤，甚至死亡。

（三）机动车碰撞事故

大学生因交通事故致伤致死，主要是发生在与机动车（汽车或摩托车）相撞。被撞伤、撞死的大学生有的是步行过马路或者在便道上行走，有的是在车站候车，还有的是在马路上骑自行车等。被撞伤、撞死的大学生要承担责任的情况主要有：闯红灯、逆行，过马路不走人行横道、骑车违章带人等；

在校园道路上嬉笑打闹、踢球、拍球等，在马路上边走边戴着耳机听歌、边走边接打电话或边走边聊天等。

（四）驾驶机动车违章发生交通事故

现在大学生拥有驾驶证的较多，有车族大学生也不在少数。其中一些学生驾车时间短、经验少，遇到紧急情况时，缺乏处理经验，手忙脚乱，易发生事故。大学生违章驾驶机动车发生交通事故致伤、致死是近年来出现的新情况。有的学生醉酒后驾驶小客车，致使车辆翻到路边沟里，造成驾驶人和乘车人死伤。还有的学生无证驾驶无牌照摩托车，并且在后座上带人，因驾驶技术不过关，致使发生事故，并造成乘车人死、伤。

三、大学生发生交通事故的原因

造成大学生交通事故的因素比较多，有客观因素，也有主观因素。

（一）主观因素

校园内发生交通事故的主要原因是大学生安全意识淡薄。许多大学生刚刚离开父母和家庭，缺乏社会生活经验，头脑里交通安全意识比较淡薄。有的同学在思想上还存在校园内骑车和行走肯定比公路上安全的错误认识，一旦遇到意外，发生交通事故就在所难免。大学生安全意识淡薄的主要表现形式有以下几点。

1. 大学生安全意识不高

有的大学生对于横穿马路、不走斑马线等不良行为心存侥幸，对于以防万一的警醒不上心，出行时考虑的安全方面的问题也较少，对于恶劣天气状况、乘坐超载车，遇到超速行驶的情况等都不以为然，得过且过，安全意识不高。

2. 大学生不良的通行习惯

有的大学生不遵守交通规则，横穿马路、闯红灯、不走过街天桥和斑马线；有的大学生在路上行走时不专注，左顾右盼、心不在焉；有的行走时嬉戏打闹、打球……诸如此类，都容易引发交通安全事故。

3. 大学生的任性行为

一般高校校园面积都比较大，宿舍与教学楼、图书馆等之间的距离比较远，许多大学生购买了自行车，上下课时骑自行车在人海中穿行是大学的一道风景线。故此，有的大学生比较任性，玩飙车、玩车拍等，容易引发交通安全事故。

4. 大学生驾驶技术不熟练

有的大学生虽然拿到了驾驶证，但驾驶技术不熟练，经验不足，未掌握复杂道路行车的特点，没有正确观察和判断外界事物而造成精力分散、反应迟钝，遇有突然情况惊慌失措，发生操作错误，引发事故。也有的大学生依靠自己的主观想象判断事物或者过高估计自己的技术，过分自信，对前方、左右车辆、行人、道路情况等，未判断清楚就盲目通行，容易发生交通安全事故。

（二）客观因素

1. 交通路况复杂

现如今，随着各类交通工具的日益增多，使得交通情况更加复杂，交通拥堵得不到有效缓解，就容易出现交通碰撞挂伤。此外，复杂的交通路况，比如常见环形、交叉型十字路口，有些没有高架桥或者过街天桥，就容易发生交通事故，还有一些缓坡、急转弯等路段也往往易发生交通事故。

2. 特殊天气等因素

出行遇到特殊天气或极端天气会引起交通事故的发生。比如雾霭雨雪会容易影响航班，如果飞行遇到极端天气则容易引发飞机失事；道路结冰容易导致机动车发生侧滑，甚至翻车；海浪暴雨等容易造成轮船失事等。

四、大学生应怎样预防交通事故的发生

不管是校内还是校外，发生交通事故最主要的原因是大学生安全意识淡薄。作为一名在校大学生，遵守交通法规是最起码的要求。若没有交通安全意识，很容易带来生命之忧。除提高交通安全意识、掌握基本的交通安全常识外，还必须自觉遵守交通法规，才能保证安全。

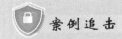 案例追击

2017年12月31日7时14分许，一辆中型客车行驶至吉黑公路333千米处时，为躲避前方撞到高速路中心护板的轿车，发生侧滑驶入公路右侧沟内。造成5人当场死亡，7人不同程度受伤。

上述事故虽事出突然，但也事出有因，冰雪天路滑，不宜出行。因此大

学生要提高交通安全意识，遵守交通规则。下面是一些大学生有关的交通安全注意事项。

（一）步行注意事项

走人行道，靠右行走。过人行道走过街天桥或斑马线，遵守交通信号灯，十字路口过马路不要戴耳机。列队通行道路时，每横列不准超过两人，须紧挨人行道右边行走。不要三五个人一齐横排走在单行道马路正中央。不要在干路追打嬉戏，不要在交叉路口抢红绿灯，错过了就多等几分钟。

（二）骑自行车注意事项

经常骑自行车的，要定期排查自行车故障，尤其是车闸，确保自行车安全性能良好。特别注意雨天、雪天、雾天以及冰冻天气等路况。勿要炫技，单手持车把手，撑伞单手持车把手等危险动作。走自行车道，不要骑自行车带人。骑自行车时不要扶身并行、互相追逐或曲折竞驶。骑自行车时谨慎超车，切勿牵引车辆或被牵引。转弯前减速慢行；通过陡坡时要慢，横穿四条以上机动车道或途中车闸失效时须推车行驶。不能插着耳机边听歌边骑车，也不要在骑车中接听电话。不可骑着自行车边骑边拍照或录像。

（三）乘车注意事项

乘坐摩托车或电瓶车要带好安全帽。乘坐公共汽车或地铁、长途汽车时，要遵守规则，有序排队候车，不推搡硬挤。在严禁停车区域勿打车叫车，勿停车逗留。在机动车行驶中勿要将身体伸出车外。乘坐货运汽车时，不要站立或坐在车厢栏板上。不要携带易燃易爆物等危险物品乘车。不乘坐报废车、破烂车。发现乘坐了有安全隐患的车时，应及时下车；发现驾驶员有喝酒或其他违法行为要及时制止或举报。恶劣天气尽量减少出行，尤其避免长途跋涉。身体不适不易乘车出行，要尽量规避。杜绝不良乘车恶习，养成良好的乘车安全意识，文明出行。

（四）驾车注意事项

确保车辆性能安全，临行前检查车况。驾车前系好安全带，文明驾车，杜绝单手持方向盘，穿高跟鞋等驾车陋习。遵守交通规则，礼让行人，减速慢行。宁等三分钟，不抢一分钟，时刻牢记安全第一。如果是新手，最好不要单独驾车出行，或者随意载客，要有技术娴熟者的陪同。

第三节　交通事故的处理方法

尽管我们没有办法规避一些由于特殊原因引起的交通事故，比如天气异常引发的交通事故，但我们可以尽量避免人为交通事故的发生。人为因素依然是交通事故的罪魁祸首。如果发生了交通事故，第一时间不应该是无谓的争执，而是采取最有效的处理方式，争取把损失降到最低。交通事故的应急处理方式和安全逃生格外重要，如何争取急救的时间，如何在危机中安全逃生，是本节所要解决的重要问题。

一、大学生交通事故的应急处理

在城市交通事故中，以机动车碰撞事件居多，且交通事故一般较为严重，交通事故较为复杂，而大学生发生交通事故的情况也比较常见，因此，要了解交通事故的应急处理方法。

大学生如果发生交通事故，要学会进行应急处理。大学生发生交通事故的处理办法如下。

1. 及时报案

无论在校外还是在校内，一旦发生交通事故后，首先应当及时报案，千万不能与肇事者"私了"。交通事故的报警电话是122。若在校外发生交通事故除及时报案外，还应该及时与学校取得联系，由学校出面处理有关事宜。

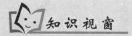 知识视窗

交通事故急救策略

1. 头部外伤急救措施

因头部毛细血管多，出血较多，易形成血肿和失血性休克，因此，在头部受伤后应及时止血包扎，采取以下措施进行急救：

及时拨打120急救电话求助。在拨打急救电话后，要先检查是否有重度头部外伤，查看伤者神志、瞳孔、呼吸、脉搏等生命体征。最好让伤者侧卧，头后仰，保持呼吸道通畅。若呼吸停止应立即进行人工呼吸。

（2）如果伤者头部出血较多，可用加压包扎法止血。若鼻、耳出血或液体，则情况十分严重。一定要让伤者平卧，受伤的一侧向下，不可堵塞耳鼻，以免引起颅内感染。若喉头、鼻大量出血，要保持头侧卧以防窒息。

2. 胸部外伤急救

胸部是车祸易伤处，在发生事故后可采取的急救措施有：

（1）如情况不是很危急，伤者因血胸或气胸导致呼吸困难，要清除呼吸道血及分泌物，保持呼吸道通畅，酌情进行人工呼吸。

（2）伤者伤情较严重时，不要随意包扎，以免发生感染。

3. 止痛方法

（1）安抚伤者情绪，保持镇静。不要作出大吼大叫大叫等失态之举。

（2）改变伤者姿势时要注意避免摩擦伤处及血管或神经，尤其骨折情况，更不要随意挪动。

（3）多处受伤时，应以关键部位止痛为主。

2. 保护现场

事故现场的勘查结论是划分事故责任的依据之一，若现场没有保护好会给交通事故的处理带来困难，造成"有理说不清"的情况。此外，保护现场也是在依法维护自己的权益，切记要保护好现场，防止当事人故意破坏、伪造现场、毁灭证据等。

3. 控制肇事者

若肇事者想逃脱一定要设法控制，自己不能控制时可以发动周围的人帮忙控制，若实在无法控制也要记住肇事车辆的车辆牌号等特征。

4. 及时救助伤员

交通事故往往有人员伤亡，要及时拨打 120 求助，或者进行必要的救助，比如受伤止血等，但与此同时，也不能因救助而忽略现场保护。

5. 依法解决交通事故损失赔偿

按照交通安全法相关规定，一般机动车在高速路段发生轻微碰撞后如果没有人员损伤，不可占用交通干道，应尽快撤离自行解决。大学生如果发生交通事故，切勿随便自行处理，要依据法律处理，报警后要协助警察搜集各种现场证据，做好交通事故认定书。事故认定后，如果当事人事后对损失赔偿有争议，可请求公安交通管理部门协商调解，也可直接向人民法院提起民事诉讼。

6. 保持镇静，以免二次伤害

作为大学生，经历较少，如遇交通事故，往往情绪激动，慌张不知所措，甚至引发二次伤害，因而，一定要保持平静，切勿慌乱。叮嘱当事人关掉车辆引擎，做好防火防爆措施。此外，事故损害赔偿一般还需要保险介入。

二、交通事故的自救常识

在遇到交通事故后报警的同时，要顾全自身生命安全，发生不测，要会自救，尝试逃生。以下是一些较严重的由车辆故障或车祸引发的交通事故的自救方法。

（一）道路交通遇险自救

一旦遇到交通事故，发生碰撞后，第一时间要想到自救，要抓住车内某处，努力固定自己，以防止因惯性而碰伤或摔伤。如果在发生碰撞时，身体已经失控，那么一定要团身抱头，以减轻伤害。个人若发生特殊情况，遇到前方驶来的车辆躲避不及时，要侧身极力上跳，避开头部、胸部等要害部位被车辆直接撞击，万不得已的时候宁被撞不被轧。

（二）机动车落水自救

如遇汽车落水，应抓紧时间在汽车沉水前砸窗或从天窗出逃，如果汽车已翻入水中，要沉住气，在水流入车内，车体轻的一端上翘得到空气时，可利用车身下沉的机会做自救准备，设法用重东西砸窗同时寻找桶、衣服等块状漂浮物，抓住时机吸足氧气出逃。当身体上浮时，要注意缓慢吐气，不要强制性长久憋气，及时呼出多余的气体才可以使肺腑不至于受伤。

（三）轨道遇险自救

乘坐地铁发生意外时，因隧道情况复杂，因此，在原则上要留在原地，听从乘务员和救援人员的安排。若遇到列车起火的情况，隧道里充满浓烟，应尽快向风口撤离。当遇到紧急刹车或撞车事故时，车门附近和车厢两头是比较危险的地方，车厢中部相对安全，但也不要离车门太远，否则一旦车厢起火，撤离则不方便。列车着火，原则上应向车厢前部转移，转移时，要屏住呼吸保持低身，捂住口鼻，防止浓烟毒气。火车突然出轨翻倒前，一般会紧急刹车，这时就应及时换取比较安全的姿势以防不测，如趴下抓牢固，防止被抛出车厢，低头、下巴紧贴胸前，以减少颈部和头部伤害。一定要切忌跳车。

（四）飞机遇险时的应急自救措施

1. 迫降或紧急着陆时的应急自救措施

当飞机开始迫降或紧急着陆时，要采取如下措施。

（1）迅速取下身上尖锐物品（如假牙、眼镜、高跟鞋等），放在前排左翼背后的口袋中，以防身体受撞击时造成意外伤害。

（2）保持正确坐姿。后背紧贴椅背，两脚前背紧贴地板，背前弓，双手在膝下握住，头贴住膝盖。

（3）如有软垫物，应充分利用。可将枕头垫在下腹部，将充气救生衣围在头四周，用毛毯包头，人盘坐在椅子内，以此避免或减轻夹撞引起的伤害。

2. 迫降或紧急着陆后的应急自救措施

当飞机迫降或紧急着陆后，应采取如下措施。

（1）在工作人员的组织下，从紧急出口处用坐姿跳到充气逃生滑梯上，迅速离开。

（2）如果飞机迫降在海面上，应迅速穿上救生衣。飞机上其他软垫物，如充气逃生滑梯，可当作救生物急用。

（3）如果飞机迫降在地面时，没有起火、爆炸的危险，不要离开飞机。因为飞机比人的目标大，容易被营救人员发现，且飞机也是不错的藏身、栖身之地。

3. 当飞机出现异常情况时的应急自救措施

（1）如果机舱内氧气不足或气压调节装置发生故障，应立即戴上氧气罩。

（2）如舱内出现烟雾，应立即用湿毛巾或湿手帕（可用饮料浇湿）捂住鼻子和嘴巴，并听从机务人员的统一指挥。

（五）船只遇险时的自救

1. 小型船只在内河湖泊发生事故的自救

当木制船只翻船，人被抛至水中时，应立即抓住船沿并设法爬到翻扣的船底上。

如果是玻璃纤维、塑料制成的船翻了以后会下沉。这时舱内有大量空气时，船会漂浮在水面上，此时可设法抓住翻扣的船只，但须保持船只的平衡，千万不要将船正过来。如果船下沉，船员应在翻船前抓住船上的漂浮物或木制品，做下水后的漂浮用品。落水后如果离岸不远，可向岸边游去；若离岸太远，体力又不足，应随水漂浮，保存体力，一旦发现救援人员及时发出求救信号（挥动手臂叫喊）。如果不会游泳，又没有漂浮物依靠，可采用"防溺技巧"求生。

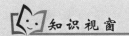 知识视窗

防溺技巧

防溺技巧之一：俯卧换气法。深深吸一口气，放松身体，俯卧水面，双手前伸，就像浮在水面上；换气时，双手下压，竭力使头部上仰，露出水面，呼气，依次交替换气。这样在水中可持续几小时，因为人的肺部充满空气，人身重量轻于同等体积的水，可自然漂浮在水中。

切记：采用此技巧时，谨防呛水。如果水特别冷，不要采用此法。

防溺技巧之二：仰面浮水法。仰面浮在水中，必要时双手有节奏的划水，不定期屏气、休息，使体力消耗降到最低。

防溺技巧之三：踩水法。双脚踩水，双手平伸，慢慢前后滑动，使头露出水面，手脚动作要协调。

防溺技巧之四：自制浮囊法。脱下长裤，在两只裤管末端分别打结，双手拉开裤子，把裤子从背后迅速向前扬，使裤管内充满空气，然后拉紧裤子，压入水中，用裤裆拖住身体助浮。

切记：一旦落水，要迅速丢掉口袋里的物品，但不要脱衣。

2. 遭遇海难的自救

当船舶相撞或触礁，发生剧烈颠簸时：

（1）相撞前，人蹲下，抓住固定物，以免被甩伤或被抛入水中。

（2）下舱位的乘客要迅速有秩序地跑到甲板上，穿上救生衣，带上淡水、

食品、大衣或毛毯、软垫物、手电筒、绳子等，以后备用。

（3）如果船长决定弃船，乘客应在工作人员的指挥下，按顺序登上救生筏。

（4）如不能登上救生筏，不得不跳水时，要做好跳水准备。

首先，查清水面情况。不要选择有油污、漂浮物的水面跳（也要避开先跳入海的人群），以免遭受意外伤害。

然后，选好跳水位置。选择一处离海面5米以下高度的位置跳水，才能保证人身安全。超过5米的高度，应借助绳梯、绳索、消防皮带滑入水中。一般船下沉时，船头或船尾的某一方会较低，这时，可选择较低处跳水。但若船尾部螺旋桨还在转动，则要避开。

还要多穿一些衣服。穿不透水的衣服更好。不脱鞋袜。带上可漂浮物、食品、淡水、毛毯、手电筒、绳子等物。

知识视窗　　　　　　　　　　**水中求生技巧**

（1）随救生艇漂浮，一定要用绳子把自己与救生艇绑在一起。

切记：在船与人之间留1—2米长的绳子，其作用是救生艇若被风浪掀翻，人落水时，不会被冲走或溺死。

（2）穿救生衣漂浮，动作要规范：双膝弯曲至胸前，蜷身。若几个人在一起，应紧紧相拥，以减少人体热量散失。

切记：一旦发生海难，无论乘客处在何种环境下，及时发出求救信号为当务之急。

（3）浮在水中，要顺水而漂，不能经常划水；不要游水追船，不能试着游向岸边。否则，不但徒劳，还会耗尽体力，生命受威胁。

切记：在水中漂浮，保持体力至关重要。当然，如果离岸不远，本人会游泳，体力又能承受，可尝试向岸边游。

第五章
消防安全

　　火和人们的生活密切相关，同时，火也是生活安全和生产安全的一大威胁，如何使用和控制火，消除火灾隐患，是每一名大学生必须掌握的一项技能。学习消防安全知识，加强消防安全意识，提升应急逃险能力，确保人身安全，对于当代大学生至关重要。

第一节　火灾知识和火灾的预防

为什么防火的话题老生常谈？为什么从小到大我们都要不停地被强调预防火灾，还要定期开展应急消防演练？如果你也有以上疑问，不妨先看看下面的案例。

 案例追击

案例一：

2019年4月15日下午6时50分左右，位于巴黎市中心的巴黎圣母院大教堂发生大火。此次火灾的着火位置位于圣母院顶部塔楼，大火迅速将圣母院塔楼的尖顶吞噬，很快，尖顶如被拦腰折断一般倒下。事后，尽管巴黎圣母院的主体结构依然保存完整，但这一始建于1163年的文化重地依然遭受了巨大重创，建筑外观损毁严重，不少文艺珍品付之一炬。可以说，这次火灾是整个世界文明史上的一次浩劫。

案例二：

2019年3月30日18时许，四川省凉山州木里县雅砻江镇立尔村发生森林火灾，着火点在海拔3 800余米，地形复杂、坡陡谷深，交通、通讯不便。

2019年3月31日下午，扑火人员在转场途中，受瞬间风力风向突变影响，突遇山火爆燃，30名扑火人员失去联系。后经确认，这30名扑火队员不幸遇难。

上述两个案例，不论是因火灾烧毁的文明，还是救火牺牲的消防战士，都无不令人痛心。面对沉重的火灾危害，我们必须加强防火和消防意识，提高防火技能，有效预防和减少火灾的危害。

一、火的形成及其分类

(一)火的形成

火的形成，即燃烧，俗称着火，是指可燃物与氧化剂发生作用的放热反应，通常伴有火焰、发光和生烟的现象。燃烧需要三个充分条件。

第一，要有可燃物，如木材、天然气、石油等。

第二，要有助燃物质，如氧气、氯酸钾等氧化剂。

第三，要有一定温度，即能引起可燃物质燃烧的热能(点火源)。

可燃物、氧化剂和点火源，称为燃烧三要素，当这三个要素同时具备并相互作用时就会产生燃烧。

(二)燃烧的分类

燃烧按其基本形成的条件和瞬间发生的特点一般可分为闪燃、着火、自燃和爆炸四种类型。闪燃是可燃物遇火能产生一闪即灭的燃烧现象，这种现象往往容易由一个小火发展成大火。着火是可燃烧物在空气中与火源接触达到一定温度并产生火焰燃烧的现象，并在火源移去之后可持续燃烧。自燃是可燃物质在没有接触外部火花、火焰等火源的作用下，自身受热或发热积热不散引起的燃烧。爆炸是由于物质急剧氧化或分解发生温度增高、压力增加或两者同时增加的现象，有物理爆炸、化学爆炸和核爆炸。

燃烧一旦在时间和空间上失去控制，就容易带来安全隐患，形成火灾。火灾依据物质燃烧特性，可分为A、B、C、D、E、F六类。

A类火灾指固体物质火灾。这种物质通常具有有机物质性质，一般在燃烧时能产生灼热的余烬，如木材、干草、煤炭、棉、毛、麻、纸张等。

B类火灾指液体或可熔化的固体物质火灾，如煤油、柴油、原油、甲醇、乙醇、沥青、石蜡、塑料等引发的火灾。

C类火灾指气体火灾，如煤气、天然气、甲烷、乙烷、丙烷、氢气等引发的火灾。

D类火灾指金属火灾，如钾、钠、镁、钛、锆、锂、铝镁合金等引发的火灾。

E类火灾指带电火灾，物体带电燃烧引发的火灾。

F类火灾指烹饪器具内的烹饪物(如动植物油脂)引发的火灾。

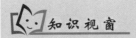

火灾等级

一般来讲，火灾可分为特别重大火灾、重大火灾、较大火灾和一般火灾4个等级。

特别重大火灾：指造成30人以上死亡，或者100人以上重伤，或者1亿元以上直接财产损失的火灾。

重大火灾：指造成10人以上30人以下死亡，或者50人以上100人以下重伤，或者5 000万元以上1亿元以下直接财产损失的火灾。

较大火灾：指造成3人以上10人以下死亡，或者10人以上50人以下重伤，或者1 000万元以上5 000万元以下直接财产损失的火灾。

一般火灾：指造成3人以下死亡，或者10人以下重伤，或者1 000万元以下直接财产损失的火灾。

二、校园火灾的预防

 案例追击

案例一：

2018年8月21日20时58分，某大学东门附近一宿舍楼楼顶起火，幸得消防人员扑救及时，未造成人员伤亡。

案例二：

2017年5月15日20时18分许，由天津中医药大学租借的天津大学卫津路校区学生宿舍35斋因使用大功率电器不当发生火灾。

案例三：

2015年12月18日上午，清华大学化学系何添楼实验室231室起火并发生爆炸，造成一名正在做实验的博士后死亡。事后经调查得知，此次火灾爆炸的是距操作台仅有2~3米远的一个氢气钢瓶。钢瓶原长度大概1米，爆炸后只剩上半部大概40厘米，可见当时爆炸威力之大。

一直以来，火灾隐患都是高校师生生命财产安全的一大威胁，近些年，火灾带来的损失和伤害事故时有发生，不断给我们敲打着警钟，尽管谈及校园安全必谈防火，但还是发生了不少的惨案。因此，加强预防火灾，对于确保校园安全至关重要。

(一) 提高消防意识

高校火灾、爆炸等事故每年都有发生，严重威胁在校大学生的生命财产安全。高校火灾较为频发的一个重要因素就是安全意识不够，尤其是刚步入大学独立性不强的大学生，对于维护自身安全的意识和能力不足，容易忽视一些安全隐患，甚至养虎为患。因此，大学生务必要提高消防意识。

提高消防意识，要有危险意识。在日常生活中，要谨慎应对危险易燃物，不纵火玩火，不留火灾隐患。要遵守校舍安全制度，杜绝不利于消防安全的违规行为，重视自我及他人的安全，并了解一些消防知识。熟知常见的消防器材和消防标识，了解并能区分一些危险易燃易爆物。还应重视消防演练，认真参与学校组织的一些消防应急演练，不敷衍，不流于程式，要学习掌握一定的应急技术，确保消防演练的实效。

另外，火灾预防除了防患于未"燃"，还要救火于已"燃"，要树立救火意识。救火能预防火势蔓延，减轻灾情。如遇火灾，要尽量保持冷静，不能熟视无睹，错过灭火的最佳时机，要有救火意识、准确判断，然后采取有效的灭火措施。

(二) 掌握消防技能

掌握一定的消防技能是预防火灾的必杀技，不少火灾发生，火势得不到有效控制，伤亡损失惨重，都与当事人的熟视无睹或者应对无措有关。

大学生应具备一定消防技能，可以通过参加消防演练的方式掌握灭火器的操作方式、消防标志的指示作用、消防器材的使用方法等，以便在火灾面前从容应对。

(三) 排除火灾隐患

很多火灾发生都始于细枝末梢，因为大意粗疏，埋下火灾隐患，出其不意以至于引发火灾。因此，预防火灾要尽可能地排除火灾隐患。高校火灾隐患主要存在于宿舍、实验室，多为不安全用电，大学生应高度重视宿舍、实验室消防安全，确保安全用电，防止火灾发生。

1. 排除宿舍火灾隐患

尽量不在宿舍储藏易燃易爆物，对于火柴、打火机、蚊香、消毒酒精等要妥善保管，单独放置在阴凉处，切勿胡乱堆积，尤其是不能经常放在强光照射处或者暖气片附近；注意挥发性化妆品等的存放；抽烟的同学切勿乱扔烟头，不要轻易把烟头扔进垃圾桶，扔烟头时要确保烟头已熄灭；点燃蚊香要安全放置，夜间最好远离书籍、衣物，等等。此外，学生宿舍不允许使用酒精炉子等，因此，大学生要遵守校舍规定，不购置酒精炉等。

2. 要做好实验室火灾预防措施

遵守实验室规章制度，明确一些易燃易爆物的性能和使用规则，养成良好的实验安全习惯，不携带实验室的物品到宿舍，不违规进行一些危险的操作等。

另外，在教室、自习室、图书馆等公共场所，勿要随意燃烧信件等；尽量不在仓库、食堂后厨液压间等场所逗留，以免发生意外伤害。

3. 注意用电安全

用电安全是高校火灾安全的一大隐患。大学生要有安全用电的习惯，不随意更改电路、组装电器、改变电压等，不使用有违校舍规定的大功率电器，购买质检合格的高质量插座，杜绝超负荷用电，遇到电路故障要及时切断电源并寻找专业人员排查隐患，不要自行更换宿舍电器设备。手机、充电宝、电脑等充电时要注意安全，避开集体充电，杜绝插线互用、插座乱放等不良习惯。此外，在教室、自习室、图书馆等地方用电要确保电源电路安全，不使用脱线或脱落的插销。实验室用电要留意实验操作安全说明，注意用电安全。外出也要注意高压标志、雷电等危险警示。

第二节　消防器材的使用和消防安全标志

　　掌握灭火器的使用方法，认识重要的消防安全标志，是大学生增强防火灭火技能，提高自救本领的必然要求。关注消防安全，必须学会使用灭火器，认识消防安全标志。

一、灭火器

 案例追击

　　2017年4月19日下午3时许，位于武汉市汉口解放大道的中山广场5楼正在装修的一家KTV工地，因工人电焊时不慎引燃泡沫板导致火灾。所幸消防人员及时赶到，并未造成大的损失和人员伤亡。事后调查得知，此次火灾因一工人烧电焊时引起。起火时这名工人身边就放着灭火器，着火面积也不大，但由于这名工人不会使用灭火器，才导致火越着越大。

　　上述火灾之所以没有得到及时控制，导致火势蔓延，其中一个很大的原因就在于火灾发生后在场人员不会使用灭火器。作为大学生，要增强灭火技能，必须正确认识各种灭火器，学会正确使用灭火器。

（一）灭火器的分类

　　灭火器是一种可由人力移动的轻便灭火器具，它能在其内部压力的作用下，将所充装的灭火剂喷出，用来扑救火灾。灭火器材繁多，适用范围也有所不同，只有正确选择灭火器的类型，才能有效地扑救不同种类的火灾，达到预期的效果。

　　灭火器的种类很多，按其移动方式可分为：手提式和推车式灭火器；按驱动灭火剂的动力来源可分为：储气瓶式、贮压式和化学反应式灭火器；按所充装的灭火剂则又可分为：干粉灭火器、泡沫灭火器、二氧化碳灭火器、清水灭火器、卤代烷灭火器等。

按照不同的类型的火灾，可选用不同的灭火器进行扑灭。

1. 扑救 A 类火灾

A 类火灾指固体物质火灾，这种物质往往具有有机物性质，一般在燃烧时能产生灼热的余烬，如木材、棉、毛、麻、纸张火灾等。固体燃烧的火灾应选用清水、泡沫、磷酸铵盐干粉、卤代烷型灭火器。

2. 扑救 B 类火灾

B 类火灾指液体火灾和可熔化的固体物质火灾，应选用干粉、泡沫、卤代烷、二氧化碳型灭火器扑灭。但要注意的是，化学泡沫灭火器不能灭 B 类极性溶性溶剂火灾，如醇、醛、酮、醚、酯等引起的火灾。因为化学泡沫与有机溶剂接触，泡沫会迅速被吸收，使泡沫很快消失，这样就不能起到灭火的作用。

3. 扑救 C 类火灾

C 类火灾指气体火灾，如煤气、天然气、甲烷、乙烷等。气体燃烧的火灾应选用干粉、卤代烷、二氧化碳型灭火器。

4. 扑救 D 类火灾

D 类火灾指金属火灾，如钾、钠、镁、钛、铝镁合金等。金属燃烧的火灾，就我国情况来说，还没有定型的灭火器产品。国外扑灭 D 类的灭火器主要有粉装石墨灭火器和灭金属火灾专用干粉灭火器。

5. 扑救 E 类火灾

E 类火灾指带电物体的火灾，如发电机房、变压器室、配电间、仪器仪表间和电子计算机房等在燃烧时不能及时或不宜断电的电气设备带电燃烧的火灾，应选用磷酸铵盐干粉、卤代烷型灭火器进行扑救。

6. 扑救 F 类火灾

这类火灾主要是烹饪器具内的烹饪物（动植物油脂）火灾。灭火时忌用水、泡沫及含水性物质，应使用窒息灭火方式隔绝氧气进行灭火。

（二）灭火器的使用方法

总结起来，灭火器的使用大致可以用"拔、握、瞄、扫"四个字概括。"拔"，即拔掉插销；"握"，即迅速握住瓶把及橡胶软管；"瞄"，即瞄准火焰根部；"扫"，即扫灭火焰部位。使用时，用手握住灭火器的提把，平稳、快捷地提往火场。在距离燃烧物 5 米左右的地方，拔出保险销。一手握住开启压把，另一手握住喷射喇叭筒，喷嘴对准火源。喷射时，应采取由近而远、由外而里的方法。

以下是几种常见灭火器的具体使用方法。

1. 干粉灭火器的使用方法

右手托着压把，左手托着灭火器底部，轻轻取下灭火器；右手提着灭火器到现场，除掉铅封，拔掉保险销；左手握着喷管，右手提着压把，喷嘴对准火焰根部；在距离火焰两米的地方，右手用力压下压把，左手拿着喷管左右摆动，喷射干粉覆盖整个燃烧区。

2. 泡沫灭火器的使用方法

右手托着压把，左手托着灭火器底部，轻轻取下灭火器；右手提着灭火器到现场；右手捂住喷嘴，左手执筒底边缘；把灭火器颠倒后呈垂直状态，用劲上下晃动几下，然后放开喷嘴；右手抓筒耳，左手抓筒底边缘，把喷嘴朝向燃烧区，站在离火源八米的地方喷射，并不断前进，兜围着火焰喷射，直至把火扑灭；灭火后，把灭火器卧放在地上，喷嘴朝下。

3. 二氧化碳灭火器的使用方法

用右手握着压把；用右手提着灭火器到现场；除掉铅封；拔掉保险销；站在距火源两米的地方，左手拿着喇叭筒，右手用力压下压把；对着火源根部喷射，并不断推前，直至把火焰扑灭。

4. 清水灭火器的使用方法

在距离燃烧物 10 米左右，将灭火器直立放稳；摘去保险盖；用手掌拍击开后杆顶端，刺破二氧化碳储气瓶的密封片；清水在二氧化碳气体压力作用下，从喷嘴中喷击。此时立即用一只手提起器头上的提环。另一只手托住灭火器的底圈，将喷射水流对准燃烧最猛烈处喷射。随着水流的缩减，要逐渐向燃烧物靠近，直至扑灭。

知识视窗

使用灭火器时的注意问题

灭火器多采用化学材料进行灭火，如果使用流程出错，不仅起不到相应的灭火效果，还有可能引发意外伤害。因此，在使用灭火器时，要特别注意以下几个问题：

(1)灭火时，人应站在上风处，才能起到灭火的最佳效果，另外，也避免受到浓烟和燃烧物的侵害。

(2)使用灭火器时切忌不要将灭火器的盖与底对着人体，防止盖、底弹出伤人。

(3)拿灭火器时，持喷筒的手应握在胶质喷管处，以防冻伤。

(4)不要把灭火器与水同时喷射在一起，以免影响灭火效果。

(5)扑灭电器火灾后，要先切断电源，防止人员触电。

二、其他常见的消防器材

（一）消防毯

消防毯也叫灭火毯、防火毯、逃生毯，是由玻璃纤维等材料经过特殊处理编织而成的织物，能起到隔离热源及火焰的作用。消防毯多用于家庭厨房、宾馆、餐厅等场所。

消防毯一般悬挂或粘贴在墙壁上方便拿取的地方，包装下会脱出两条便于拉拽的绳子，使用时，只需双手拉住托拉绳，可将其快速拉出，将涂有阻燃、灭火涂料的一面朝外，迅速覆盖在火源上，比如油锅着火等，能够迅速起到阻隔空气并熄灭火源的作用；也可用于关键时刻逃生，遇到火灾突围的情况，可以把消防毯护在自己脸上或披在身上，能在短时间内防止自身引燃、烧伤。另外，消防毯在使用后，背面会产生一层灰烬，可用干布擦去，现在多数消防毯可多次重复使用，实用性较强，有条件可以自己配备，作为消防安全防护器材。

（二）消火栓

消火栓是一种固定式消防设施，其主要作用是控制可燃物、隔绝助燃物、消除着火源。消防栓分室内消火栓和室外消火栓。消火栓主要供消防车从市政给水管网或室外消防给水管网取水实施灭火，也可以直接连接水带、水枪出水灭火。消火栓系统是扑救火灾的重要消防设施之一。

消防栓一般不设在房间内，否则不利于消防人员的及时救援。通常都放置于走廊或厅堂等公共的共享空间中，且嵌入在墙体内，外有标注"消火栓"。并且不能对其做任何装饰，还要求有醒目的标注，标明"消火栓"，并不得在其前方设置障碍物，避免影响消火栓门的开启。

使用室内消火栓要先打开消火栓门，按下内部火警按钮，按钮是报警装置，随后一人接好枪头和水带奔向起火点，另一人接好水带和阀门口，并逆时针打开阀门水喷出即可。但切忌电起火要确定切断电源再使用室内消火栓。

使用室外消火栓应先用扳手打开地下消防栓的水袋口连接开关，然后将消防水带进行连接，用扳手打开地下消防栓的出水阀门开关，再接连水带口及出水枪头，向火源喷水直到火灭熄为止。室外消火栓需要至少两人以上手拿喷水枪头。

（三）消防救生绳

消防救生绳，俗称救生绳，消防绳既可以是消防员个人携带的一种救人或自救工具，也可以用于运送消防施救器材，还可以在火情侦察时作标绳用。现在消防设备较为先进，有专门的防火救生绳。救生绳平时应存放在干燥通风处，以防霉变，使用后清洗。湿水后应及时放在通风干燥处阴干或晒干，切忌长时间曝晒。避免绳与尖利物品的接触。接触沾有酸、碱物质后，应立即冲洗干净并晾干。另外，救生绳要勤检查，如发现绳索磨损较大或有半股以上磨断时，应停止使用。还应定期作负重检查，如无断股或破损，方可继续使用。

消防救生绳主要用于消防救援，协助逃生。楼层逃生时，可将救生绳一端固定在牢固的物体上，并将救生绳顺着窗口抛向楼下。顺着绳下滑时双手一定要握紧救生绳，两腿微弯，两脚用力蹬墙面的同时，双臂伸直，双手微松，两眼注视下方，沿救生绳下滑。当快接近地面时，右臂向前弯曲，勒绳两腿微曲，两脚尖先着地。要注意使用时不能使绳受到超负荷的冲击或载荷，否则，会出现断股，甚至断绳。

（四）消防防毒面具

消防防毒面具是一种个人防护器材，用于对人员的呼吸器官、眼睛及面部皮肤提供有效防护。面具由面罩，导气管和滤毒罐组成，面罩可直接与滤毒罐连接使用，或者用导气管与滤毒罐连接使用。消防防毒面具可以根据防护要求分别选用各种型号的滤毒罐，除了应用于火场逃生防浓烟中毒外，还应用在化工、仓库、科研等各种有毒、有害的作业环境。

消防防毒面具在使用时应先打开盒盖，取出面具，然后拔掉前后两个罐塞，戴上头罩，拉紧头带，佩戴好之后选择路径，迅速逃生。防毒面具仅供一次性使用，不到真正需要时不要开启。且防毒面具只供逃生自救使用，不用于探险或工作。另外，防毒面具不能在氧气浓度低于17%的环境使用。

二、消防安全标志

消防安全标志是由安全色、边框、图象为主要特征的图形符号或文字构成的标志，用以表达与消防有关的安全信息。消防安全标志的形状、颜色等都具有严格的统一性，不能随意创设。此外，为了便于识别，消防安全标志杆的颜色也与标志本身相一致。

（一）消防标志分类

消防安全标志较多，但总体上可以分为消防设施标志，危险场所、危险部位提示标志和安全疏散标志三类。

1. 消防设施标志

（1）配电室、发电机房、消防水箱间、水泵房、消防控制室等场所的入口处的识别类标识和"非工勿入"警示类标识。

（2）室内消火栓给水管道的识别类标志以及流向标明。

（3）灭火器的设置点、手动报警按钮设置点提示类标志。

2. 危险场所、危险部位标志

（1）危险场所、危险部位的室外、室内墙面、地面及危险设施处等设置的警示类标志以及安全警示性和禁止性规定。

（2）危险场所、危险部位的室外、室内墙面等设置的安全管理规程，以及安全管理制度、操作规程、注意事项及危险事故应急处置程序等内容。

（3）易操作失误引发火灾危险事故的关键设施部位设置的发光性提示标志，以及操作方式、注意事项、危险事故应急处置程序等内容。

3. 安全疏散标志

（1）根据国家有关消防技术标准和规范设置的、符合规范要求的灯光疏散指示标志、安全出口标志，标明疏散方向等。

（2）商场、市场、公共娱乐场所在疏散走道和主要疏散路线的地面上设置的能保持视觉连续性的自发光或蓄光疏散指示标志。

（3）安全出口、疏散楼梯、疏散通道、消防车道等处设置的"禁止锁闭""禁止堵塞"等警示类标志。

（4）公众聚集场所、宾馆、饭店等住宿场所的房间内设置的疏散标志图，标明楼层疏散路线、安全出口、室内消防设施位置等内容。

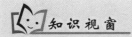知识视窗

我国的火警电话和消防日

众所周知，我国的火警电话是119。国际电报电话咨询委员会根据国际标准化管理的要求，建议世界各国火警电话采用"119"号码是有原因的，这是为了避免火警电话用"0"号开头与其他通讯服务相互影响，而且为保证通讯在突发性火灾时畅通无阻，将其并入"11"号开头的特别服务中。

在我国，11月9日的月日数恰好与火警电话号码119相同，因这一天前后，正值风干物燥、火灾多发之际，全国各地都在紧锣密鼓地开展冬季防火工作。为增强全民的消防安全意识，使"119"更加深入人心，公安部在一些省市进行"119"消防活动的基础上，于1992年发起，将每年的11月9日定为全国的"消防日"。

（二）常见的消防安全标志

消防安全标志一般都设置在醒目、与消防安全有关的地方，使人们看到后有足够的时间注意它所表示的意义。

常见的校园消防安全标志有：教学大楼里、图书馆、宿舍楼里的"安全出口""火警电话"等标志。图书馆、实验室的"禁止吸烟"标志。实验室、研究院所的"闲人免进"标志。食堂、仓库等的"禁止放易燃物""禁止带火种""禁止燃放鞭炮""请勿携带易燃易爆物"等标志。实验室的"禁止用水灭火"标志。紧急出口或疏散通道中的单向门上设置的"推开"标志，及其反面设置的"拉开"标志；紧急出口或疏散通道中的门上"禁止锁闭"标志。高层教学楼疏散通道设置的"禁止阻塞"标志。滑动门上设置的"滑动开门"标志，比如图书馆有类似的标志。需要击碎玻璃板才能拿到钥匙或开门工具的地方或疏散中需要打开板面才能制造一个出口的地方设置的"击碎板面"标志，这类多出现在实验室。手动火灾报警按钮和固定灭火系统的手动启动器等装置附近的"消防手动启动器"标志。

第三节　火灾救援和火场逃生

在各类自然灾害中，火灾是一种不受时间、空间限制，发生频率较高的灾害。火灾既是"天灾"，也是"人祸"：所谓"天灾"，大多因雷电、干旱等气候原因导致森林大火或一些建筑物失火，这类火灾虽然较少，但灾情严重，例如四川凉山大火造成了惨重伤亡；"人祸"则是因为人为因素或因人为参与的生产生活导致的火灾，多数火灾都属于这类，如果得不到及时有效的救援，火势蔓延，则不利于救火、逃生，将造成严重的伤亡和损失。因此，不管是"天灾"，还是"人祸"，都要及时抢救生命财产的损失，将灾难降到最低。

一、火灾救援

消防不是消防部门和消防人员的工作，而是每个人的责任，失火后，在场人员都有救火的责任，及时救火，能够挽回损失和伤亡。作为大学生，要了解火灾救援常识，以防遇到着火的情况不懂救援而贻误火灾，酿成大患。

（一）火灾救援的原则

1. 报警

遇到发生火灾的严重情况后，首先应拨打 119 向消防求助，报警时要说明的内容有：

（1）联系人姓名、电话。

（2）失火的准确位置。

（3）能够了解到的失火情况，如起火原因、燃烧物质以及火势大小等。

（4）说明火场有无人员被困、重要物品情况以及火灾周边等情况。

（5）提供进入火场的救援路线。

打完电话要组织人员到各个路口等待消防车以便引导消防车和消防人员迅速进入火灾现场展开救援。

2. 扑灭

发生火灾，要迅速判断火情，因地制宜迅速采取有效的救援措施。一般小火可熄灭，大火不能贻误撤离的最佳时机。火灾初起阶段火势较弱，范围较小，若及时采取有效的扑救措施，就能迅速将火扑灭。绝大多数火灾都是在场人员扑灭的。如果不早"扑"，后果不堪设想。尤其是一些远离消防队的地方，首先应号召动员周边人员救火于初起阶段。最常用的方法是用容器接水泼救，使燃烧物迅速冷却降温，使其熄灭，但是一定不能拿水泼救电器着火。还可用窒息、扑打等方法扑灭较小的火势。

3. 撤离

发生火灾时若错失救援时机，或火势未能得到有效控制，就要及时撤离，避免被火围困。尽快撤离的时间要控制在起火后 10～15 分钟，因为这个时间段内，一氧化碳超过人体接触的浓度，空气中的氧含量迅速下降，火场温度相当高，很是危险，已不利于继续拼救火灾，就需要尽快逃离，且逃生时间要控制在 15 分钟以内。

（二）被烧伤或灼伤的急救策略

火灾中，因火烧伤、灼伤的情况时有发生，火焰及其燃烧物能直接造成人体烧灼伤，甚至造成皮肤、黏膜深度烧伤而危及生命。发生火灾时，如果火灾烟雾中的微粒携带高温热值，当人吸入高温烟气，就会灼伤呼吸道，造成组织肿胀、阻塞呼吸道，甚至窒息死亡。大火严重时经常发生浓烟窒息、中毒、坍塌而引起的砸伤、埋压和刺伤割伤等次生伤害。因此，每个大学生有必要掌握一些烧灼伤等急救方法。

1. 烧伤急救

如果身陷火灾中，不应用手拍打火焰，以防手部遭到深度烧伤。衣服燃烧时，应卧倒在地，打滚灭火，迅速脱去着火衣服，切勿站立喊叫，以防引起人体烧伤；更不可奔跑，以助燃烧。要迅速采取有效措施尽快灭火，使身体脱离灼热物质。如有中小面积的浅度烧伤，可采取浸入冷水法，以镇痛减少渗出；但冷水会使血管收缩，组织缺氧，故不适用大面积烧伤或其他重要器官疾病者。

遇到烧伤严重的情况，为防止休克及感染，现场可给予伤者镇痛药、口服淡盐水等，一般少量多次为宜。保持气道通畅，给予吸氧。现场烧伤创面一般不作特殊处理。烧伤者应迅速脱去或剪开衣服。可用冷水冲洗、浸泡 20

分钟。烧伤水泡不要弄破，以免感染，应保护创面，用干净的布、衣服遮盖在创面上，尽量不要随意涂药。烧伤严重者，可在创面上覆盖清洁的布或者衣服，妥善包扎创面，防止再次污染。对于伤口的处理要遵循冬季保暖，夏季防晒的原则。

2. 化学烧伤处理

如果是实验室酸、碱或其他化学品烧伤，均应立即脱掉被污染的衣服。用清水持续冲洗创面，稀释和除去存留的化学物质，切忌为寻找中和剂延误冲洗时机。眼部化学烧伤禁用手或手帕揉搓。生石灰烧伤先用干布将残余石灰擦干净，再用水冲洗，以免生石灰遇水产热，加重损伤。磷烧伤，务必先将黏附在皮肤上的磷颗粒全部冲掉。如暂时缺水，可先用多层湿布包扎创面，防止磷遇空气燃烧。严禁用油质敷料包扎创面，增加磷的溶解与吸收，引起更严重的磷中毒。

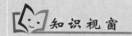 知识视窗

冷水疗法

冷水疗法，是一种用于烧伤早期处理的传统治疗方法。所谓冷疗是在烧伤后或清创后立即用温度较低的冷水（一般 $10 \sim 20 ℃$，夏季可低至 $3 \sim 5 ℃$）对创面进行浸泡、冲洗或湿敷。

冷水疗法能够迅速降低局部温度，终止热力对组织继续损伤，同时可中和化学物质的有害作用。能有效地降低毛细血管通透性，减轻组织水肿。可使局部代谢率及氧耗减少，减少组织内乳酸的产生，预防代谢性酸中毒。有利于促进上皮生长，改善伤后皮肤的微循环，冷疗防止了皮肤继续被破坏。

冷疗降低局部皮神经的敏感性，有效地缓解疼痛，水温越低，冷疗时间越长，止痛效果越好，但应注意不能应用于大面积的烧伤，否则会加剧机体应激反应，干扰、破坏机体内环境平衡，加重伤情。冷疗用水一般可采用清水，四肢可浸泡，躯干、头部以冲淋或湿敷为好，持续时间 $1 \sim 3$ 小时为宜，中间可暂停。冷疗用水早期效果好，一般应在 6 个小时内进行，冷疗后如能保持创面干燥，则不会加重感染。此外，冷疗具有机械冲洗作用，一般可不必再清创，如污染严重，则可在冷疗同时清创。

3. 中毒急救

火场发现中毒情况，要迅速将伤员转移至通风处，呼吸新鲜空气；给予伤者吸氧，注意伤者的保暖和周围的安静。窒息及呼吸、心跳骤停者，应现

场进行心肺复苏术、气管切开术或机械通气。对清醒者，应注意有无晕厥史，必要时应送往医院接受检查。不轻易放弃抢救，严重中毒及昏迷者，即使已经清醒也要接受高压氧治疗，以减少后遗症的发生。

二、火场逃生

如果遇到火灾，在被火势围困后，有的人葬身火海，而有的人却能死里逃生，幸免于难。这固然与火势大小、起火时间、起火地点、建筑物内报警、防烟、排烟、灭火设施等因素有关，但更重要的是还要看被火围困者在灾难降临时有没有避难逃生的本领。大学生务必要掌握一定的火场逃生方法，有利于在火灾中临危脱逃，确保生命安全。

大学生应掌握的火场逃生要领有以下几种。

（一）沉着冷静，果断做出应急反应

突遇火灾时，要保持镇静，明辨方向，迅速撤离。面对火灾，要强令自己保持镇静，千万不要盲目地跟着别人乱跑和相互拥挤、乱冲乱撞。撤离时要注意，往外面空旷地方跑，低层着火要尽量往楼层下面跑，若通道已被烟火封阻，则应背向烟火方向离开，通过阳台、气窗等通往室外逃生。

（二）争分夺秒，迅速逃离火场

每个学生对学习或居住所在的建筑物的结构及逃生路径平日就要做到了然于胸；为了自身安全，务必留心疏散通道、安全出口以及楼梯方位等，以便在关键时候能尽快逃离火场。

如遇夜间着火，千万不要因害羞或顾及贵重物品，把宝贵的逃生时间浪费在穿衣服或寻找、搬运贵重物品上。已逃离火场的学生，千万不要重返险地拿取贵重物品。逃生时不要留恋室内财物，如已脱离室内火场，千万不要为财物而返回室内。

（三）判明火情，正确选择逃生之路

发生火灾时，要根据情况选择进入相对较为安全的楼梯通道。除可利用楼梯外，还可利用建筑物的阳台、窗台、屋顶等攀到周围的安全地点；沿着下水管、避雷线等建筑上的凸出物，也可滑下楼脱险。千万要记住，高层楼着火时，不要乘普通电梯。

假如用手摸房门已感到烫手，此时一旦开门，火焰与浓烟势必迎面扑来，此时应关紧迎火的门窗，打开背火的门窗，用湿毛巾、湿布等塞住门缝，或用水浸湿棉被，蒙上门窗，然后不停用水淋透房间，防止烟火渗入，固守房间，等待救援人员达到。

（四）严防伤害，采取各种措施保护自身安全

逃生时，经过充满烟雾的路线，可用毛巾、口罩蒙住口鼻，匍匐撤离，以防止烟雾中毒、预防窒息。另外，也可以向头部、身上浇冷水或用湿毛巾、湿棉被、湿毯子等将头、身裹好后，再冲出去。逃生时要尽量放低身体，最好是沿墙角蹲式前进，并用湿毛巾或湿手帕等捂住口鼻，背向烟火方向迅速离开。

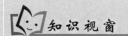

知识视窗

火场逃生时的几种错误行为

1. 从进来的原路逃生

一旦发生火灾时，人们总是习惯沿着进来的入口和楼道进行逃生，当发现此路被封死时，已失去最佳逃生时间。因此，大学生一定要养成留意安全出口的良好安全习惯。

2. 向光亮处逃生

在紧急危险情况下，人们总是向着有光、明亮的方向逃生。而火场中，光亮之地正是着火的地方，故不可慌乱地向光亮处逃生。

3. 盲目跟着别人跑

当人面临危险状态时，极易因惊惶失措而失去正常的判断思维能力，第一反应就是盲目跟着别人跑。要克服这种问题，就要在平时多掌握一定的消防自救与逃生知识，避免事到临头没有主见。

4. 从高往低处逃生

高层建筑一旦失火，人们总是习惯性地认为：只有尽快逃到一楼，跑出室外，才有生的希望，殊不知，盲目朝楼下逃生，可能会自投火海。因此，在发生火灾时，有条件的可以登上房顶或在房间内采取有效的防烟、防火措施，然后等待救援。

5. 冒险跳楼逃生

火灾发生时，当选择的逃生路线被大火封死，火势愈来愈大、烟雾愈来愈浓时，人就很容易失去理智。此时，很多人会选择跳楼逃生。其实这样是非常危险的，楼层太高会导致人们跳下时摔伤甚至死亡。

　　如果身处火场身上着了火，惊跑和用手拍打，只会形成风势，加速氧气补充，促旺火势。正确的做法是赶紧设法脱掉衣服或就地打滚，压灭火苗。能及时跳进水中或让人向身上浇水就更有效。不要轻易跳楼，除非火灾已经危及生命。

（五）争取外援，及时发出求救信号

　　逃生无路时，应靠近窗户或阳台，关紧迎火门窗，向外呼救。被烟火围困时，应尽量待在阳台、窗口等易于被人发现和能避免烟火近身的地方。在白天可向窗外晃动鲜艳的衣物等；在晚上，可用手电筒不停地在窗口闪动或敲击东西，及时发出有效求救信号。在被烟气窒息失去自救能力时，应努力滚到墙边或门边，既便于消防人员寻找、营救，也可防止房屋塌落时砸伤自己。

　　高层、多层建筑发生火灾后，可迅速利用身边的绳索或床单、窗帘、衣服等自制简易救生绳，并用水打湿后，从窗台或阳台沿绳滑到下面的楼层或地面逃生。可利用建筑物阳台、救生袋、应急逃生绳等逃生，也可将被单、台布结成牢固的绳索，牢系在窗栏上，顺绳滑至安全楼层。即使跳楼也要跳在消防队员准备好的救生气垫上，或4层以下才可考虑采取跳楼的方式，还要注意选择有水池、软雨蓬、草地等方面跳。如有可能，要尽量抱些棉被、沙发垫等松软物品或打开大雨伞跳下。跳楼虽可求生，但会对身体造成一定的伤害，所以要慎之又慎。

第六章
网络安全

　　随着信息化的发展，网络俨然成为了人们生活的一部分。智能手机的普及，极大地方便了人们的生活，尤其是各种社交媒体的发展，随着朋友圈的不断扩大，"地球村"已然成为现实。但不得不提的是，网络在给我们带来不少福利的同时，也夹杂了不少网络安全隐患，如网络成瘾、隐私安全、网络诈骗、网络"黄赌毒"，以及网络犯罪等。作为当代大学生，必须重视网络安全问题，学会合理使用网络，杜绝网络成瘾，远离"黄赌毒"，坚决抵制网络犯罪。

第一节　杜绝网络成瘾

　　网络成瘾，又称网络过度使用症，主要是指长时间沉迷于网络，对外界的事情渐渐失去兴趣，对周边的一切表现漠不关心，从而影响身心健康的一种病症。大学生由于经济不独立，自制力较差，生活或学习一旦受挫，就容易逃避到网络虚拟世界，容易染上网瘾，沉迷于网络无法自拔，若长期难以自我解脱，成为网瘾患者。

　　网络成瘾不仅会影响大学生正常的学习和生活，还会危害大学生的身心健康。因此，大学生应关注网络安全，坚决杜绝网络成瘾。

一、大学生网络成瘾的表现及其危害

（一）如何判断网络成瘾

　　判断网络成瘾，首先通过上网时长来判断。如果每天上网时间超过 6 小时，应引起高度重视；偶尔一两次的则不严重。其次，通过网络依赖程度来判断。倘若一段时间内长时间上网，但由于各种原因或外力作用导致突然不允许上网，这时会产生烦躁、焦虑、不舒服或行为上的改变。另外，网瘾还表现出长期强迫使用网络，情绪低落或者情绪随着上网起伏不定。

（二）大学生网瘾的常见表现

　　1. 足不出户，专注于上网

　　通过网络可以获取大量的信息，但也不乏垃圾信息，互联网鱼龙混杂的生态环境，容易滋生各种不良嗜好，一旦误入，就容易受侵蚀。不少大学生专注于上网，沉湎于虚拟世界，在游戏中停不下来，甚至足不出户，一心扑在网络里，时间久了，就成了互联网的奴仆，甚至丧失现实中的人际交往能力和生存技能。

　　2. 沉湎于网络，不问世事

　　上网可以获得更多的知识，拓宽眼界，但不善于利用网络，过渡依赖网络，以上网为营生，反倒使得自身麻木不仁，不切实际。如若长久沉迷于一些不良信息的网站，还会使思想受到侵蚀，精神处于迷离状态，步步沉沦。

3. 完全依赖网络，无法自拔

长期沉迷于网络，一日不见，如三秋兮。会因为得不到上网的条件而沮丧、暴躁，情绪失控，想方设法去上网，旷课，甚至饭不按点吃，觉不按时睡，作息紊乱，浑浑噩噩，成天处于一种迷狂的状态。这多数是一些网络瘾君子，因醉心于上网毫无节制而患上网瘾重症。

4. 沉浸于虚拟中，脱离现实

这种多见于虚拟网络的社交，把现实中不可能发生的事情或者不能满足的愿望寄托于网络，沉迷于网络造梦场。因为一直致力于虚拟的社交、身份中，渐渐地脱离现实，甚至混同于现实，傻傻分不清。一旦脱离网络，在现实中则容易犯瘾症，甚至作出一些违法犯罪的事。

（三）大学生网络成瘾的危害

1. 影响身心健康发展

大学生网络成瘾容易表现出通宵达旦、废寝忘食的状态，长此以往，透支体能，对身体造成严重的伤害。另外，沉浸于网络，接触到不切实际甚至有害信息，摧残心理，腐蚀灵魂，严重影响大学生心理健康发展。

2. 影响学业

对于网络的过度依赖和沉迷会影响大学生的学业，网络成瘾对于时间、精力、记忆力等造成的影响，使大学生不能把精力和注意力放到学习上，导致学业荒废。

3. 诱发犯罪

由于对上网产生强烈的依赖性，以及对网络虚拟世界与社会现实的混同，或者沉迷于网络不良信息的漩涡里，容易诱发犯罪行为。

二、造成大学生网络成瘾的原因

（一）造成大学生网瘾的主观原因

1. 缺乏明确的目标，没有合理的时间规划

这是大学生网虫最突出的特点，没有明确的学习生活目标，对生活学习缺乏规划，无所事事，空虚无聊，沉迷于网游或者以上网为业打发时间，久而久之，便会患上网瘾。

2. 不善于自我调节，自我管控能力差

有的大学生因性格原因，或者人际矛盾、恋爱受挫、学习不符合预期，等等，自我认知不足，手足无措，长期处于低迷情绪，不能自我调控而借网络宣泄情绪或逃避现实，沉迷于网络，从而染上网瘾。

3. 大学生网恋、游戏的诱导

大学生如果不理性对待网络游戏和网络交往，就容易深陷其中，信以为真，混淆虚拟和现实，或者通过虚拟世界来实现不切实际的想法，从而依赖网络，成为网瘾患者。

（二）造成大学生网瘾的客观因素

1. 网络世界的诱惑

五彩缤纷、虚拟莫测的网络世界，对青少年具有强大的吸引力。然而网络同时也充满了诱惑，容易摧残人的意志，击败心理防线。尤其是能够纵容坏情绪，助长不良嗜好，网络世界杂草丛生，容易吸取成长的养分，大学生如果抗诱惑能力差，就容易沾染不良习气，容易染上网瘾。

2. 不法奸商败坏的职业操守

大学生尤其是青少年对网络游戏的热衷使得一些互联网商家为牟利而丧失职业操守，通过游戏本身的引诱力和一些容易上瘾的设定让广大游戏爱好者沉迷于其中，还有通过一些低俗信息从中牟利，使得大学生沉湎其中，渐渐上瘾。

3. 家长和学校对大学生心理层面的关注不够

有的家长跟学生不常沟通，尤其对学生的心理层面关注不够，学校在心理教育方面的引导成效差，而大学生还不够成熟，自身独立性不够强，对新环境的适应能力较弱，抗挫折能力差，往往因得不到及时有效的疏导而通过网络世界去发泄，依赖网络，染上网瘾。

三、杜绝网络成瘾

由于社会对网络强大功能的需求、生活工作对网络的依赖，网络已经是现代人生活不可或缺的重要部分了。如果不善用网络，网络容易悄无声息地偷走你的时间，耗费你的精力，蚕食你的身体，置你于万劫不复。因此，大学生要筑牢自身防线，切勿网络成瘾。

（一）学会自我管理

进入大学，意味着要独立思考、独立生活，就该对自己负责。应学会管理自己，管理自己的生活、学习、时间，以及情绪。全面认知自我，善于调节负面情绪，理解并悦纳自己的性格，从容看待自己的优点和劣势，心平气和，不卑不亢。

（二）要善于自我调节

遇到坏情绪要及时调解或以合适的方式发泄，遇到挫折要客观分析，寻找理性的解决方式；要磨炼适当的抗压耐力，不轻易被困难击退，正确看待遇到的挫折，不要过分打压自己也不要极端抱怨。善于总结过失，能妥善调整心态，保持积极乐观的情绪状态。

（三）合理安排上网时间

对于网络，要有清醒的认知，做网络的主人而不是奴隶，把网络当成获取知识、提升自我的途径，而不是投资大把时间反倒失去主动权，沉浸于互联网，迷醉于不切实际的网络世界，耗费精力、时间，挥霍青春，虚度年华。

（四）合理规划学习生活

大学是一个全新的阶段，要学会独立自主，能独立思考并规划自己的人生，合理安排学习生活。对于未来要有大致的规划，而不是漫无目标。要有目标，有一套自己的可执行规划，把长远目标和短期目标相结合，有针对性地完成每一个阶段的目标，避免迷茫和盲目。

（五）丰富业余生活

只有丰富了业余活动，才不会空虚无聊，无所事事。因此，要多参与一些有助于身心健康发展的活动，把空闲时间和精力投入到兴趣爱好中，多做有意义的事，不要空想主义，要懂得开发自己，而不是坐等机遇。要汲取成长的养分，时刻准备着充实自我、突破自我。

第二节　网络交往安全

网络交往突破了时空限制，拓展了人际交往和人际关系，使人际关系更加开放。互联网社交平台拉近了人与人之间的距离，使得在不同地域的人可以"在一起"交往、娱乐。交往范围的不断扩大，使人们的各种社会关系日趋多元化、复杂化，一些因网络交往产生的安全问题也频频发生。针对这种情况，了解网络交往安全，加强保护措施，也成为了大学生们所必须重视的关键所在。

一、网络交往的利与弊

（一）网络交往的有利之处

1. 网络交往的匿名性

网络最大的特点就是匿名性。网络匿名性突破了年龄、性别、相貌、健康状况、社会地位、身份、背景等传统因素的制约，从而给网络交际提供了更多的想象空间，也增加了网络交往的神秘感。

2. 网络交往的广泛性

网络交往由于不受空间限制，因而交往的范围更大，圈子也更广泛，可以跨地域、跨行业等。网络可以满足人的各种社交需求，无疑比现实的交往更加丰富。

3. 网络交往的经济性

网络交往省去了现实交往中的购物、餐饮、交通、娱乐等支出，使远隔万里的两个人也可以在网络上进行快速的交流，与现实交往相比更加经济实惠。

（二）网络交往的弊端

1. 网络交往的非现实性

网络匿名性使网络交往具有了非现实性特征。例如部分网民在网上交际时，经常扮演与自己实际身份和性格特点相差悬殊甚至截然相反的虚拟角色。由于在网络世界里可以随时改名换姓，谎称身份，在这种情况下，很多网民往往会面临网上网下判若两人的角色差异和角色冲突，极易出现心理危机，甚至产生双重或多重人格障碍。网络交往轻松自在的同时，也降低了文明素养。

2. 网络交往的随意性

网络最大的特点之一是资源共享，因此，网民更加自由，与此同时，网络的自主性也伴随着随意性。由于个体化差异，网民素养参差不齐，因此，就会有起哄、诽谤、散播谣言，甚至出现人肉搜索、网络暴力等行为。近些年，网络暴力常常延伸到现实中，波及亲朋好友等。另外，有的人还会扮演多种角色，在网上与他人进行虚假交往，甚至进行网络诈骗等。

3. 网络交往中的情感隔阂和信任危机

网络的全球性和发达的信息传递手段，使人与人之间的交往没有了空间障碍，同时也使现实社会中人与人之间的情感更加疏远。虽然网上虚拟交往可以帮助人们解脱一时的现实烦恼，找到一时的寄托，却不能真正满足活生生的人的情感需要，而有些人由于过分沉溺于虚拟的世界，往往会对现实生活产生更大的疏离感。

网络虚拟化的人际交往方式，使得许多网民往往抱着游戏的心态参与网上交往，致使网上的信任危机甚于现实社会。与此同时，一些网民在现实生活中遇到挫折时，又会采取"宁信机，不信人"的态度，沉溺于"虚拟时空"，不愿直面现实生活。

4. 网络交往的无序性和失范性

网络世界的发展，开拓了人际交往的新领域，也形成了相应的规范。除了一些技术性规则(如文件传输协议、互联协议等)外，网络行为同其他社会行为一样，也需要道德规范和原则，因此出现了一些基本的"乡规民约"，如电子函件使用的语言格式、在线交谈应有的礼仪等。但从现有情况看，大多数网络规则仅仅限于伦理道德，而用于约束网络人际交往具体行为的规范尚不健全，且缺乏可操作性和有效的控制手段。这就容易造成网络传播的无序和失范。事实上，网络社会充满竞争、冲突，时不时还会发生犯罪活动，这就需要有一定的社会道德、法律规范来调整网络人际关系，以维护正常的网络秩序。

二、大学生网络交往安全问题

网络已经成为了大学生取得信息、交流互动、娱乐、购物等的主要途径，交友聊天是大学生上网的一个普遍现象，大学生网络交往比较广泛，也较为复杂，有纯粹娱乐的交往；有通过网络平台交流分享兴趣爱好的交往；有参与学术交流的交往……由于网络人际交往没有时空限制，具有快捷、互动及时反馈等优点，使网络交友逐渐成为大学生人际交往的重要方式。然而由于网络自身存在的弊端难免使大学生的网络人际交往存在安全隐患，并成为影响学校安全稳定的重要因素之一。

大学生多因网络交友不慎而带来安全隐患，以大学生网恋问题居多。

有的大学生因性格内向或自卑情绪，或者恋爱受挫，不堪打击，在网上寻求安慰，往往容易被网络虚拟形象蒙骗，有的甚至发展到现实交往，因现实人设不符而产生人际纠纷甚至引起安全事故。还有的大学生在网上交友不慎，被骗取钱财，甚至人身安全遭到威胁等。另外，一些钓鱼网站把目标锁定在大学生当中，手段多变，拉拢大学生参与一些非法勾当。

三、确保网络安全交往

随着网络的广泛运用，一大批丰富便利的软件闯入人们的视野。但部分社交网站、客户端存在因传播违法信息而扰乱网络秩序、破坏网络环境的现象。网络交往环境比现实交往环境更加复杂，网络特殊的"虚拟群体"环境，给网络交往增加了诸多的不确定性和复杂因子，大学生心思单纯，不易发现网络交往诱骗的陷阱，不能预估和有效抵御网络交往的风险，因此，大学生要加强网络交往的安全意识，防人之心不可无，对于网络交往，要心存戒备，确保安全交往。

（一）认真对待学校相关的安全教育，重视网络交往的安全教育

大学生生活在校园中，还没有真正接触社会，思想还较为单纯，缺乏防人之心和自身的保护，容易轻信他人，所以一些犯罪分子会特别针对大学生这个群体行骗。对此，学校往往是通过对学生进行网络人际交往安全方面的教育来加强学生的安全防范，而大多数学生并不重视这些老生常谈的安全戒律，再加上大学生青春期的逆反心理作祟，缺乏社会经验又不以为然，总是由着自己的想当然而不愿受到他人的干预，往往容易吃眼前亏。因此，作为大学生应悉心听取教诲，重视网络交往安全教育。

（二）提高网络交往的安全意识，确保自身安全

大学生要正确认识网络的两面性，一方面，通过网络交往了解时事、学习知识、与人沟通、休闲娱乐等；另一方面，提高安全防范意识，避免沉迷

于网络游戏、网络成瘾症、诱惑欺骗等。大学生对网络的两面性，要学会用其所长，避其所短，发挥网络交往对生活的积极作用。

（三）提高辨别觉察能力和网络防骗防诈能力

网络信息良莠不齐，个别不法分子利用网络实施违法犯罪活动。作为网络游客，只有不断提高自己的辨别觉察能力，提高自己的抗诱惑能力，才能保护自己。有些大学生往往在遭遇现实挫折后，就一蹶不振或通过网络寻求心理安慰，就极易成为网路不法分子的"眼中肉"。大学生要学会一分为二地看问题，学会辩证思考，以防被网友诱骗。

（四）培养健康的网络交往理念，杜绝不良行为

现在随着网络直播的大力发展，有些不法勾当专以各种手段诱骗年轻大学生，如奢侈品等金钱利诱、所谓自由民主等价值观的引诱、大学生裸聊等色情服务网站诱惑。一些爱慕虚荣、或者遭受挫折等的大学生，很容易被这些不良信息利诱。大学生正值青春大好年华，心存美好，追逐梦想的年纪，应当培养健康积极的人生价值观，适时调适自我，而不是放纵和自暴自弃，要明辨是非，坚定理想信念，坚决抵制不良嗜好和行为。

（五）重视个人隐私，把牢安全防线

大学生隐私泄露，遭到威胁最常见的情况就是网恋。随着恋情的深入发展，往往突破安全防护的底线，容易将自己的个人信息和盘托出，隐私泄露容易威胁到自身安全，因此，大学生网络交往要注重个人隐私。网络交往对象看不见、摸不着。必须提高自己的安全防范意识，不轻易泄漏个人资料，不随意答应网友的要求。现实生活中的问题，尽可能找熟悉的朋友或师长解决，不要仅仅依赖网友来满足自己的情感需求，以免上当受骗。

（六）提高自我保防护能力，减少对网络交往的依赖

大学生在网上要谨慎交友，一旦受骗或者遇到威胁要增强面对突发事件的应变能力，要及时求助。要会求助于人，借助老师、同学的力量来解决突发问题，有些情况还要学会用法律手段维护自身安全。大学生应以社团活动为平台，进行广泛的线下人际交往，多参加社团活动，以活动为平台来扩大自己的人际交往范围，掌握人际交往技巧，而不是一味地依赖网络虚拟社交。要尝试克服自卑心理，从被动交往逐渐发展到主动交往，淡化虚拟的网络交往，去与同学或者朋友进行更多的现实生活中的人际交往。

第三节　计算机病毒危机的应对

一、计算机病毒

（一）计算机病毒的定义

计算机病毒是一种能破坏计算机功能或数据的代码，能自我复制的指令或程序代码，主要通过插入计算机程序影响计算机使用。顾名思义，计算机病毒像生物病毒一样，具有自我繁殖、互相传染以及激活再生等生物病毒的特征。计算机病毒作为一个程序，一段可执行码，有独特的复制能力，它能够快速蔓延，常常难以根除，并能把自身附着在各种类型的文件上，当文件被复制或从一个用户传送到另一个用户时，它们就随同文件一起蔓延开来。

计算机病毒具有传播性、隐蔽性、感染性、潜伏性、可激发性、表现性或破坏性等特点，存在着开发期、传染期、潜伏期、发作期、发现期、消化期和消亡期几个生命周期。因计算机病毒是人为操控的，取决于人为因素，具有复杂性且难以预料和控制。它能潜伏在计算机的存储介质（或程序）里，条件满足时即被激活，通过修改其他程序的方法将自己的精确拷贝或者可能演化的形式放入其他程序中，从而感染其他程序，对计算机资源进行破坏，对其他用户的危害性很大。有些顽固的病毒甚至可以直接导致整个局域网系统的瘫痪。

（二）计算机病毒的分类

计算机病毒种类繁多而且复杂，按照不同的方式以及计算机病毒的特点及特性，可以有多种不同的分类方法。同时，根据不同的分类方法，同一种计算机病毒也可以属于不同的计算机病毒种类。根据病毒存在的媒体划分为网络病毒、文件病毒和引导型病毒，根据病毒传染渠道划分为驻留型病毒和非驻留型病毒，根据破坏能力划分无害型、无危险型、危险型和非常危险型病毒。

计算机病毒的产生

1988年，我国发现首例计算机病毒Pingpang(乒乓病毒)，也称"小球"病毒。遭到这种病毒侵袭的计算机在运行时，屏幕上会出现滚动的小球，影响屏幕显示，使用效率降低。据统计当时全国有3 000台电子计算机感染上了计算机病毒，"小球病毒"严重干扰了计算机日常工作的顺利进行。

1992年3月，计算机病毒这个新名词广为人知。中央电视台和人民日报等新闻媒介先后报道了有关计算机病毒的新闻。当时的计算机病毒名目有："小球"病毒、"大麻"病毒、"黑色星期五"病毒、"米开朗基罗"病毒等。

其实，早在1983年，美国的计算机专家弗雷德·科亨博士首次提出了计算机病毒的概念并进行了验证，揭示了计算机软件具有类似于生物界的繁殖和传染特性。在这以后的短短数年中，计算机病毒以惊人的速度蔓延，威胁着信息系统的安全。

此外，计算机病毒还可以根据算法划分为伴随型病毒、"蠕虫"型病毒、寄生型病毒、练习型病毒、诡秘型病毒和变型病毒(又称幽灵病毒)五类。

二、计算机病毒感染

诊断计算机感染病毒，有助于趁早发现并及时制止或预防。计算机感染病毒的征兆有以下情况。

(一)计算机病毒感染的征兆

计算机屏幕上出现不应有的特殊字符或图像、字符无规则变动或脱落、静止、滚动、雪花、跳动、小球亮点、莫名其妙的信息提示等情况时，极有可能是有病毒感染，病毒潜入常常发出尖叫、蜂鸣音或非正常奏乐等。

计算机经常无故死机，随机地发生重新启动或无法正常启动、运行速度明显下降、内存空间变小、磁盘驱动器以及其他设备无缘无故地变成无效设备等现象。还会出现磁盘标号被自动改写、出现异常文件、出现固定的坏扇区、可用磁盘空间变小、文件无故变大、失踪或被改乱、可执行文件变得无法运行等。还有打印异常、打印速度明显降低、不能打印、不能打印汉字与图形等或打印时出现乱码，以及收到来历不明的电子邮件、自动链接到陌生的网站、自动发送电子邮件等现象。

（二）大学生个人电脑容易感染病毒的途径

首先，大学生个人电脑用途广泛，例如学习交流、休闲娱乐、聊天、网络购物以及专业软件的应用等，而这些尤其是直接或者间接与金钱交易相关的操作很容易遭受病毒感染或者黑客袭击。这些病毒主要会通过突然弹出的以假乱真的对话框提示和链接、或者验证码索要等方式误导用户点击，从而感染用户电脑或获取用户信息。

其次，游戏是病毒的易感染渠道。喜欢玩游戏的大学生容易遇到因下载游戏软件而被捆绑安装携带病毒的其他软件，要注意的是，绿色破译的游戏页仍存在病毒携带的风险，因而，一定要慎重点击。还有浏览外媒和外网容易染上病毒，尤其涉及一些敏感词汇或者热点动态的新闻和事件是病毒易感源。

此外，黄、赌、毒相关的网络动态容易感染病毒。大学生观看不良影视，比如浏览色情黄页、参与网络赌博等就容易受病毒侵袭，一般这些网站是病毒寄宿的温床，如果不慎染上，还有可能是病毒的顽固分子，不易清理，甚至使得个人信息被窃取，受到不良信息的胁迫等名誉损失。

三、大学生如何防范计算机病毒

计算机病毒无孔不入，预防病毒，要从识别病毒、发现病毒动态的征兆入手，谨防感染，还要采取一些防护措施。

（一）安装正版防毒杀毒软件

给家用电脑或笔记本安装正版的防毒杀毒软件，定期对电脑进行全面杀毒，以便及时查除电脑系统中的病毒；定期升级防毒杀毒软件，给操作系统打相应补丁、升级病毒库，以抵御新出现的病毒。若遇到难以清除的病毒，可以联系查杀病毒的人工客服平台，协助清除病毒，遭遇网络攻击时，应及时断网或使用杀毒软件的不断网功能。

（二）安装个人防火墙抵御黑客袭击

防火墙是在两个网络通讯时执行的一种访问控制尺度，能最大限度地阻止网络黑客来访，防止其拷贝、更改、破坏电脑的重要信息。为维护电脑安全，必须安装好并及时更新防火墙，访问遭到防火墙阻止的网站时要提高警惕意识，以免遭到病毒入侵。

（三）谨慎下载来历不明的软件和程序

下载一些共享软件，尤其是一些可执行软件时，因这些软件常被捆绑下载一些不必要的垃圾软件，有时候会携带病毒，因此，在下载这些软件时，要明晰来源，最好在正规官网下载，或者通过安全破译渠道运行。

（四）分类设置高难度密码

互联网上需要设置密码的地方很多，比如网上银行密码、会员网站密码、网购支付宝登录密码和付款密码、淘宝等购物平台的登录密码，以及一些软件的使用登录密码，等等。这些密码都和手机号关联，因此一定要做好分类设置，比如涉及金钱交易的密码要提高保密性，最好和注册密码完全不相关，增强其安全系数。设置密码最好不要设置有意义的密码、生日密码等，现在多数密码都是字母和数字混合的，因此，最好不要使用自己的姓名缩写。另外，不用的账号也要及时注销。

> **知识视窗**
>
> #### 手机病毒
>
> 随着智能手机的普及，手机逐渐成为人们生活中不可或缺的一部分。从3G到5G，移动通讯设备随互联网发展不断革新。如今，手机独揽衣、食、住、行，成为生活中最亲切的伙伴，但与此同时，手机诈骗、手机病毒也层出不穷。
>
> 手机常见的病毒危害有：用户信息被窃、传播非法信息、破坏手机软硬件、造成通信网络瘫痪等。
>
> 如何远离手机病毒？我们可以从以下几方面去防备：
>
> （1）手机安装杀毒软件，定期杀毒；
>
> （2）进行手机数据备份；
>
> （3）接收来历不明的短信或消息时，及时删除，也不要轻易点击不明链接；
>
> （4）通过安全的应用软件下载手机软件，不要强行安装有安全隐患的软件；
>
> （5）不要浏览色情网站，以防病毒入侵；
>
> （6）一旦发现手机染上病毒，及时扫描杀毒，若遇顽固病毒，最好退出微信、支付宝等账户登录状态，联系专业人士进行杀毒。

（五）防止间谍软件

间谍软件是一种悄然潜入目标对象电脑并从中截取信息和情报的软件，

其最大的特点是能够附着在共享文件、可执行图像以及各种免费软件当中，伺机入侵，俘获信息。主要用途是跟踪用户的上网习惯，记录用户的路径，捕捉屏幕图像等信息，间谍软件最擅长和其他软件捆绑，神不知鬼不觉地安装在用户的电脑上。因此，可以根据其特点进行预防，首先就是加强防卫，把浏览器调到较高的安全级别（浏览器的安全防护可以自行调节等级设定），有助于防止下载不明捆绑软件，并安装防间谍软件的应用程序，时常监视及时清除电脑的间谍软件；其次，对共性软件安装时要当心捆绑软件，留意取消下载捆绑软件，重要信息浏览后要及时清除浏览记录；另外，不要强行安装一些不易安装的软件，以免间谍渗透。

（六）共享文件夹的注意事项

共享文件是在不得已的情况下才选择共享。首先，共享文件夹要设为只读。其次，共享设定"访问类型"不要选择"完全"选项，以免共享文件被修改或删除。另外，不要将整个硬盘都设定为共享，以免系统文件删除导致计算机系统全面崩溃，无法启动。

（七）不要轻易浏览黑客网站、色情网站

许多病毒、木马和间谍软件都来自黑客网站和色情网站，这些网站是病毒感染源，因此，一定要远离黑客网站、色情网站，一方面，有利于自我身心健康发展，另一方面，也避免计算机中毒。

（八）养成文件备份的习惯

计算机软件备份，包括系统软件备份、重要数据备份。重要软件要多备份并写进保护，以便迅速恢复被病毒破坏或因操作被破坏的系统。硬盘不是数据保险库，重要数据也要备份。

（九）注意个人隐私和个人信息泄露

不要轻易在社交平台向陌生人发送电子身份资料，不要让电子商务企业随意储存你的信用卡资料，只向有安全保障的网站发送自己的个人资料，防止落入网络陷阱。

（十）提高网络安全意识，提高媒介素养

自媒体时代，微博、微信等各种社交平台每天都存在大批量的信息，发表个人言论或者转发评论等要谨慎，提防遭遇网络暴力。同时，也要提高个人的网络素养，保持理性，不要轻信一面之词，不要急于随声附和，要有自己的判断而不轻易随波逐流。

第四节 校园贷的危害

　　校园贷是校园学生向各类借贷平台借款的借贷，主要以高校学生为主。近些年，校园贷的形式更加多样化，有线上借贷，也有线下借贷，名目众多，包括各种形式的网贷，尤其是淘宝、京东这样一些电网平台的借贷，比如蚂蚁花呗、借呗。随着互联网网贷的发展，校园贷出现了一些例如回租贷、求职贷、培训贷、创业贷等乱象现象，甚至还有一些不正当的高利贷和校园"裸贷"等。这些非法校园贷容易助长大学生的一些不良消费行为，巨大的债务压力甚至严重危害大学生生命财产安全，因此，防范非法校园贷对大学生树立良好的消费观和确保信贷安全具有重大的意义，大学生应增强信贷安全意识，理性消费，学会理财，合理规划生活，杜绝非法校园贷。

一、校园贷与非法校园贷

 案例追击

　　2019 年 5 月，深圳市南山区人民检察院以诈骗罪对被告人张某等 8 人提起公诉，以诈骗罪、寻衅滋事罪对被告人彭某佳、杨某鑫等 3 人提起公诉。

　　被告人张某、彭某佳曾经分别是"分期乐"和"永旺分期"借贷平台的高校业务员，他们在开展业务过程中接触到一些有借款需求的在校大学生，通过审查个人资料、家庭信息等，掌握了一批以深圳户口、家庭条件优越、有超前消费习惯、自控能力差等为特点的在校大学生资源。

　　为了谋取非法利益，张某纠集董某铭等人合作开展专门针对在校大学生的无抵押高息短期借款业务，由董某铭等人负责出资，张某负责物色客户（借款人）、出面签订合同和债务催收，所得的利润六四分成，风险共担。他们运营的借款模式以 1 周或 2 周为借款周期，利息 15% ~ 25% 不等，每日逾期费为借款金额的 5% ~ 10% 不等。彭某佳则联合杨某鑫等人合作开展"校园贷"业务，借款模式以 1 周或 5 日为借款周期，利息 15% ~ 30% 不等，逾期费每日收取 500 元到 1 000 元不等。

（来源：深圳晚报）

互联网金融的蓬勃发展迎来了大学生分期消费市场的春天，众多"校园贷"平台纷纷到高校"跑马圈地"。各网贷平台针对大学生的贷款项目五花八门，从早前的"分期购物"不断升级，如今旅游、考驾照、做生意、生活费等都可以从网上借到钱。而为了扩大市场，有一些平台"主动放水"，根本不考虑学生的还款能力、还款来源，设置了高额的利率和罚息，导致了大批学生因此而声誉受损、利益损失，甚至惹上官司。严重者，还会误入高利贷，甚至因不能承担高额欠款而被逼走上绝路。

（一）校园贷

校园贷是指在校学生向各类借贷平台借钱的行为。

2015 年，中国人民大学信用管理研究中心调查了全国 252 所高校近 5 万大学生，并撰写了《全国大学生信用认知调研报告》。

调查显示，在弥补资金短缺时，有 8.77% 的大学生会使用贷款获取资金，其中网络贷款占了一半。只要你是在校学生，网上提交资料、通过审核、支付一定手续费，就能轻松申请到信用贷款。近年来，随着网络金融市场的不断发展，校园贷也成为了金融发展领域内最迅猛的产品类别之一。

从平台上来看，校园贷可以分为以下类别。

1. 电商平台的校园贷

这类校园贷主要是阿里、京东、淘宝等传统电商平台提供的信贷服务，如蚂蚁花呗、借呗、备用金、京东校园白条等。

2. 消费金融公司的校园贷

这是专门针对大学生的分期购物平台，如趣分期、任分期等，部分还提供较低额度的现金提现。

3. P2P 贷款平台（网贷平台）的校园贷

网贷平台用于大学生助学和创业，如投投贷、名校贷等。因国家监管要求，包括名校贷在内的大多数正规网贷平台均已暂停校园贷业务。

4. 线下私贷的校园贷

线下私贷主要是民间放贷机构和放贷人这类主体，俗称高利贷。高利贷通常会进行虚假宣传、线下签约、做非法中介、收取超高费率，同时存在暴力催收等问题，受害者通常会遭受巨大财产损失甚至威胁自身安全。

5. 银行机构的校园贷

银行面向大学生提供的校园产品，如招商银行的"大学生闪电贷"、中国建设银行的"金蜜蜂校园快贷"、青岛银行的"学 e 贷"等。

（二）非法校园贷

在以上几种类型的校园贷中，一些平台利用大学生的超前消费的消费心理，不考虑大学生的还款现状，盲目以高额利息贷款给大学生，致使大学生因无款可还而负债累累，严重者还会危及人身安全。这些平台的行为，就是一种非法校园贷，应予以坚决抵制。

一般情况下，非法校园贷普遍存在着以下特点。

1. 无孔不入的虚假广告

非法校园贷通过在学校内部及周围张贴墙体广告，或通过微信、QQ，在朋友圈及 QQ 群发布广告，打着手续简单快捷，不用抵押直接用身份证就能申请贷款等虚假的旗号，以隐瞒或模糊实际资费标准、逾期滞纳金、违约金等方式来诱骗学生，不少学生在遇到经济困难时容易被诱导。

2. 额度小，期限短，利息低的低门槛校园贷

低门槛、高利率、无担保、无抵押，几乎成为了校园贷的专用广告词，"额度小"是为了迎合大学生的借款需求；"期限短"是为了间接提高贷款利息，而且短期的总利息看起来不会很高，大学生也比较容易接受。但如果真正计算贷款成本，费用是非常高的，因为它还包括了手续费及其他费用。若借款学生未按时还款，日益累积还款能力将受影响，并影响到大学生的信誉。

3. 向另一家借贷公司借款，令债务越滚越大

若借款学生无法偿还贷款，借贷公司会主动为其介绍到另外一家借贷公司借钱，来偿还自家公司的欠款。这就意味着拆了东墙补西墙，借款人将签

下更高额的欠款合同，借款人的债务如雪球般越滚越大。然后，借贷公司还会用各种借口挖坑，比如还款时借故到外地，让借款人无法联系到；或是违约的条款设置得非常苛刻，比如"逾期还款"的时限是按小时甚至分钟计算，令借款人的债务翻着倍地往上涨。

4. 规避法律风险做假流水帐，留有一手

由于高利贷是不受法律保护的，为了规避法律风险，这些贷款公司往往留有一手。如在借款过程中，一些贷款公司先将承诺的款项打入借款人的账户，然后再让借款人取出来，贷款公司再从中取走一部分钱，留下银行流水作为证据，最后借款人拿到手的钱并没有承诺的那么多，但实际还款金额却是承诺的借款数额。如与借款人一同到银行转账，他们先将欠条上允诺的金额10万元打入借款人卡中，接着让借款人取出，然后这样的贷款公司拿走其中的2万元，而借款人却没有拿到还款单。最后借款人实际到手的钱只有8万元，但是银行流水却显示有10万元进账。

（三）非法校园贷的危害

1. 非法校园贷不利于大学生培养良好的理财意识

借贷实则是经济生活负担，能杜绝就杜绝，不要觉得超前消费一两次无所谓，很多人负债还不起还不清都是从一次两次开始的。经济不独立的大学生因种种原因误入非法校园贷，极不利于培养良好的理财意识，往往催生出不劳而获的想法、超前欠费等不好的行为习惯。

2. 非法校园贷助长大学生的物欲

随着互联网网购的发展，网络上物欲横流使得不少人日渐沉浸于"买买买"的生活里，网购甚至成为一种习惯和依赖，天天购物，不取快递甚至产生不适应感。大学生也未能幸免，一些学生没事就逛淘宝网，在网购和自身经济能力不匹配的情况下，强烈购买欲的刺激使得有些大学生误入非法校园贷，恶性循环，非法校园贷不断助长物欲。

3. 非法校园贷引诱大学生陷入被催债的连环扣

大学生一旦有了非法校园贷，就面临被催债的压力，甚至因催债而陷入债务的泥潭，在自己无能为力的时候，把这种压力移交给家庭，使家庭陷入债务危机，尤其是一些经济条件不好的家庭，会面临更加严峻的经济压力。

4. 非法校园贷使大学生债务缠身甚至走上违法犯罪道路

非法校园贷会让大学生身陷囹圄。负债会使大学生承受严重的经济压力，并且这种压力会影响大学生正常的学习和生活，甚至有逼债逼出人命的案例。此外，一些大学生为了想尽办法还债，可能会误入歧途，走上违法犯罪的道路。

二、大学生为什么会陷入非法校园贷

据了解，校园贷的一年息通常超过 20%。各种网络贷款平台之所以选择大学生群体作为重点对象，主要是看中了他们的旺盛消费需求和前卫时尚的消费观念，信用消费意愿强烈，倾向于超前消费、过度消费。由于在校生没有独立的经济来源，一旦消费欲望膨胀，就可能陷入连环债务之中。因无力还债，无法躲债、逃债，导致违法犯罪、跳楼自杀等极端行为屡屡发生。

校园贷为什么会瞄准大学生，大学生为什么成为校园贷的受害者？

（一）大学生资金需求多

随着互联网电商的发展，大学生消费的多元化以及大学生创业等资金需求较多，比如有的大学生做生意通过"校园贷"获取经济外援，或者有的大学生创业需要资金，等等。而一些网贷就瞄准了大学生，校园贷日盛，其中就有一些不法分子打着鼓励大学生就业的旗号以盈利或骗钱为目的诱导大学生贷款，如果不慎，则容易上当受骗，误入非法校园贷。

（二）不理性消费

大学生因贪慕虚荣、攀比等不合理消费，超前消费以致经济困境而通过校园贷解救经济危机。大学生群体经济能力尚不独立，需要依赖于父母，如果不量力而行，用度不加节制，甚至铺张浪费，就容易出现经济困难，为解决经济问题而涉足非法校园贷。

（三）信贷安全意识薄弱

大学生理财意识淡薄，容易被虚假广告、不法分子诱骗以至于堕入校园贷的危机。形形色色的校园贷小广告，鱼龙混杂，有些大学生逃不过非法校园贷的网罗，容易上当受骗。

（四）爱慕虚荣，盲目攀比

进入大学，社会环境等的变化让有的学生迷失自我，觉得丧失了核心竞争力。大学生正值青春年华，爱面子，自尊心强，有一些人难免会因为过分在意外在或性格内向等种种原因，滋长了虚荣心理，喜欢通过物欲去平衡，这在女生中较为常见。虚荣攀比、恋爱自卑等促使一些人通过外在去填充内在的心理失衡，过分注重外在，依赖化妆等，往往经济不允许地情况下通过借贷来实现所谓的"自我"价值，通过校园贷的方式满足自身虚荣心，一再地刺激物欲，助长虚荣心和攀比心理，循环往复，容易误入非法校园贷。

（五）享乐主义和不良嗜好

进入大学，从紧张繁忙的高中生活中解脱出来，有些大学生就渐渐迷失了自我，做白日梦，总想着不劳而获，甚至成为享乐主义者，不体恤父母的血汗钱，花钱大手大脚等。经济能力不足的情况下就通过校园贷获取花销，长此以往，资金不足则容易误入非法校园贷。另外，除了吃喝玩乐等挥霍无度，有的大学生还因不良嗜好而陷入非法校园贷的泥淖，如赌博贷款。不务正业，赌博成瘾，吸毒等不良嗜好往往成为非法校园贷的锁定对象。

三、如何防范校园贷的危害

大学生偏爱校园贷主要还在于校园贷几乎没有任何门槛，无需任何担保，无需任何资质，只需动动手指、填填表格，就能贷款几千甚至几万元，享受过度消费的虚荣和快感。

有人说校园贷是当代的"金融毒品"，因一时之需赌下未来和魔鬼进行交易。有媒体曝出，2018 年 1 月，一位在校大学生在非法校园贷处成功借款 3 笔，总共借款 28 000 元，但是到期时需要偿还高达 6 万元。因无力偿还，该学生不得已退学，甚至一度想要轻生。那么，大学生该如何预防校园贷的危害呢？

（一）树立正确的消费观

大学生要充分认识网络不良借贷存在的隐患和风险，增强金融风险防范意识；要树立理性科学的消费观，尽量不要在网络借款平台和分期购物平台贷款和购物，要养成艰苦朴素、勤俭节约的优秀品质；要积极学习金融和网络安全知识，远离不良网贷行为；要树立理性消费心理，杜绝虚荣攀比盲从的不良现象，避免超前消费和过度消费，如确有消费需要，可向家长说明情况预支生活费用或者向老师同学求助，不要轻信低息免押快捷的借贷平台广告，避免落入高利贷陷阱。

（二）提高金融安全意识

要加强学习金融消费和网络安全知识，掌握单利、复利、违约金、滞纳金等基本金融知识，增强金融理财知识，提高甄别和防范非法网贷诈骗的能力。

（三）严密保管个人信息及证件

个人信息及证件一旦被心怀不轨者利用，就会造成个人声誉、利益损失，甚至有可能吃上官司。如果被他人利用自己的个人信息到互联网金融平台贷款，不止蒙受现金损失，不良借贷信息还有可能录入征信体系，不利于将来购房、购车贷款。因此，大学生要有信息意识，严格保管好自己的个人信息和证件。

（四）通过正规平台贷款

由于现阶段互联网金融监管力度不够，存在不少"卖羊头挂狗肉"的平台，一定要登录官网仔细查看，并搜索、比较各类评价信息，确认借款平台的正规性。

（五）贷款一定要用在正途上

大学生目前还处于上学阶段，还款能力非常有限，如果出现逾期，最终还是家长买单，加重家长负担，所以大学生网上贷款一定要慎重。要全面合理评估自己的经济状况，谨慎使用校园贷，在使用信用消费时，应当优先向正规的银行机构和信誉良好的商家平台申请信贷服务，制定合理的消费和还款计划。

（六）勿轻易相信借贷广告

对于推销的网贷产品，切勿盲目信任，尤其警惕熟人推销，不随意填写和泄露个人信息。一些 P2P 网络借贷平台的假劣广告利诱大学生注册、贷款，文案上写着帮助解决在校学生的基本学习和生活上的困难。实际上，这样的高利贷、诱导贷款、提高授信额度易导致学生陷入"连环贷"陷阱。

第五节　远离网络"黄赌毒"，防范网络犯罪

传播"黄色"信息、卖淫嫖娼、组织赌博、买卖毒品，这些以往存在于现实中的违法犯罪行为，随着互联网的发展，纷纷出现了"网络版"，并结合互联网特点进行创新。以网络涉黄为例，除传播大尺度淫秽文字、图片、视频等"传统"形式外，更出现了"裸聊"、打着"涉黄"擦边球的"网络主播"等新模式。网络赌博的新手段也层出不穷。QQ群发信息邀人网络赌博、微信红包涉赌、非法网络赌球等"涉赌"行为，网民一不小心便会"中招"，严重危害网络环境。

 案例追击

案例一：

2005年，重庆市警方破获一起女大学生从事色情服务的案件。涉案的女大学生多供职于各类伴游、商务咨询公司或商务俱乐部，实际上从事着三陪、卖淫活动。该案牵涉当地数所高校，一些女大学生月收入超过2万元。女大学生干起了色情服务，走上违法的道路，这确实令人痛心疾首。还有一名在校大学生，大白天频繁出入医院不是为了看病，而是尾随女医生或女病人进入女厕所，然后蒙面进行抢劫，甚至还欲强奸一名看病的女青年，结果年仅21岁就付出惨痛的代价。在法庭上，他对检察机关指控的犯罪事实供认不讳，称自己大学期间喜欢在网上看一些犯罪类型的电影，也浏览色情网站。自己蒙面以及对受害人封嘴、捆绑等犯罪手法都是从电影中学来的，对被害人欲实施强奸也是受了黄色网站的影响。可见，黄色光碟和色情网站对青少年的危害极大。据统计，青少年犯罪中有70%左右的人常看淫秽书刊，浏览色情网站，有90%的人常玩淫秽或赌博性的电脑游戏。

（来源：怀远财政）

案例二：

安徽阜阳市无业青年陈某和李某，因沉溺电子游戏机赌博，40小时内连续抢劫作案8起，杀死2人，重伤6人。1997年1月21日，陈、李二人最后一次作案后，未换血衣即进游戏厅参赌，被公安机关当场抓获。

（来源：怀远财政）

一、网络"黄赌毒"

网络"黄赌毒"，是指通过互联网卖淫嫖娼、贩卖或者传播黄色信息、赌博、买卖或吸食毒品的违法犯罪现象。鱼龙混杂的网络生态环境极易滋长"黄赌毒"。网络上的"黄赌毒"，具有便捷性、隐匿性、快速传播性，相比传统的"黄赌毒"行为危害不减且监管难度更大。

色情网络通过聊天，以文字、图片或者音视频等方式传播，屡禁不止，成为当今网络的一大污染源，网络色情对于青少年的危害极大。因我国长期以来的性教育较为保守，处于青春期的青少年懵懂又好奇，经不起网络色情的诱惑，就容易受到色情毒害。网络色情导致社会风气败坏，损害身心健康，还会引起各种各样的社会犯罪。网络集聚赌徒迅捷广泛，不论是从形式，还是从内容，都为赌博提供了便利渠道，纵容赌博猖狂。毒品被人们称之为"幽灵""瘟疫""魔鬼"。互联网时代，毒品这个恶症愈演愈烈变本加厉——暗网带来的新销售网络、新型毒品的隐性危害、难以察觉的实验室毒品，都拷问着全世界对毒品犯罪的固有防线。

据观察，在"黄赌毒"犯罪分子中"单一型"的占少数，"复合型"的占多数，嫖、赌、抽、抢、偷五毒俱全者所占比例更高。最主要的原因是，"黄赌毒"属于金钱挥霍，一般人的经济收入根本无法承受，在他们"手中无粮"的时候，必然会出现以贩养吸、卖淫买毒、以贪养赌、公款玩乐等连环犯罪，有的还盗窃、诈骗、敲诈勒索、抢夺抢劫，甚至在光天化日之下杀人越货。"黄"是性犯罪的温床，"赌"是大案要案的导火索，"毒"是恶性案件的代名词。

在我国，"黄赌毒"是法律严令禁止的活动，是政府主要打击的对象。黄赌毒的刑罚从拘留至死刑不等。之所以"黄赌毒"被法律严令禁止，是因为它给社会和个体带来严重的危害。据了解，受互联网"黄赌毒"信息影响，导致自杀、暴力、家庭破裂等现实危害后果的案例不计其数。

二、网络"黄赌毒"对大学生的危害

网络"黄赌毒"是社会的蛀虫和毒瘤，侵蚀人的灵魂，对社会造成各种不良影响及危害。高校校园曾被誉为一方净土，但由于不良风气和周边环境的影响，也受到了"黄赌毒"之风的污染。不少风华正茂的大学生陷入"黄赌毒"中无法自拔，从而丧失了理想和人格尊严，走向犯罪的道路。大学生犯罪所造成的实际危害可能比社会上的同类案件小，但由于犯罪主体的层次越高，对社会所带来的负面影响也就越大，因此，应引起我们高度重视。

(一)网络色情对大学生的危害

大学生处于身心发展的黄金阶段，身体发育已趋于成熟，性意识已经觉醒，如果整日只知寻求欲望的满足，极不利于健康成长，容易引发心理障碍，甚至换上身心疾病。一旦被"黄毒"污染，理智的防线就容易崩塌，轻则不思进取、想入非非，终日心神不宁、萎靡不振，影响学习，重则沉溺于其中不能自拔，荒废学业，甚至走上违法犯罪之路。

(二)网络赌博对大学生的危害

网络赌博手段多样，网络比现实赌博更加容易使人上瘾，输赢中的电子货币交易使得赌徒下赌注时容易对资金丧失一定的可控性，更像是在赌数字，而货币资金值的概念则隐居其后，不知不觉钱财空空，赌瘾就应运而生了，从而深陷输赢的泥淖。参与赌博者往往输得一干二净，被索债、威逼、利诱，为了赎本而不收手，越赌越糟糕，最后为获取赌金而狗急跳楼，甚至走上违法犯罪之路。

(三)网络毒品对大学生的危害

网络毒品终究是通过互联网交易流通到现实中，毒害社会。因此，网络毒品对大学生的危害也就是毒品带来的危害。毒品本身不仅上瘾，还易感染疾病，静脉注射毒品给滥用者带来感染性合并症，最常见的有化脓性感染和乙型肝炎，及令人担忧的艾滋病问题，使用不洁净的针头、注射器注射毒品为艾滋病的传播提供了通道。吸毒还会使家庭陷入经济破产、亲属离散、甚至家破人亡的困难境地，吸毒对于社会的危害更加严重，典型的案例就是我国晚清时期的鸦片输入，毒害了数万百姓的身心健康，进而严重影响了当时的社会稳定。现今毒品活动加剧诱发的各种违法犯罪活动，扰乱了社会治安，给社会安定带来巨大威胁。

总之，不管是现实中的"黄赌毒"，还是网络"黄赌毒"，其本质都是一样的，都是促使人意志消沉、身心俱损、前程荒废，大学生受到"黄赌毒"的伤害更是家庭的损失。

三、远离网络"黄赌毒"，防范网络犯罪

长期以来，网络"黄赌毒"的危害突显，那么，作为大学生，该如何抵制网络"黄赌毒"呢？

（一）远离网络"黄赌毒"

1. 大学生对网络"黄赌毒"要有清醒的认识

"黄赌毒"的危害可以说是多方面的，毁弃的不仅仅是个体，如果掉以轻心，危及的则是整个民族与国家的兴衰存亡，因此，对网络"黄赌毒"的现实危害要有一个清晰的认识。例如，某大学学生陈某以营利为目的，复制、传播淫秽视频文件 544 个、淫秽图片 16 077 张、色情小说 15 659 本，通过网络发展注册会员 30 027 人、网站实际点击数为 1 831 845 人次，情节十分严重，被判处有期徒刑 10 年，并处罚金 3 万元。大学生要树立正确的观念，提高分辨是非好坏的能力，培养健康良好的的生活方式，自觉抵制"黄赌毒"的侵害，不做参与者和制造者。

2. 加强自律意识，自觉抵制"黄赌毒"

大学生应自觉遵守校规校纪，养成遵纪守法的良好习惯。净化网络"黄"害，人人有责，大学生对于网上的淫秽信息，要增强抵抗力，不要因好奇而误入，面对色情信息，要理性看待，不做宣传，更不能制作。近墨者黑，近朱者赤。大学生要谨慎交友，明辨是非。要有底线，有原则，保持清醒和理性，以理智、健康、积极的态度面对挫折，而不是放弃自己，不能通过"黄赌毒"来麻痹自己，危害自己、他人和社会。

3. 培养高雅的志趣，提高自我修养

大学生要多参加健康积极的文体活动，充实自己的业余生活。培养健康积极的生活方式，洁身自好，读有营养的书，远离色情读物，参加有益于健康的积极向上的文娱活动，杜绝色情淫秽的侵害。要防微杜渐，分清娱乐和赌博的界限。思想上要警惕，不要因为顾忌朋友，碍于情面而参加赌博，要

从根本上以关心新朋友、同学为出发点，制止他们参与赌博，必要时向老师或学校有关部门报告。严守心理防线，不要盲从，好奇而涉足毒品，杜绝吸烟的不良嗜好，也有一些人因吸烟而染上吸毒，大学生要善于管控自己，善于调节自己的不良情绪，而不是纵容情绪或通过别样的手段发泄情绪，导致积恶成习。

4. 多参加有益于身心发展的校园文娱活动

大学生应正视性教育，树立良好的性意识，坚决抵制网络色情诱惑；多参加社团有益于身心健康发展的文娱活动，拒绝网络"黄赌毒"的侵害，不依赖网络，多多参加户外活动，自觉树立"自爱、自重、自强"的健康心态，积极参与"禁黄、禁赌、禁毒"系列活动，参加学生社团在"3·15禁毒日"做禁毒主题宣传活动，参加各种有益于大学生身心健康的主题教育讲座，积极主动地投身于校园文化建设中。

（二）防范网络犯罪

网络犯罪因传播迅速、传播范围广、互动性和隐蔽性高，取证困难且成本低而危害严重。那么，大学生应如何防范和杜绝网络犯罪？

1. 不参与网络诈骗

网络诈骗近些年比较多，小到网购刷单，大到诈骗钱财。有些大学生经不住利诱，因几十块钱的酬劳就恶意刷单，这种恶意炒作和欺骗消费者的行为，严重违背了交易信誉。红包刷单、刷好评等欺诈性销售行为是网购界的糟粕，大学生应该保持良好的信誉，树立正确的金钱义利观，不参与网络欺骗行为，坚决抵制网络诈骗。

2. 不诽谤他人，不传播谣言

大学生应具备良好的媒介素养，不参与诽谤、诋毁他人的事，不人肉他人，不造谣生事。要理性应对网络舆论，坚决抵制网络暴力，远离喧嚣的舆论公关，做到闲话不多讲，闲事不多管，避免引起不必要的人事纠纷。要保持清醒的头脑，不要轻信谣言，随意参与网络不实言论的传播。

3. 自觉抵制网络"黄赌毒"

杜绝网络色情，不参与网络赌博，不进行网络贩毒。传播网络色情，从事非法盈利性色情刊物、进行色情交易等都是国家严厉禁止的，网络赌博和网络贩毒都是被严厉打击的重点，作为大学生，要知法懂法，不做法律禁止的事情，坚决不碰触法律的红线，涉足任何违法犯罪的事。

第七章
生理健康安全

　　生理健康是指人体生理上的健康状态。这里的健康是指一个人在身体、精神和社会等方面都处于良好的状态。它包括两个方面的内容：一是主要脏器无疾病，身体形态发育良好，体形均匀，人体各系统具有良好的生理功能，有较强的身体活动能力和劳动能力，这是对健康最基本的要求；二是对疾病的抵抗能力较强，能够适应环境变化、各种生理刺激以及致病因素对身体的作用。生理健康是人的基本权利，是人生的第一财富。

　　随着社会经济的不断发展，人们的生活水平得到了很大提高，健康也越来越成为现代人追求的目标。但频繁出现的生理健康问题仍在威胁着我们正常的生活，需要我们给予相应的重视。大学生作为祖国未来的希望，其生理健康水平在一定程度上直接影响我国未来的发展。因此，保障生理健康安全对大学生个人的发展和推动社会的发展都有重要的意义。

第一节　饮食安全

"民以食为天，食以安为先"，食品安全问题涉及千家万户中每个人的身体健康和生命安全，已经成为百姓关心、政府重视、社会关注的热点问题。其中，大学生吃得好不好，更是关系到国民的素质、国家的未来。大学生的营养健康、饮食健康问题也是一个无国界的话题，受到广泛的关注和重视。

当前，我国饮食方面的安全形势仍不容乐观，近年来，频频曝光的食品安全事件令大众触目惊心。当代大学生应提高重视程度，加强警惕，养成健康的饮食卫生习惯，提高饮食安全意识和能力，健康饮食、科学饮食、安全饮食。

一、饮食与营养

饮食，是人们日常生活中每一天都要面临的事情。饮食的目的不仅是为了满足填饱肚子、补充体力的生理需要，而是要在深入了解食物的营养价值后，让食物更好地服务于我们的健康成长。

（一）营养素

健康的继续是营养，营养的继续是生命。不论男女老幼，为了更好地延续生命现象，都必须摄取有益于身体健康的食物。

营养素是指食物中可以给人体提供能量、机体构成成分和组织修复以及生理调节功能的化学成分。凡是能维持人体健康以及提供生长、发育和劳动所需要的各种物质均称为营养素。现代医学研究表明，人体所需的营养素不下百种，其中一些可由自身合成、制造，剩下的一些则必须通过外界摄取。据统计，无法自身合成、制造必须由外界摄取的营养素约有 40 余种，精细划分后，可概括为七大营养素，即蛋白质、脂肪、糖、无机盐（矿物质）、维生素、水和纤维素 7 类（表 7 −1）。

表7-1 人体所需的七大营养素

营养素名称	比重	作用
水	55%~67%	构造修复的材料
蛋白质	15%~18%	构造修复的材料、能量来源、生理代谢
脂肪	10%~15%	构造修复的材料、能量来源、生理代谢
矿物质	3%~4%	生理代谢
维生素	微量	生理代谢
碳水化合物	1%~2%	能量来源
纤维素	微量	滋养好菌、排毒、通便、降脂

1. 蛋白质

蛋白质是维持生命不可缺少的物质。人体组织、器官由细胞构成，而细胞结构的主要成分为蛋白质。人体的生长、组织的修复、各种酶和激素对体内生化反应的调节、抵御疾病的抗体的组成、维持渗透压、传递遗传信息，无一不是蛋白质在起作用。肉、蛋、奶、豆类含丰富优质蛋白质，是每日必须提供的。

2. 脂肪

脂肪层是储存和供给能量的主要营养素。每克脂肪所提供的热能为同等重量碳水化合物或蛋白质的2倍。机体细胞膜、神经组织、激素的构成均离不开它。脂肪还起保暖隔热，支持保护内脏、关节、各种组织，促进脂溶性维生素吸收的作用。动物和植物来源的脂肪均为人体之必需，应搭配提供。

3. 碳水化合物

碳水化合物是为生命活动提供能源的主要营养素，它广泛存在于米、面、薯类、豆类、各种杂粮中，是人类最重要、最经济的食物。任何碳水化合物到体内经生化反应最终均会分解为糖，因此亦称之为糖类。除供能外，碳水化合物还能促进其他营养素的代谢，与蛋白质、脂肪结合成糖蛋白、糖脂，组成抗体、酶、激素、细胞膜、神经组织、核糖核酸等具有重要功能的物质。

4. 维生素

维生素对维持人体生长发育和生理功能起重要作用，可促进酶的活力或为辅酶之一。维生素可分两类，一类为脂溶类维生素包括维生素 A、维生素 D、维生素 E、维生素 K，它们可在体内储存，不需每日提供，过量会引起中毒；另一类为水溶性维生素包括维生素 B、维生素 C 等，这一类占大多数，它们不在体内储存，需每日由食物提供，由于代谢快不易中毒。

5. 矿物质

矿物质是人体主要组成物质，常为人们提到的有铁、锌、铜、硒、碘等，每种元素均有其重要的、独特的、不可替代的作用。

6. 水

水是维持生命必需的物质，机体的物质代谢、生理活动均离不开水的参与。

7. 纤维素

纤维素是不被消化的食物，但其作用不可忽视。它可刺激消化液的产生和促进肠道蠕动，吸收水分利于排便，还可降低血浆胆固醇水平，改善血糖生成反应，影响营养素的吸收速度和部位，对肠道菌群的建立也起有利的作用。水果、蔬菜、谷类、豆类均含较多纤维素。

（二）合理膳食

营养的满足应主要通过饮食来完成，食物能够提供对身体有益的营养物质和其他合成物质。通过合理平衡的膳食和身体锻炼来改善人们的健康状况，强化食品和膳食补充物来增加一种或多种仅靠一般饮食而摄入量不足的营养物质，可一定程度上减少主要慢性疾病的发病危险。一日三餐所提供的营养必须满足人体的生长、发育和各种生理、体力活动的需要，大学生每日的食谱应包括奶类、肉类、蔬菜水果和五谷四大类。

随着我国社会和经济的发展，我国居民膳食消费和营养状况都发生了较大改变，为了指导广大居民更好地平衡膳食获得合理营养，提高国民健康水平，中国营养学会发布了《中国居民膳食指南》和《中国居民平衡膳食宝塔》，如表 7 - 2 所示。

表 7 - 2　中国居民平衡膳食宝塔营养搭配及比重

层级	营养成分比重
第六层	盐：小于 6 克；油：25 ~ 30 克
第五层	奶及奶制品：300 克；大豆及坚果类：25 ~ 35 克
第四层	畜禽肉：40 ~ 75 克；水产品：40 ~ 75 克；蛋类：40 ~ 50 克
第三层	蔬菜类：300 ~ 500 克；水果类：200 ~ 350 克
第二层	谷薯类：250 ~ 400 克
最底层	水：1 500 ~ 1 700 毫升

《中国居民膳食指南》提出了 6 条核心推荐，分别为：食物多样，谷类为主；吃动平衡，健康体重；多吃蔬果、奶类、大豆；适量吃鱼、禽、蛋、瘦肉；少盐少油，控糖限酒；杜绝浪费，兴新食尚。

《中国居民平衡膳食宝塔》是根据《中国居民膳食指南》，结合中国居民的膳食结构特点设计的。它把平衡膳食的原则转化为各类食物的重量，并以直观的宝塔形式表现出来，便于群众理解和在日常生活中应用。平衡膳食宝塔共分五层，包含我们每天应吃的主要食物种类。宝塔各层位置和面积不同，这在一定程度上反映出各类食物在膳食中的地位和应占的比重。

平衡膳食宝塔指出，人体每天的膳食应包括谷薯类、蔬菜水果类、畜禽鱼蛋奶类、大豆坚果类等食物。平均每天摄入 12 种以上食物，每周 25 种以上。各年龄段人群都应天天运动、保持健康体重。坚持日常身体活动，每周至少进行 5 天中等强度身体活动，累计 150 分钟以上。蔬菜水果是平衡膳食的重要组成部分，吃各种各样的奶制品，经常吃豆制品，适量吃坚果。鱼、禽、蛋和瘦肉摄入要适量。少吃肥肉、烟熏和腌制肉食品。成人每天食盐不超过 6 克，每天烹调油 25 ~ 30 克。每天摄入不超过 50 克。足量饮水，成年人每天 7 ~ 8 杯（1 500 ~ 1 700 毫升），提倡饮用白开水和茶水。

（三）食物相克

每一种食物都含有其特定的营养，但有时不合适搭配的食物在一起吃时，含有的营养素可能会发生不良反应，这就是我们所说的食物相克。

食物相克可以追溯到中医的理论——食物相反。中医讲究阴阳五行，相生相克，可以在《食疗本草》《本草纲目》《饮膳正要》《金匮要略》等医药学古籍中找到大量的食物不能同食的记载，例如《本草纲目》中就记载了 180 对不能同时食用的食物。到了近现代，在利用现代营养学和化学的理论的包装下，食物相克更是成了伪科学泛滥的集中营。事实上，关于食物相克的绝大多数文献、书籍都缺乏理论依据，更缺乏实验数据。古人因为缺乏对因果关系的思考和检验，往往把一些引起不适的饮食问题归咎于食物相克，把一些个案轻易上升到了普遍性规律，这造成了大量错误的食物相克的忠告产生。

在我国发布的《中国居民膳食指南》中提到，至今为止都没有发现过真正因为"食物相克"导致食物中毒的案例和报道。有时人们吃完东西不舒服，往往是因为食物不干净、食用方式不当、过敏体质等个人原因。而网络上的传言却片面地夸大了食物间的相互作用，并且忽视了剂量的重要性，才会出现了"中毒""致死"等种种谣传说法。

2018 年 3 月 15 日，央视"3·15"晚会一号消费预警发布：食物相克说法都是谣言。过度关注食物相克，会影响我们摄入食物的多样性，食物相克的传言是站不住脚的。

二、食品安全

《中华人民共和国食品安全法》规定，食品安全是指食品无毒、无害，符合应当有的营养要求，对人体健康不造成任何急性、亚急性或者慢性危害。

食品安全的含义有三个层次：第一层，指食品数量安全，即一个国家或地区能够生产民族基本生存所需的膳食需要。要求人们既能买得到又能买得起生存生活所需要的基本食品。第二层，指食品质量安全，即指提供的食品在营养、卫生方面满足和保障人群的健康需要，食品质量安全涉及食物的污染、是否有毒、添加剂是否违规超标、标签是否规范等问题，需要在食品受到污染界限之前采取措施，预防食品的污染和遭遇主要危害因素侵袭。第三层，指食品可持续安全。这是从发展角度要求食品的获取需要注重生态环境的良好保护和资源利用的可持续。

（一）食品安全标准

食品安全标准是各类食品中有害物质的限量规定、生产加工食品的卫生操作规范等以保证食品安全为目的的技术法规的总称。《中华人民共和国食品安全法》规定，食品安全标准是强制执行的标准。除食品安全标准外，不得制定其他的食品强制性标准。

食品安全标准应当包括下列内容。

1. 食品、食品相关产品中的致病性微生物、农药残留、兽药残留、重金属、污染物质以及其他危害人体健康物质的限量规定。

2. 食品添加剂的品种、使用范围、用量。

3. 专供婴幼儿和其他特定人群的主辅食品的营养成分要求。

4. 对与食品安全、营养有关的标签、标识、说明书的要求。

5. 食品生产经营过程的卫生要求。

6. 与食品安全有关的质量要求。

7. 食品检验方法与规程。

8. 其他需要制定为食品安全标准的内容。

食品安全标准的根本目的是保证食品安全，防止食源性疾病的发生，保护消费者健康。食品安全标准既包括致病性微生物、农药残留、兽药残留、重金属、污染物质以及其他危害人体健康物质的限量规定，也包括易于鉴别和辨识的感官指标；既有对终产品的食品安全要求，也包括对食品原料、生产过程的卫生操作规范要求。食品安全标准还能通过规范准入门槛，引导行业提高食品安全管理水平，促进食品企业的良性竞争，并且有利于促进国际食品贸易。

（二）质量安全标志

在关注食品本身的同时，作为接受过高等教育的大学生还应该去关注及提醒身边人关注一些安全标识，便于更好地确保食品安全。

1. 食品质量安全标志

获得食品质量安全生产许可证的企业，其生产加工的食品经出厂检验合格，在出厂销售之前，必须在最小销售单元的食品包装上标注由国家统一制定的食品质量安全生产许可证编号并加印或者加贴食品质量安全市场准入标志"QS"。QS 是英文 Quality Safety（质量安全）的缩写。加贴（印）有"QS"标志的食品，即意味着该食品符合了质量安全的基本要求。

2. 绿色食品标志

绿色食品标志是由绿色食品发展中心在国家工商行政管理总局商标局正

式注册的质量证明标志。AA 级绿色食品标志与字体为绿色，底色为白色，A 级绿色食品标志与字体为白色，底色为绿色。整个图形描绘了一幅明媚阳光照耀下的和谐生机，告诉人们绿色食品是出自纯净、良好生态环境的安全、无污染食品，能给人们带来蓬勃的生命力。

绿色食品标志提醒人们要保护环境和防止污染，通过改善人与环境的关系，创造自然界新的和谐。它注册在以食品为主的共九大类食品上，并扩展到肥料等绿色食品相关类产品上。

3. 有机食品标志

有机食品是指在生产加工过程中不得使用人工合成的化肥、农药和添加剂的食品。有机食品涵盖了粮食、蔬菜、水果、奶制品、水产品、禽畜产品、调料等多种范围，是更高标准的安全食品。由于有机食品的生产加工过程对生产环境和品质控制的要求非常严格，因此，这类食品在我国的产量还较少。

4. 无公害农产品标志

无公害农产品标志图案由麦穗、对勾和"无公害农产品"字样组成。麦穗代表农产品，对勾表示合格，金色寓意成熟和丰收，绿色象征环保和安全。无公害农产品能够把有毒有害物质控制在一定范围内，主要强调其安全性，是最基本最起码的市场准入标准，普通食品都应达到这一要求。

（三）食品安全事故

食品卫生安全是保障人类和公共卫生的重要课题。随着在乳制品中出现三聚氰胺造成社会关注的食品安全事件以来，加强对食品安全的监控已成为政府和社会关注的重大问题。

食品安全事故，是指食源性疾病、食品污染等源于食品、对人体健康有危害或者可能有危害的事故。

1. 食源性疾病

食源性疾病是指通过摄食而进入人体的有毒有害物质（包括生物性病原体）等致病因子所造成的疾病。一般可分为感染性和中毒性，包括常见的食物中毒、肠道传染病、人畜共患传染病、寄生虫病以及化学性有毒有害物质所引起的疾病。食源性疾病的发病率居各类疾病总发病率的前列，是当前世界上最突出的卫生问题，以食物中毒最为常见。

食物中毒是指食用了被有毒有害物质污染的食品，或者食用了含有毒有害物质的食品后出现的急性、亚急性疾病。如果在用餐后 4～10 小时发生腹痛、腹泻、呕吐等肠胃炎症状，共同用餐的人也出现类似症状，那么初步怀疑是发生了食物中毒，这时一定要先到医院及时就诊。

2. 食品污染

食品本身不应含有有毒有害的物质，但食品在种植或饲养、生长、收割或宰杀、加工、贮存、运输、销售到食用前的各个环节中，由于环境或人为因素的作用，可能使食品受到有毒有害物质的侵袭而造成污染，使食品的营养价值和卫生质量降低。这个过程就是食品污染。

食品污染分为生物性、化学性及物理性污染三类。生物性污染主要由微生物、寄生虫及虫卵和昆虫所致。化学性污染包括有害金属、非金属、有机化合物和无机化合物，来源于农药、化肥、包装材料、运输工具、工业废水等。物理性污染主要来源于复杂的多种非化学性的杂物，包括来自食品产、储、运、销的污染物，食品的掺假、造假，食品的放射性污染等。

三、防范饮食安全风险

营养是健康的根本，食物是营养的来源。科学饮食是人类健康长寿的基础和保证，然而青年人，特别是我们在校大学生们对此十分容易忽略。大学生正处在身体发育趋于成熟的关键时期，繁重的学习任务、紧张有序的生活及一定的体育锻炼，促使新陈代谢加快，体能消耗加大，营养需求增高。如果没有科学的饮食作保证，将造成体力下降、精力减弱、抵抗力降低，进而影响学习。科学的饮食应当注意合理饮食和安全饮食两个方面。

（一）合理饮食

大学生正处于向成年过渡的最后阶段，不仅身体发育需要有足够的营养，而且繁重的脑力劳动和较大量的体育锻炼也需要消耗大量的能量。因此，合理的饮食和营养有助于提高大学生的身体素质和学习效率。

1. 食物多样，谷类为主，粗细搭配

谷类，如小麦、大米、小米等，这类食物含有糖和蛋白质等营养素，是人体热能和蛋白质的主要来源，多种谷类混合比单吃一种谷类要更有营养。

细粮的营养价值和消化吸收率优于粗粮，粗粮的某些营养成分又比细粮要多一些，而将粗粮与细粮搭配食用，能做到营养互补，还有助于提高食物的营养价值。

2. 保证鱼、肉、蛋、奶、豆类、薯类和蔬菜、水果的摄入

大学生对优质蛋白质十分需要，膳食中应有足够的动物性食物和大豆类食物。维生素 A、维生素 D、维生素 C、B 族维生素，钙、磷、锌、铁等矿物质对大学生的体力及脑力发育具有重要的作用。薯类含有丰富的淀粉、膳食纤维以及多种维生素和矿物质。蔬菜水果能量低，是维生素、矿物质、膳食纤维和植物化学物质的重要来源。富含蔬菜、水果和薯类的膳食对保持身体健康，保持肠道正常功能，提高免疫力，降低患肥胖、糖尿病、高血压等慢性疾病风险具有重要作用。

3. 避免暴饮暴食、偏食挑食及盲目节食

对于许多当代大学生来说，由于社会风气和习俗影响而过多注重自己的体型，盲目减肥甚至节食，可能会严重影响摄食行为。合理膳食应注意平衡热量。若摄取的热量超过人体的需要，就会造成体内脂肪堆积，人会变得肥胖，易患高血压、心脏病、糖尿病、脂肪肝等疾病；如果摄取的热量不足，又会出现营养不良，同样可诱发多种疾病，如贫血、结核、癌症等。

此外，吃零食的量也不宜过多，不要影响正餐。

4. 养成吃早餐的良好习惯

人经过一夜的睡眠，前一天晚上进食的营养已基本消耗完，早上只有及时地补充，才能满足上午工作、劳动、学习的精力需要。若长期不吃早餐，不但影响身体健康，还易患胆结石。营养充足的早餐不仅保证大学生身体的正常发育，对其学习效率的提高也起不容忽视的作用。

5. 适量参加体力活动，加强体育锻炼

适量运动和合理营养结合可促进大学生生长发育、改善心肺功能、提高人的耐久力、减少身体脂肪和改进心理状态等。这种经济、实用、有效、非药物又无副作用的措施，对于提高我国大学生生活质量和健康水平起着重要的作用。

6. 注意学习紧张期间的营养和饮食安排

人体处于紧张状态下，一些营养素如蛋白质、维生素 A 和维生素 C 的消

耗会增加。要注意这些营养素的补充，像鱼、瘦肉、肝、牛奶、豆制品等食物中就含有丰富的蛋白质和维生素，新鲜的蔬菜和水果中则含有丰富的维生素和矿物质。

（二）安全饮食

安全饮食是指日常生活中要注意饮食安全卫生。饮食安全卫生与大学生的健康息息相关，如不注意则容易传染疾病，危害健康。

养成良好的饮食和卫生习惯，是大学生保证身体健康、促进生长发育的重要因素。安全饮食应注意以下要点。

1. 养成吃东西之前洗手的习惯

人的双手每天接触各种各样的东西，会沾染病菌、病毒和寄生虫卵。吃东西以前认真洗净双手，才能减少"病从口入"的可能。

2. 生吃瓜果要洗净

瓜果蔬菜在生长过程中不仅会沾染病菌、病毒、寄生虫卵，还有残留的农药、杀虫剂等，如果不清洗干净，不仅可能染上疾病，还可能造成农药中毒。

3. 不随便吃野菜、野果

野菜、野果的种类很多，其中有的含有对人体有害的毒素，缺乏经验的人很难辨别清楚，只有不随便吃野菜、野果，才能避免中毒，确保安全。

4. 不吃腐烂变质的食物

食物腐烂变质，就会味道变酸、变苦，散发出异味，这是细菌大量繁殖引起的，吃了这些食物会造成食物中毒。

5. 不随意购买、食用街头小摊贩出售的劣质食品、饮料

这些劣质食品、饮料往往卫生质量不合格，食用、饮用会危害健康。

6. 注意保质期

在商店购买食品、饮料，要特别注意是否标明生产日期和保质期，不购买过期食品饮料。不食、饮过期食品饮料。

7. 不喝生水

水是否干净，仅凭肉眼很难分清，清澈透明的水中也可能含有病菌、病毒，喝开水最安全。

第二节　运动安全

案例追击

　　正在上体育课的大一新生小雨跑步时突然蹲到地上，脸色发白，同学发现小雨的异常情况后，立即与老师一起送其到医院就诊。医生诊断后得知，小雨患有"胸腺增生肥大症"。虽经急救，小雨还是在20分钟后死亡。

　　体育运动是一种复杂的社会文化现象，以身体活动为基本手段，增强体质、增进健康及培养人的各种心理品质为目的。体育的本质特点，是以身体练习为手段，发展身体，增强体质，促进人的全面发展，为社会发展服务。同时，体育运动也可以培养人的运动能力与运动习惯，对当代大学生意义重大。

　　在参加体育运动时，大学生要遵循体育运动规律，增强安全意识，不可因疏忽大意而发生运动安全事故。

一、体育锻炼

　　体育锻炼是指人们根据身体需要，运用各种体育手段，以发展身体、增进健康、增强体质、调节精神、丰富文化生活和支配闲暇时间为目的的体育活动。它是群众性体育活动的主要形式。对促进人体生长发育，培养健美体态，提高机体工作能力，消除疲劳，调节情感，防治疾病，益寿延年乃至提高和改善整个民族体质，都有重要作用。大学生多参加体育活动可以强身健体，学习体育技能，减脂塑形，排遣压力，促进全面发展。

　　体育锻炼具有一定的风险，易导致安全事故的发生，因此大学生在进行体育锻炼时应注意体育锻炼的基本原则和注意事项。

（一）体育锻炼的基本原则

1. 持之以恒

体育锻炼对机体的刺激会产生一定的作用痕迹，连续不断的刺激作用会产生痕迹的积累。这种积累使机体结构和机能产生新的适应，体质就会不断增强，动作技能形成的条件反射也会不断得到强化。因此，体育锻炼贵在坚持，持之以恒是最难做到但却是最有效的体育锻炼原则。

2. 培养兴趣

培养大学生对体育活动的兴趣，是体育锻炼能否坚持下来的前提。培养兴趣的方法很多，如观看体育比赛、关注体育明星的竞赛动向、把体育锻炼作为课余活动的主要项目、积极参加学校和班级组织的各种体育活动等，这些都对激发锻炼者的兴趣有积极作用。

3. 循序渐进

在体育锻炼过程中，运动负荷的大小直接影响人体机能的变化，负荷是否适宜，会在很大程度上决定锻炼效果的好坏。运动负荷的大小因人、因时而异。即便是同一个人，在不同的机能状态、不同的时间，人体对负荷的承受能力也不尽相同。因此，进行体育锻炼时应循序渐进，随时调整运动负荷，逐步提高锻炼水平。

4. 全面锻炼

人是一个整体，各个器官系统相互影响和协调，各种运动素质也相互影响和制约。不能片面追求运动成绩，偏重单项训练，尤其是大学生要特别强调全面锻炼，避免身体向单一方面发展。只有在全面锻炼的基础上，才能使身体正常发育，并保证专项运动成绩不断提高。

以上各项原则是相互联系、相互促进的，在实际运用中，不可顾此失彼。

（二）体育锻炼的注意事项

1. 运动前要做准备活动

运动前进行必要的准备活动，有利于内脏器官和运动系统逐渐适应剧烈运动的需要，消除肌肉、关节的僵硬状态，防止受伤。

2. 运动后要有整理活动

运动后，肌肉和内脏器官由紧张恢复到安静状态也需要一定的时间。因此，在停止运动前，要逐渐减少运动量，如做深呼吸、慢跑、行走等整理活动，再慢慢静止下来。如果停止活动后立即坐下、躺下，可导致下肢静脉淤血而使大脑和其他部位缺血、缺氧，发生头晕、呼吸急促以及恶心、呕吐等不良反应，甚至发生"重力性休克"。

3. 运动与休息要适当交替

训练频度过大，会使机体超负荷运转，易造成训练过度和运动创伤；休息时间过长，又会使已被调动起来的身体应激状态下降，增大再运动时的惰性。因此，在锻炼过程中，要适当休息，以利于身体各部分功能的恢复，避免过度疲劳。

4. 运动时穿运动装

为了保证运动的效果和安全，避免发生意外，运动时应穿着舒适、合体的运动服和运动鞋，不能穿皮鞋或硬底鞋，以免扭伤脚；衣袋中不要装钥匙、笔等硬物，以免戳伤；运动后立即更换汗湿的衣服；在寒冷的季节，运动间隙时注意添衣保暖。

5. 选择适宜的运动场地和设备

要选择光线充足、均匀、无眩光，空气清新流通，场地面积符合项目要求的运动场地；锻炼设备的安置符合安全、卫生要求，间距适宜；运动区内及周围无杂物，泳池等场地应有安全标志。

6. 锻炼后要注意增加营养，适当补充水分

在体育锻炼中，因体内物质代谢增强，会消耗大量的能量；运动中出汗增加，会丢失大量的水分，因此，锻炼后要注意加强营养，补充水分。一般来讲，力量练习后补充蛋白质，耐力练习后补充淀粉，而水果和蔬菜在各种体育锻炼后都应及时补充，水的补充宜适量、多次。在炎热的夏天，运动中除丢失水分外，还丢失较多的盐类，因此除补充水分外，还应补充适量的盐。

7. 饭后不宜进行剧烈活动

体育锻炼一般至少应在饭后 90 分钟以后开始。因为进食后胃肠道充盈，横膈膜上移，在一定程度上影响呼吸，而且运动时血液会集中在运动器官，使胃肠道处于缺血和抑制状态，影响食物的消化和吸收。经常在饭后立即运动，会引起慢性胃肠疾病。运动结束后，应当休息 30 分钟以上再进食。

二、运动损伤

运动损伤指运动过程中发生的各种损伤。随着运动人口的增多，各形各色的运动伤害也随之层出不穷。运动伤害如果延误治疗、治疗不当或治疗不足，都可能引起严重的并发症或后遗症。大部分的运动损伤是可以预防的。

(一) 预防运动损伤

参加体育锻炼的目的，是为了增强体质，促进身心健康。因此，在体育锻炼中必须做好运动损伤的预防，以免发生各类伤害事故。一旦发生事故，轻者影响健康和学习，重者可造成残废，甚至危及生命，对个人、家庭和国家都将带来不应有的损失，因此，运动损伤的预防具有重要的意义。

运动损伤的预防，必须采取综合性措施，要强调思想因素，也要注意外界条件。针对原因，突出重点，才能做到切实有效。从以下几方面阐述一般的预防原则。

1. 端正认识，强化防护意识

认识上的偏颇和思想麻痹是造成运动损伤的第一位原因。我们首先要在认识上克服麻痹思想，贯彻"预防为主"的方针，强化防护意识，锻炼时要十分注意安全，树立起"宁失一分，勿伤一人"的良好体育作风，同学之间要团结友爱，互相帮助，互相保护。这是避免运动损伤的最重要一点。

2. 培养稳定的心理状态

体育锻炼中情绪不稳、心情不舒畅、畏难、恐惧、害羞而犹豫不决或过分紧张，或情绪急躁，急于求成，忽视了循序渐进和从实际出发的原则，带着这类不良心理状态进行锻炼，都可能发生一定程度的运动损伤。因此，要克服上述不良心理状态，以愉快、轻松、平和、积极的心理状态去从事体育锻炼。此外，在体育锻炼中要做到用心专一，不分心走神，不要边锻炼边想习题或念外文等，以避免运动损伤的发生。

3. 准备活动要做得准确而充分

准备活动的质量好坏，直接影响到运动损伤是否发生和发生的轻重程度。运动者要根据不同运动项目的特点、个人状况、气象条件等，做好有针对性的准备活动，且在做准备活动时，要确保动作质量，绝不马虎敷衍，对正式运动中负担较大的部位和易伤的部位，要特别做好准备活动，对已伤部位的准备活动要谨慎小心。

4. 提高身体素质，加强易伤部位的锻炼

力量、速度、耐力、灵敏和柔韧性等身体素质差，表现为肌肉力量和弹性差，反应迟钝，关节的柔韧性和稳定性不够，身体容易疲劳等，这些都可能成为运动损伤的原因。所以提高身体素质，加强易伤部位和相对薄弱部位的锻炼，提高它们的功能，是预防运动损伤的积极而有效的手段。

5. 掌握动作要领，遵守规则

技术动作上的缺点和错误，是学习新动作时发生运动损伤的重要原因。由于技术动作上的缺点和错误，往往违反了人体结构功能的特点和运动时的力学原理，所以容易发生运动损伤。我们在锻炼时，特别是在学习动作时，要认真揣摩动作的技术要领，注意观察老师示范，从易到难，从简到繁进行锻炼，掌握正确动作。

6. 加强保护与帮助

保护与帮助是预防运动损伤的重要手段，特别是体操和游泳，很容易发生技术动作上的失误，甚至失手跌下，或抽筋、溺水。所以在进行器械练习或游泳时，尤其是开始学习时，应该有懂得保护方法的人在场保护与帮助。此外，也应掌握一些自我保护方法。

7. 加强医务监督

睡眠或休息不好、患病带伤或伤病初愈阶段以及身体疲劳时，生理功能和运动能力下降的情况下，若参加剧烈的体育锻炼或比赛，都会因肌肉力量较弱，反应迟钝，身体协调性较差等，容易发生运动损伤。因此，要做好自我监督，身体若有不良反应，要认真分析原因，严格掌握运动负荷，更不宜锻炼高难度动作；锻炼项目和难度、运动负荷都要适合自己的体育基础和健康状况，不要急于求成和局部负担过大，不要违背全面发展、循序渐进和从实际出发的原则。

每年要定期进行体格检查，以观察了解体育锻炼的效果，对患有各种慢性病的学生，更应加强医学观察或不定期的体格检查，禁止伤病患者参加剧烈的体育锻炼或比赛。

8. 检查运动场地和器材，穿着合适的服装

在进行体育锻炼前，要注意运动场地、器材的安全检查，清除砖头、小石块和玻璃碎片，不要在固定不牢固的器械上锻炼；身上不要佩戴金属徽章、别针或携带小刀、钥匙、铅笔等尖利的物件；衣服、鞋、袜要得当，运动服装质地要柔软，通气性能和吸水性能要良好，鞋子大小要适宜，有一定弹性和良好的通气性能，尽可能穿运动鞋，不要穿皮鞋或塑料鞋进行体育锻炼。每次锻炼后，汗湿的衣袜要及时换掉，并把身体擦干，防止受凉感冒。

（二）常见运动损伤的处理

在进行体育锻炼时，要严格遵守科学的锻炼原则与方法，否则容易发生运动损伤。万一发生了运动损伤，应该立即采取必要措施，促进恢复，避免伤情加重。

1. 肌肉拉伤

由于肌肉主动地猛烈收缩，其收缩力超过了肌肉本身所承担的能力；或肌肉受力被牵拉时，超过了肌肉本身的伸展程度，均可以引起肌肉拉伤。症状多为伤处疼痛，局部肿胀、压痛，肌肉紧张或痉挛，摸之发硬。

急性损伤后，应停止体育锻炼，切不可搓揉，并立即冷敷，局部加压包扎并抬高伤肢。冷敷后立刻在伤部垫上适当厚度的棉花，用绷带稍加压力进行包扎，但不能包得太紧，以免影响血液循环。24 小时后拆除包扎，根据伤情作进一步处理，如外敷舒筋活血药、热敷、理疗等治疗。肌肉纤维完全撕裂者，应送到医院缝合固定治疗。

2. 关节扭伤

关节扭伤多发生在四肢关节处，不同的运动项目，发生关节扭伤的部位也是不同的。关节扭伤是由于外力使关节的活动超过正常限度，把附着在周围的韧带、肌腱、肌肉撕裂而造成的。

轻度扭伤是关节周围的韧带或韧腱撕裂一小部分，伤处有轻微疼痛感觉；重度扭伤是关节周围的韧带和血管断裂，伤处有剧烈疼痛，关节不能活动，在受伤后几小时，伤部肿大并变为青紫色，这是由于血管破裂而使血液流进组织间隙的缘故。

处理方法原则上同肌肉拉伤。疑有韧带撕裂或并发生骨折损伤者，在加

压包扎后需及时送到医院进一步检查和治疗。

3. 骨折

骨的完整性遭到破坏的损伤叫做骨折。骨折可以分为闭合性骨折和开放性骨折两种。前者皮肤完整，骨折断端不与外界相通；后者皮肤破裂，骨折断端与外界相通。体育锻炼中的骨折多数为闭合性骨折，它是严重损伤之一。

骨折时，用夹板、绷带把折断的部位固定，包扎起来，使伤部不能活动，称为临时固定。这是骨折的急救方法，其目的是为了减轻疼痛，避免再增加损伤和便于转送。如有休克，应先处理休克，后处理骨折；如有伤口出血，应先止血，包扎伤口，再固定骨折。

三、安全运动注意事项

体育运动作为大学生日常生活和学校教育的重要组成部分，由于自身的特点（运动、器械）或其他各种因素，存在着风险，隐含着伤害，运动伤害事故（尤其是运动性损伤）偶有发生，成为大学生生活中的不安全因素，给学生心理、生理带来了巨大的伤害。因此，将"安全第一""健康第一"的指导思想放在的首位，让体育运动安全防范意识渗透进每一名大学生的思想，学会自我保护，注意安全防范，防止受到运动伤害是十分必要的。

（一）体育运动伤害发生的因素

1. 认识不足

对运动伤害预防的重要性认识不足，未能积极有效地采取预防措施，或措施不当，及易导致运动伤害的发生。

2. 准备活动不足

不做准备活动就进行激烈的体育运动，及易造成肌肉损伤、肌腱扭伤、韧带拉伤等运动伤害；准备活动敷衍了事，在运动系统和神经系统的功能尚未达到适宜水平，就进行运动，易对器官功能造成伤害；准备活动内容不得当或准备活动过量，致使准备活动无效或身体功能有所下降。

3. 心理状态不良

在体育运动中由于急躁、恐惧、害羞、缺乏经验或不自量力，也容易导致伤害事故。

4. 气候不宜

过高的气温和潮湿的天气，导致大量出汗失水，在冰雪寒冷的冬季易发生冻伤或其他伤害事故。

5. 体质和素质不佳

身体素质低、体质弱，体育基础差，一时不能适应体育运动的需要，容易发生伤害事故。

6. 行为不规范

违反体育运动规律、纪律、规定和要求，也是造成身体伤害事故的原因。

（二）体育运动应该注意的安全事项

1. 运动前准备好

检查自己的身体情况、检查场地和器材、做好运动准备。参加体育活动，首先要了解自己的身体状况，要学会自我监督，随时注意身体功能状况变化，若有不良症状要及时向教师反映情况，采取必要的保健措施。

要认真检查运动场地和运动器材，消除安全隐患，要注意场地中的不安全因素。

要穿运动服装、运动鞋，不要佩戴各种金属或玻璃的装饰物，不要携带尖利物品等。做好热身准备活动。

2. 运动时讲科学

掌握动作要领、正确使用器材、运动负荷要适当。在体育运动中，了解和掌握动作要领及方法，不仅能够在运动过程中发挥好技术动作，达到体育锻炼的目的，而且还能消除心理上的恐惧，增强自信心，避免不必要的伤害。

要熟悉掌握器材的性能、功能及使用方法。严格遵守相关操作规程，在一些体育器械（如铅球、实心球等）的使用中，要注意选择适当场地，确保自身安全，同时还要注意不要伤及他人安全。

参加体育活动要根据身体素质条件，选择最有利于增强体质的运动负荷。可循序渐进，由易到难，从小到大。负荷过小，对身体作用不大；负荷过大，会损害身体；只有适宜的运动负荷，才能有效地增强体质，提高健康水平。

3. 运动后要恢复

认真做恢复整理活动、自我检查运动反应、适当补充能量。做恢复整理活动的目的就是使人体更好地从紧张运动状态过渡到安静状态，使心脏逐渐恢复平静，放松身心。如果突然停止运动，就会造成暂时性的贫血，产生心慌、晕倒等一系列不良现象，对身心健康造成损害。

如果感到十分疲劳，四肢酸沉，出现心慌、头晕，说明运动负荷过大，需要好好调整与休息。运动后经过合理的休息感到全身舒服，精神愉快，体力充沛，食欲增加，睡眠良好，说明运动负荷安排比较合理。

参加体育运动要消耗大量的能量，所以在运动后（运动前也应适当补充能量）要科学饮食，保证身体的需要，确保取得最佳的锻炼效果。

科学而安全地进行体育运动，可以增强体质，愉悦身心。相反，体育运动如果做不到科学、合理、安全，就不能达到运动目的，运动不当还会对人体造成伤害。因此，我们懂得一些体育运动安全常识，掌握一定的安全防范知识，养成良好的安全运动习惯，就会达到健康身心的目的。

第三节 常见疾病及处理方法

在我国的高校中，每年因学生发生各种疾病而引发请假、休学的情况逐渐增多。大学生年龄一般分布于 17～23 岁，此阶段正处于青少年过渡至成人的后期，同时也是大学生生长发育逐渐趋向稳定的阶段，各项生理功能及心理适应能力不断成熟。虽然大学生此时的抵抗力较强，但仍容易患一些常见疾病，需要加强对相关疾病的认识，促进其健康成长。

一、呼吸系统疾病

呼吸系统疾病是一种常见病、多发病，主要病变在气管、支气管、肺部及胸腔，病变轻者多咳嗽、胸痛、呼吸受影响，重者呼吸困难、缺氧，甚至呼吸衰竭而致死。在城市的死亡率占第 3 位，而在农村则占首位。

(一)上呼吸道感染

上呼吸道感染是指鼻腔、咽或喉部黏膜出现炎症，是呼吸道最常见的一种疾病，可由病毒、细菌、支原体、衣原体感染引起，以病毒感染多见，其次是细菌感染。

1. 感冒

感冒指普通感冒，又称伤风。感冒是一种常见的急性上呼吸道病毒性感染性疾病，表现为鼻塞、喷嚏、流涕、发热、咳嗽、头痛等，冬春季节多发，但不会出现大流行。

感冒时应多饮水，饮食要容易消化，注意休息，注意通风等。缓解症状可使用药物治疗。

(1)预防感冒。首先要做到室内的空气流通，保持空气的清洁。教室属于人员较多的场所，每天都要保持开窗通风。

(2)注意保暖。天气寒冷或降温时，一旦保暖工作不到位，就会导致寒冷侵袭，直接引发感冒，导致发热、咳嗽。这时，要在第一时间吃感冒药，最好再蒙头盖被子睡一觉，多发汗，可缓解症状。

（3）注意卫生。感冒时为防止传染，可戴上口罩，等完全恢复之后，再去掉口罩。同时，为了避免感冒，不能喝生水，以防细菌感染。

2. 咽炎

咽部是人体气息出入的通道，空气首先进入鼻腔，继而通过咽部而吸入肺部，肺部呼出气体经过咽部由鼻腔排出；同时，它又是饮食入胃的门户，食物从口腔经过咽部、食道到达胃肠。正常情况下，每个人的咽部都有多种细菌、病毒、尘埃等存在，当身体健康状况好、抵抗力强时，这些细菌、病毒不会导致发病；一旦体质下降，抵抗力减弱，或有害物质过于强大，就会造成咽部黏膜、黏膜下层和淋巴组织的损害，发生炎性病变。

咽炎发病时，应立即就医诊治。在治疗的同时要注意休息，不要讲话太多，不要吃辛辣物刺激咽部，保持大便通畅，多喝水。饮食上，多吃清、润的食物，喝汤也有好处，煲汤材料可用沙参、麦冬、罗汉果、花旗参、淮山，也可以用蜂蜜泡水喝，用花旗参泡茶喝。

预防咽炎要做到以下几点。

（1）经常开窗通风，保持空气流通，是防治慢性咽炎的有效措施。宿舍内空气干燥及过冷、过热、过湿都可影响咽部黏膜的防御机能，造成咽部感觉异常。早晨、饭后及睡觉前漱口、刷牙，可以保持口腔清洁，对防治咽炎也有一定作用。

（2）平时以清淡易消化饮食为宜，再辅助一些清爽去火、柔嫩多汁的食品摄入。可吃橘子、广柑、菠萝、甘蔗、橄榄、鸭梨、苹果等水果，或多喝水及清凉饮料，但饮料不能太浓。远离烟、酒、姜、椒、芥、蒜及一切辛辣之物。

（3）平时要多喝水，让喉咙一直保持湿润，避免缺水。还应该远离粉尘、有害气体等。

3. 扁桃体炎

扁桃体炎为腭扁桃体的非特异性炎症，是咽部扁桃体发生急性或慢性炎症的一种病症，常见于青少年。本病多发于春秋季节，为耳鼻咽喉科的常见病。青少年由于身体抵抗力低，加上受凉感冒，就会使扁桃体抵抗细菌的能力减弱，从而导致口腔、咽部、鼻腔以及外界的细菌侵入扁桃体、发生炎症。

对扁桃体炎可应用抗菌素及磺胺类药物，还应注意休息、通大便、多饮水、吃流食，并使用适量退热止痛药、漱口药水等。

预防扁桃体炎，要做到以下几点。

（1）体弱多病的大学生应加强锻炼，增强身体的抵抗力。

（2）对于本身就有慢性扁桃体肥大的大学生，除了加强锻炼外还要额外加强保护措施。早晚用淡盐水漱口，能感到微咸为宜。也可以使用专门针对慢性扁桃体炎的漱口液，对预防慢性扁桃体炎的反复发作有一定效果。

（3）保持口腔卫生，养成良好的生活习惯。每天早晚刷牙、饭后清水漱口，避免食物残渣存在口腔中。按时就餐，多喝水，多吃青菜、水果，不可偏食肉类，尤其不可过多食用油炸类食品如炸鸡、炸鱼，因为这些食物属于热性食物，吃多了容易上火，从而发生扁桃体炎。

（二）哮喘病

哮喘病，简称哮喘，俗称"吼病"，古称"哮症"，是一种慢性气道炎症，可引起反复发作的喘息、气促、胸闷和咳嗽等症状，多在夜间和（或）清晨发作、加剧。

哮喘病目前尚无特效的治疗办法，但坚持长期规范化治疗可使哮喘症状得到良好控制，减少复发甚至不再发作。

引起哮喘发作的原因有很多，其中包括接触过敏源、呼吸道感染、气候变化、精神刺激、身体劳累、剧烈运动，等等，所以预防哮喘发作必须注意避免这些诱因。过敏源明确时，应避免与其接触；过敏源不明确时，应当避免接触与哮喘发作有关的一些致敏源，如花粉、尘螨、羽毛等。除此之外，学生的卧室和宿舍内还要保持清洁，注意通风，保持空气新鲜，室内不放花草，尽量避免使用毛毯等。哮喘病人不宜吃容易引起过敏或有刺激性的食物，如牛奶、蛋类、鱼、虾、辛辣食品等。生活中要适当注意休息，避免精神紧张和体力过亏，平时应坚持身体锻炼。

（三）气管炎、支气管炎

气管炎、支气管炎是由于感染或非感染因素引起的气管、支气管黏膜炎性变化，黏液分泌增多，以长期咳嗽、咯痰或伴有喘息为主要特征。本病早期症状较轻，多在冬季发作，春暖后缓解，且病程缓慢，故不为人们注意。

对细菌性急性支气管炎患者，可以使用相应的抗生素。在大多数情况下，急性支气管炎是由病毒引起的，几天后将自行痊愈，无需抗生素。如怀疑有细菌感染或防止细菌感染，抗生素也可以考虑使用。急性发作期的治疗原则是控制感染，祛痰平喘为主。

预防气管炎、支气管炎要注意以下几点。

第一，已患气管、支气管扩张的学生，应避免受冷，减少接触污杂空气，注意引流排痰，保持呼吸道通畅，以减少继发感染，防止病情发展。

第二，大学生应适当锻炼身体，做呼吸操，打太极拳，可增强机体抗病能力，促进疾病稳定、好转。

第三，加强饮食营养卫生，忌食辛热食物，戒烟酒，多食用蔬菜、水果，补充维生素。

二、急慢性肠胃炎

（一）胃炎

胃炎是多种不同病因引起的胃黏膜急性和慢性炎症，常伴有上皮损伤、黏膜炎症反应和上皮再生。胃炎是最常见的消化系统疾病之一。

1. 急性胃炎

急性胃炎也称为急性单纯性胃炎，是消化内科常见疾病，主要是由于胆汁反流、急性应激、滥用药物、缺血、感染等的影响引起胃黏膜发生急性炎症疾病。病发时肠胃有明显症状，会出现厌食、恶心呕吐等症状，影响学生的正常生活。

治疗时要注意卧床休息。急性胃炎发病迅急，患上之后必须注意卧床休息，休息期间注意停止吃对胃具有刺激饮食和药物，若是出现由于呕吐腹泻而失水过多的情况，此时学生在饮食上应该注意尽可能多饮水，目的是可以帮助身体补充丢失水分，以糖盐水为好。还需要重视药物治疗的工作，及时送医就诊，期间注意节制饮酒，需要避免暴饮暴食，不要使用损伤胃黏膜的药物。

还应注意饮食。大学生患有急性胃炎时会出现呕吐、腹泻、失水较多等情况，因此在日常饮食中应该注意大量饮水补液，目的是帮助学生身体缓解脱水症状，并可以加速体内毒素的排泄。日常饮食上应该注意吃流质的食物，目的是可以使胃部得到充分休息，像是米汤、杏仁茶等均是好的选择，还是可以吃新鲜的水果和蔬菜。

2. 慢性胃炎

慢性胃炎是胃炎疾病的一种慢性表现，主要是由于胃黏膜受到内外因素的影响，引起胃黏膜炎发生慢性炎症，是一种常见的消化内科疾病。发病时会出现食欲不振，胃酸、胃胀，餐后易饱胀，有便血和黑便，用餐后经常出现疼痛。并且慢性胃炎病程较长，给大学生的学习及生活都带来极大不便，需要通过调理才能够彻底的康复。

对慢性胃炎治疗应祛除各种可能致病的因素，如避免进食对胃黏膜有强刺激的饮食及药品，注意饮食卫生，防止暴饮暴食。

慢性胃炎的预防在饮食方面要注意：慢性胃炎的病发是由于胃黏膜受损引起的，所以在饮食的时候，要忌吃辛辣、酸冷等刺激性比较强的食物，多吃易消化的食物。在吃饭的时候要注意，可以先喝汤，滋润肠胃，便于吞食。进食时，不要过急，要细吞慢嚼，有利于食物的消化，减少胃部压力。可以多吃蔬菜水果等维生素丰富的食物。忌喝浓茶、咖啡等对胃损害较大的饮料。在生活中要戒烟戒酒，保持愉悦的心情，调整胃神经系统。适度锻炼身体，提高自身抵抗力。

（二）肠炎

肠炎是细菌、病毒、真菌和寄生虫等引起的小肠炎和结肠炎。临床表现主要有腹痛、腹泻、稀水便或黏液脓血便。部分病人可有发热及里急后重感觉，故亦称感染性腹泻。肠炎按病程长短不同，分为急性和慢性两类。

1. 急性肠炎

急性肠炎是消化系统疾病中最常见的疾病。多在夏秋季突然发病，并多有误食不洁食物的病史，有呈暴发性流行的特点，多表现为恶心、呕吐在先，继以腹泻，可伴有腹部绞痛、发热、全身酸痛等症状。病因明确及时诊治，一般可获痊愈。

治疗时应消除病因，重症卧床休息，暂禁食。渐给易消化、清淡食物，及时补充水和电解质。

预防急性肠炎，大学生平时要加强锻炼，增强体质。勿进食病死牲畜的肉和内脏。肉类、禽类、蛋类等要煮熟后方可食用。不吃腐败变质的食物，不喝生水，生吃瓜果要烫洗，要养成饭前便后洗手的良好习惯。

2. 慢性肠炎

慢性肠炎泛指肠道的慢性炎症性疾病，其病因可为细菌、霉菌、病毒等微生物感染，亦可为过敏、变态反应等原因所致。临床表现为长期慢性、或反复发作的腹痛、腹泻及消化不良等症，重者可有黏液便或水样便。

治疗时学生应注意休息，进食易消化的食物，禁食油煎和刺激性食物，适当给予对症药物。

肠炎多因不洁东西所引起，故预防最要紧的是食物之清洁及保存安全。大学生应尽量不要吃街上贩卖的生冷东西，在家中吃东西要煮沸以及用其他方法洗净消毒灭菌，食器亦要消毒干净。若已患慢性肠炎的大学生一般应进食柔软、易消化、富有营养和足够热量的食物。宜少量多餐，补充多种维生素。勿食生、冷、油腻及多纤维素的食物。

三、皮肤问题

皮肤作为人体的第一道生理防线和最大的器官，时刻参与着机体的功能活动。在医学上，皮肤病是有关皮肤的疾病，是严重影响人民健康的常见病、多发病之一，如麻风、疥疮、真菌病、皮肤细菌感染等。皮肤病是皮肤（包括毛发和指甲）受到内外因素的影响后，其形态、结构和功能均发生变化，产生病理过程，并相应地产生各种临床先后表现。皮肤病的发病率很高，多比较轻，一般不影响健康，但少数较重者会危及生命。

（一）痤疮

痤疮是毛囊皮脂腺单位的一种慢性炎症性皮肤病，常见于青少年，对青少年的心理和社交影响很大，但青春期后往往能自然减轻或痊愈。临床表现以好发于面部的粉刺、丘疹、脓疱、结节等多形性皮损为特点。根据青少年发病、皮损分布于颜面和胸背部、主要表现为白头、黑头粉刺、炎性丘疹、脓疱等多形性皮损等特点。

治疗痤疮可采用局部外用药物。如维生素 A 酸类等。坚持每日一到两次温水洗脸，清洁皮肤，忌用手挤压或搔抓皮损。忌用油脂类、粉类化妆品和含有糖皮质激素的软膏及霜剂。多吃蔬菜水果，多喝水，禁食辛辣刺激食物，禁止吸烟喝酒，少熬夜，多锻炼身体，提高自身抵抗力。

（二）皮炎

皮炎是一种皮肤炎症，代表皮肤对于化学制剂、蛋白、细菌与真菌等种种物质的变应性反应，可分为不同种类，其中共同之处是对某种过敏原出现过敏反应。皮炎病因十分复杂，可能与下列因素有关：内部因素如慢性感染（如慢性胆囊炎、扁桃体炎、肠寄生虫病等）、内分泌及代谢改变（如月经紊乱、妊娠等）、血液循环障碍（如小腿静脉曲张等）、神经精神因素、遗传因素等。外部因素可由食物（如鱼虾、牛羊肉等）、吸入物（如花粉、尘螨等）、生活环境（如冷、热、干燥等）、动物皮毛、各种理化物质（如化妆品、肥皂、合成纤维等）所诱发或加重。

治疗时首先注意避免病因或各种可疑致病因素，避免食用辛辣食物及饮酒，避免过度烫洗、搔抓等刺激，适当给予对症药物进行治疗。

预防皮炎要注意以下几点。

（1）要搞好个人卫生，经常洗澡，同时水温不宜过高。

（2）要勤换衣服及床单，凉席、被褥等贴身物品，要经常清洗暴晒。

（3）居室内要保持空气流通、环境整洁，避免潮湿。

（4）要合理饮食，保证充足的睡眠，适当做些运动以增强体质。

四、龋齿

龋齿是非常常见的口腔疾病，很多人习惯称为蛀牙，或者虫牙，是一种细菌性的疾病，发病人群大，发生于任何年龄段，容易引发牙龈肿痛、败血症等其他并发症。大学生要做好预防工作，定期做口腔检查，保持口腔清洁。

龋病治疗的目的在于终止病变过程，阻止其继续发展并恢复牙齿的固有形态和功能。除少数情况可用药物外，均需根据牙齿缺损的范围、体积采用充填术、嵌体或人造冠修复治疗，以恢复形态和功能。

大学生平时应早晚刷牙、养成饭后漱口的好习惯；少吃酸性刺激食物，临睡前不吃零食；少吃含糖分高的食物如糖、巧克力、饼干等；不可吃太多的过于坚硬的食物，以免牙齿磨损；常参加体育锻炼，每年定期检查口腔；平时的饮食应多摄入富含钙、无机盐等营养食物，尽可能食用高纤维粗糙食物。

五、意外病症

大学期间，因学生课余时间变多，课外活动增加，意外病症多发，因此预防意外病症发生十分重要。一旦学生遇到紧急情况，掌握相关急救措施可以减少或避免伤害发生。

（一）晕厥

晕厥是因各种原因导致一过性脑供血不足引起的意识障碍。大学生产生晕厥的原因主要有体质弱、低血糖、痛经及抽血等，且以女生最为常见。无论何种原因引起的晕厥，要立即将患者置于平卧位，取头低脚高位，松开腰带，保暖。目击者也可从下肢开始做向心性按摩，促使血液流向脑部；同时可按压晕厥学生合谷穴或人中穴，通过疼痛刺激使其清醒；晕厥学生清醒后不要急于起床，以避免引起再次晕厥；如考虑晕厥学生有器质性疾病，在进行现场处理如低血糖学生给予补充糖分、咳嗽晕厥的予以止咳等后，要及时到医院针对引起晕厥的病因进行治疗。如存在低血糖的学生可服用一些含糖饮料，并及时让其安静休息，从而可帮助其恢复。

（二）中暑

中暑是在暑热季节、高温和（或）高湿环境下，由于体温调节中枢功能障碍、汗腺功能衰竭和水电解质丢失过多而引起的以中枢神经和（或）心血管功能障碍为主要表现的急性疾病。每个大学生都会经历入学军训，军训时期多为高温天气，此时易中暑。当学生中暑时，应及时将学生安置在阴凉、通风处，并及时将其上衣扣解开，使其平躺。此外，还需使用冰块或凉水冷敷其头部或擦拭身体，及时补充水分，可服用十滴水或人丹等。症状严重者需及时送医就诊。

（三）食物中毒

食物中毒是指患者所进食物被细菌或细菌毒素污染，或食物含有毒素引起的急性中毒性疾病。病因不同有不同的临床表现。多人食用同一食物后出现恶心和腹痛及腹泻等症状，大多为食物中毒反应。此时需尽快洗胃和将患者胃肠道食物排出，避免吸收，需及早送医诊治。注意卧床休息，早期饮食应为易消化的流质或半流质饮食，病情好转后可恢复正常饮食。

第四节 应急救护方法

现代社会生活日益复杂，给公众身心健康造成危机状况的可能性越来越多。这时，掌握必要的应急救援知识就显得格外重要。在现实中，许多危害人身安全的突发事件之所以造成难以控制的严重后果，往往与那些在现场没有受到伤害、本可以参加救助的人们缺乏急救常识，束手无策甚至是帮了倒忙有关。实际上，有许多应急救援知识，是现代社会的人们所必备的，在平时应当学习掌握。刚刚走出家门的大学生，掌握必要的应急救护方法，不仅可以更好地保护自己和身边人，还对提高独立生活能力，促进健康成长具有重要意义。

一、了解应急救护

应急救护是对遭受意外伤害或突发疾病的伤患者，在紧急医疗救护人员未达现场或送至医院治疗前，给予立即救护的行为。及时的应急救护可以挽救生命，防止伤势或病情恶化，还可以增进医疗效果，使伤患者及早获得治疗。

应急救护若能得到及时、正确、有效的应用，在挽救伤员生命、防止病情恶化、减少伤员痛苦以及预防并发症等方面均有良好的作用。因此，应急救护是每一名急救人员必须熟练掌握的技术。掌握基本的应急救护技巧，对提高大学生的应急能力，保障大学生的生理健康具有重要意义。

（一）应急救护的原则

应急救护总的任务是采取及时有效的急救措施和技术，最大限度地减少伤病员的痛苦，降低致残率，减少死亡率，为医院抢救打好基础。

1. 先复后固的原则

指遇有心跳呼吸骤停又有骨折者，应首先用口对口呼吸和胸外按压等技术使心肺复苏，直到心跳呼吸恢复后，再进行固定骨折治疗。

2. 先止后包的原则

指遇到大出血又有创口者，首先立即用指压、止血带或药物等方法止血，接着再消毒创口进行包扎。

3. 先重后轻的原则

指遇到生命垂危的和伤势较轻的伤病员时，优先抢救危重者，后抢救较轻的伤病员。

4. 先救后送的原则

发现伤病员时，应先救后送。在送伤病员到医院途中，不要停顿抢救措施，继续观察病、伤变化，少颠簸，注意保暖，平安抵达最近医院。

5. 急救与呼救并重的原则

在遇到成批伤病员时，现场还有其他参与急救的人员的情况下，要紧张而镇定地分工合作，急救和呼救可同时进行，争取救援时间。

6. 搬运与医护的一致原则

在运送危重伤病员时，应与急救工作步骤一致，争取时间，在途中应继续进行抢救工作，减少伤病员不应有的痛苦和死亡，安全到达目的地。

（二）应急救护的注意事项

1. 尽快寻求医疗资源帮助。尽量不移动伤患者并评估伤患者。评估其意识状态、呼吸情况及呼吸道是否畅通、颈椎是否受伤、生命体征及是否出血。

2. 决定处理的优先顺序，迅速进行急救。选择正确放置伤患者的姿势；减轻伤患者焦虑心理；预防休克，正确处理休克伤患者；随时观察伤患者生命征象。

3. 遣散闲杂人等，保持环境安静。

（三）急救现场如何拨打紧急电话

为了不耽误救助伤患者的最佳时间，方便群众应对一些紧急情况，急救呼救系统设有一些特殊电话。我国急救电话为120，遇到突发疾病或状况，需要紧急送到医院，可以拨打120，医院的急救车会以最快的速度前来提供帮助。红十字会的急救电话为 999，使用方法和 120 相同。

紧急电话拨打要点：

（1）说明拨打者的电话号码与姓名。

（2）说明病人或伤患者的姓名、性别、年龄及联系电话。

（3）说明病人或伤患者所在地确切地点，要说明标准名称，不要使用俗称、简称，尽可能指出地点周边的显著标志。

（4）说明病人或伤患者目前最危急的情况，如昏迷、呼吸困难、大出血等。

（5）当遇到灾害事故、突发事件时，要说明病人的伤害程度、严重程度、伤患人数等。

（6）说明现场所采取的救护措施。

（7）切勿先行挂断电话，要征求急救中心同意后，或等待急救中心挂断电话后，再挂断电话。

二、应急救护基本技术

（一）心肺复苏

对呼吸、心跳停止的急症危重病人所做的抢救治疗叫作心肺复苏。心肺复苏的目的是开放气道、重建呼吸和循环。实施心肺复苏必须要在充分了解心肺复苏的知识并接受过此方面的训练后才可以进行。

心肺复苏的对象主要是意外事件中心跳和呼吸停止的病人，而非心肺功能衰竭或绝症终期病患。在溺水、车祸、雷击、触电、毒气、药物中毒、摔伤等事件中，只要患者或伤者一停止呼吸、心跳，就应在第一时间抢救（最好在 4 分钟以内开始）。心脏复苏并不是以病人的现场急救苏醒为唯一成败目标，主要目的在于使病人的脑细胞因有氧持续供应而不致坏死。

心肺复苏的急救步骤：

1. 检查意识

看到病人，先检查意识，可拍肩并查问怎么了。注意在判断病人意识过程中，拍摇肩部下手不要太重，以免造成病人有骨折而加重病情。掐人中穴的时间不要太长。判断病人意识的时间不能超过 5 秒钟，以免延误救助时间。确定病人没有意识，赶快寻求后续支持，可高喊救命、请别人帮忙打 120 电话、呼叫救护车等。

2. 检查呼吸

调整病人体位，使病人平躺于硬地上。畅通病人的呼吸道，一手掌下压病人前额，另一手拇指与食指成手枪形抬其下巴。看、听、感有无呼吸，看病人胸部有无起伏，以耳朵贴近病人口鼻，听有无呼吸声，以脸颊感觉有无出气。

3. 检查脉搏

用食指及中指找到病人颈部中央位置喉咙处，沿着一侧下滑 1.5～2 厘米处，微压来感觉病人是否有脉搏。若无脉搏，则需开展胸外按压。

4. 看、听、感有无呼吸

看病人胸部有无起伏，以耳朵贴近病人口鼻，听有无呼吸声，以脸颊感觉有无出气。

5. 检查病人脉搏

用食指及中指找到病人颈部中央位置喉咙处，沿着一侧下滑 1.5～2 厘米处，微压来感觉病人是否有脉搏。若无脉搏，则需开展胸外按压。

（二）人工呼吸

昏迷患者或心跳停止患者在排除气道异物，采用徒手方法使呼吸道畅通后，如无自主呼吸，应立即予以人工呼吸，以保证不间断地向患者供氧，防止重要器官因缺氧造成不可逆性损伤。

人工呼吸通常采取口对口的方法，用呼出的气体吹入伤病者的肺部，以保证维持其生命的最低氧气供应。实施人工呼吸时，应一只手按压在伤病者前额，使其头向后仰，另一只手的食指和中指置于其下颌处，上提下颌，保持其气道畅通。接着，用压住前额的那只手捏紧患者双侧鼻孔。然后，用口唇包紧伤病者的口唇，在保持气道畅通的操作下，平稳地向内吹气。要注意的是，吹气时千万不要漏气。如果吹气有效，其胸部会膨起，并随着气体的呼出而下降。吹气后，急救者口唇离开，并松开捏鼻子的手指，使气体呼出，同时侧转头呼吸新鲜空气，再进行第二次吹气。吹气的频次为每分钟 8～12 次，对成人患者的每次吹气时间不少于 1 秒钟，儿童患者为 1 秒到 1 秒半。

（三）止血

血液是维持生命的重要物质，成年人血容量约占体重的 8%，即 4 000～5 000

毫升，如出血量为总血量的20%（800～1 000毫升）时，会出现头晕、脉搏增快、血压下降、出冷汗、肤色苍白、少尿等症状，如出血量达总血量的40%（1 600～2 000毫升）时，就会有生命危险。出血伤患者的急救，只要稍拖延几分钟就会造成生命危险。因此，外伤出血是最需要急救的危重症之一，止血术是外伤急救技术之首。

外伤出血分为内出血和外出血。内出血主要到医院救治，外出血是现场急救重点，尤其是动脉出血。常见急救动脉止血方法如下。

1. 指压止血法

指压止血法是动脉出血最迅速的一种临时止血法，是用手指或手掌在伤部上端用力将动脉压于骨骼上，阻断血液通过，以便立即止住出血。但此方法仅限于身体较表浅的部位或易于压迫的动脉。

2. 加压包扎止血法

加压包扎止血法适用于各种伤口，是一种比较可靠的非手术止血法。伤口覆盖无菌敷料后，再用纱布、棉花、毛巾、衣服等折叠成相应大小的垫，置于无菌敷料上面，然后再用绷带、三角巾等紧紧包扎，以停止出血为度。这种方法适用于小动脉以及静脉或毛细血管的出血，但伤口内有碎骨片时，禁用此法，以免加重损伤。

3. 止血带止血法

止血带止血法，主要是用橡皮管或胶管止血带压迫血管而达到止血的目的。这种止血方法较为牢固、可靠，但只能用于四肢动脉大出血。止血带不宜直接结扎在皮肤上，应先用三角巾、毛巾等做成平整的衬垫缠绕在要结扎止血带的部位，然后再上止血带。结扎止血带要松紧适度，以停止出血或远端动脉搏动消失为度。结扎过紧，会损伤受压局部，结扎过松则达不到止血目的。

（四）包扎

包扎是外伤现场应急处理的重要措施之一。及时正确的包扎，可以达到压迫止血、减少感染、保护伤口、减少疼痛，以及固定敷料和夹板等目的；相反，错误的包扎可导致出血增加、加重感染、造成新的伤害、遗留后遗症等不良后果。包扎时动作要轻巧，以免增加疼痛；接触伤口面的敷料必须保持无菌；包扎要快且牢靠，松紧度适宜，打结避开伤口和不宜压迫的部位。紧急情况下的包扎，一般不具备医院包扎所用材料，因此要能够根据现场条件，就地取材。

包扎的基本方法及注意事项：

第一，在包扎之前，需要先止血。当有伤口时，必须覆盖无菌敷料再包扎，避免绷带直接与伤口接触。若没有无菌敷料则尽可能使用清洁、干净的物品覆盖伤口。

第二，避免在伤口或敷料附近说话或咳嗽，以免污染伤口或敷料。直接将敷料覆盖在伤口上或将绷带包扎在伤口上，不可由旁边滑动再盖住伤口。

第三，绷带的缠绕方式也有很多种，常用的有"螺旋反折包扎法"和"8字形包扎法"。

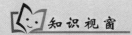 知识视窗

螺旋反折包扎法

螺旋反折包扎适用于四肢粗细不等的部位，方法如下：

先将绷带缠绕患者受伤肢体处两圈固定，然后由下而上包扎肢体，每缠绕一圈折返一次。折返时按住绷带上面正中央，用另一只手将绷带向下折返，再向后绕并拉紧。每绕一圈时，遮盖前一圈绷带的2/3，露出1/3。绷带折返处应尽量避开患者伤口。

（来源：百度经验）

8字形包扎法

8字形包扎法是一圈向上，再一圈向下，每圈在正面和前一周相交叉，并压盖前一圈的1/2。多用于肩、髂、膝、踝等处。

用上述方法时，手指、脚趾无创伤时应暴露在外，以观察血液循环情况，如疼痛、水肿、发紫等。

（来源：医学教育网）

第八章
心理健康安全

　　心理健康，是现代人健康不可分割的重要方面。什么是人的心理健康呢？心理健康是指一种持续且积极发展的心理状态，在这种状态下，主体能作出良好的适应，并且充分发挥其身心潜能。个体能够适应发展着的环境，具有完善的个性特征，且其认知、情绪反应、意志行为处于积极状态，并能保持正常的调控能力。在生活实践中，能够正确认识自我，自觉控制自己，正确对待外界影响，从而使心理保持平衡协调，就已具备了心理健康的基本特征。人的生理健康是有标准的，一个人的心理健康也是有标准的。不过人的心理健康标准不及人的生理健康标准具体与客观。了解与掌握心理健康的定义对于增强与维护人体的健康有巨大意义。

　　大学生群体，一个看似轻松，事实上却承担巨大压力的群体，在学业、生活、情感、就业多重大山的压迫下，大学生心理健康已经渐渐成为社会关注的焦点。因心理问题休学、退学的大学生不断增多，自杀、凶杀等一些反常或恶性事件不时见诸报端。在频繁出现的大学生心理健康安全问题下，大学生应当重视心理健康，增强自我教育、自我管理、自我服务、自我约束的能力。

第一节　大学生心理健康及心理问题调适

🔒 **案例追击**

　　小林以全市第一名的成绩考入国内某重点高校。第一学期期末，本来对奖学金信心满满的她未能如愿，她的情绪从此一落千丈，变得无心学习，郁郁寡欢，也无法处理好与同学的人际关系，还整夜失眠。最后不得不去医院精神科检查，结果诊断她患上了抑郁症。

　　当代学生很多都生活在父母的溺爱、无忧无虑的环境之中，当他们升入大学时，很多同学都是第一次离开家长身边，没有了在家里"养尊处优"的生活，在面临陌生的环境、独立自主的生活，难免会遇到一系列的问题。纵观人的一生，会遇到众多矛盾，成长中的矛盾，正是推动我们进行新的学习、获得新的适应能力的力量。当代大学生作为新时代的骄子，只有拥有健康的心理才能拥有更好的价值观，同时也是学业有成、工作顺利、生活美满的基础。

　　如今的时代是一个信息飞速发展的时代，我们的社会正以更快的速度在前进，这种快速度让大学生体验到的不适应感、不确定感、不安全感和无力感也就越强烈，心理上的问题也越来越多。因此，大学生迫切需要掌握关于人类自身的心理健康知识，从而更好地了解自己、认识自己，客观公正地对待他人、理解他人，学会悦纳自己、欣赏他人。

一、大学生心理健康标准

　　提高大学生心理健康水平，必须有一个关于心理健康的基本标准，它是衡量大学生心理健康的重要尺度。在实践中，大学生心理健康应从以下几个方面把握。

（一）智力正常

这是大学生学习、生活与工作的基本心理条件，也是适应周围环境变化所必需的心理保证。衡量这一标准，关键在于是否正常地、充分地发挥了效能，即是否有强烈的求知欲，乐于学习，能够积极参与学习活动。

（二）情绪健康

情绪健康的主要标志是情绪稳定和心情愉快，即保持乐观开朗、充满热情、富有朝气、满怀自信、对生活充满希望。善于控制和调节自己的情绪，既能克制约束，又能适度宣泄，不过分压抑，情绪反应正常。

（三）意志健全

意志是推动人们采取各种行动，克服困难以达到预定目标的心理过程。意志健全者为实现预定目标在行动中能表现出较多的自觉性、果断性、顽强性、自制力，机智灵活地克服困难、坚忍不拔，持之以恒，不受外界诱惑。

（四）人格完整

人格指一个人所具有的稳定的心理特质的独特综合。人格完整指具有健全统一的人格，即心理和行为和谐统一的人格。包括：人格要素无明显的缺陷和偏差；具有正确的自我意识；人生观正确，并以此支配自己的心理与行为；人格相对稳定。如果一个爽朗、乐观、外向的大学生无缘无故的突然变得沉闷、悲观、内向，那就需要注意他的心理问题了。

（五）自我评价正确

自我评价是指一个人对自己的身心状况、能力和特点，以及自己所处的地位、与他人及社会关系的认识和评价。一个心理健康的人作出恰当的自我评价，他们能体验到自己存在的价值，对自己的能力、性格、优缺点能客观评价，同时，能接受自己，对自己抱有正确的态度，不骄傲也不自卑。

（六）人际关系和谐

良好而深厚的人际关系，是事业成功与生活幸福的前提。其表现为：乐于与人交往，既有广泛而深厚的人际关系，又有知心朋友；在交往中保持独立而完整的人格，有自知自明，不卑不亢；能客观评价别人和自己，善取人之长补己之短，宽以待人，乐于助人，积极的交往态度多于消极态度，交往动机端正。

（七）社会适应良好

社会适应指对社会环境中的一切刺激能作出恰当正常反应。心理健康的大学生能适应生活环境的变化，与现实保持良好的接触，不回避现实，主动面对各种挑战，妥善处理环境与自身的关系，创造条件使自己始终处于有利环境中。心理不健康的大学生则相反。

（八）心理行为符合大学生的年龄特征

在生命发展的不同阶段，都有相对应的心理行为表现，从而形成不同年龄阶段独特的心理行为模式。大学生是处于特定年龄阶段的特殊群体，应具有与年龄与角色相应的心理行为特征。

二、大学生常见的心理健康问题

 案例追击

大连一知名网站的论坛上出现了一个"出租自己"的帖子，引起了许多网友的注意。帖子称，"本人欲将自己出租，只要不违背法律的要求都在考虑范畴！陪聊，陪逛，陪吃……价格再议。"发帖人自称是一名22岁刚从新西兰回国的大学生，"出租自己"只因为"太无聊"。

（来源：天涯论坛）

从相关调查结果看，大学生常见的心理健康问题可概括如下。

（一）角色转换与适应障碍

大学新生都有一个角色转换与适应的过程，每年刚入学的大学生往往会出现各种各样的心理问题，心理学上将这一时期称为"大学新生心理失衡期"。导致新生心理失衡的原因首先是现实中的大学与他们心目中的大学不统一，由此产生心理落差；其次是新生对新的环境、新的人际关系、新的教学模式不适应，产生困惑而造成心理失调；另外，新生作为大学中普通的一员，与其以前在中学里作为佼佼者的感觉大不一样，这也是导致其心理问题的诱因之一。

（二）学习与生活的压力

大学生的学习压力相当一部分来自于所学专业非所热爱，这使他们长期处于冲突与痛苦之中，课程负担过重，学习方法有问题，精神长期过度紧张也会带来压力，另外还有参加各类证书考试及考研所带来的应试压力，等等。精神长期处于高度紧张的状态下，极可能导致大学生出现强迫、焦虑甚至是精神分裂等心理疾病。生活的压力主要在于学生不善于独立生活和为人处世，还有生活贫困所造成的心理压力。

（三）交际困难造成心理压力

现代大学生的交际困难主要表现为不会独立生活，不知道如何与人沟通，不懂交往的技巧与原则。有的同学有自闭倾向，不愿与人交往；有的同学为交际而交际，不惜牺牲原则随波逐流。

（四）情感困惑与危机

当前，大学生对情感方面的问题能否正确认识与处理，已直接影响到大学生的心理健康。影响因素主要有以下几点：首先是大学生的性困惑问题，男生因对遗精产生误解而紧张，对手淫认识有偏差而产生犯罪感；女生在月经前后精神紧张，在性意识与自我道德规范的冲突中产生心理矛盾。其次是大学生因恋爱所造成的情感危机，这是诱发大学生心理问题的重要因素，恋爱失败往往导致大学生心理变异，有的人因此而走向极端，甚至造成悲剧。

（五）对网络产生过于强烈的依赖性

不少大学生一方面因交际困难而在网络的虚拟世界里寻找心理满足，另一方面也被网络本身的精彩深深吸引。所以，有些大学生对网络的依赖性越来越强，有的甚至染上网瘾，每天花大量时间泡在网上，沉湎于虚拟世界，自我封闭，与现实生活产生隔阂，不愿与人面对面交往。这样久而久之，会影响大学生正常的认知、情感和心理定位，还可能导致人格分裂，不利于健康性格和人生观的塑造。其次，迷恋网络还会使人产生精神依赖性，在日常生活和学习中举止失常、神情恍惚、胡言乱语、行为怪异。

（六）就业压力

相对于有限的工作的岗位，现在的大学生数量庞大，而且研究生博士生数量也在持续增长，相比较而言，大学生也就没有那么大的优势。但现在大学生没有认识到现状，有些大学生，对工作的期望过高，找到一个工作后不满意就跳槽，从而导致某些单位对大学生产生了一种不信任感，所以现在一般的单位只选有工作经验的员工，这给更多的大学生增加了不少就业压力。

三、影响大学生心理健康的因素

从当前我国高校的普遍情况来看，多数大学生的心理是健康的，但也有相当一部分大学生的心理健康状况不容乐观。人的心理健康是一个极为复杂的动态过程，影响心理健康的因素是各种各样的，既有个体自身的心理素质，也有外界环境因素的影响。就当前大学生的具体现状而言，影响其心理健康的因素主要体现在以下两大方面。

（一）主观因素

1. 心理发展不够成熟，理想与现实脱节

目前我国大学生入学时一般在 18 岁左右，经过 4～5 年的大学学习，毕业时 22 岁左右，这一时期正是青春后期与成人初期阶段。在这一阶段，大学生无论在生理上还是在心理上都处于一个迅速发展变化的过程中，他们富有理想和幻想，对未来充满憧憬。但是在实现理想的过程中，他们对学习、工作、生活的条件和环境及人际关系常常提出过高的要求，忽略客观条件限制，期望一切都是现成的和顺利的，一旦在现实中遇到一些挫折，他们就大失所望。

2. 自我意识不健全，常出现认知偏差

一个人在自尊、自信基础上建立健康协调的自我统合，即具有良好的自我意识，是应对现实的心理基础。大学生的心理困扰大都与自我意识有关，例如不能客观地认识自我，对自我评价过高或过低，不能准确地自我定位，不能独立地整合各方面信息等。

3. 应对策略与应对能力欠缺

在现在的大学生中，很大一部分人对生活事件的应对策略与生活对他们的要求很不相称。当他们遇到某些事情难以处理时，虽然能够对自己的心理变化过程及内外原因进行一番分析，但是最后往往会出现"我知道……可是我该怎么办?"的局面。这种策略和能力方面的限制使他们不能有效地处理各种生活事件，不能积极地面对各种压力，不能很快地恢复自己的心理平衡，而是经常处于一种紧张的应激状态，长此以往，很容易导致心理障碍。

（二）客观因素

1. 应试教育与独生子女政策

我国现行的高考制度使得中学教育基本上围绕着高考这根指挥棒转，学校重视了高考科目知识的传授，而忽视了学生素质的培养和提高，加之独生子女的依赖性强和自理能力差，进入大学以后，学生无所适从，难以应付。

2. 社会竞争的压力

我国目前正处于改革开放时期，竞争日益加剧，特别是涉及大学生切身利益的各项改革措施的推行，使大学生面临的社会环境更加复杂、多样，这也给大学生造成了相当大的心理压力。

3. 社会上不良风气及各种有害思想的影响

社会上的各种信息通过种种媒介进入校园，良莠难辨。一些学生由于分辨是非能力低，在接受一些有益信息的同时，不可避免地也接受了一些消极信息。

4. 思想政治教育不得力，学校缺乏心理健康教育

学校的思想教育基本上停留在标语、口号式的宏观层次上，缺乏必要的细致和深入。从中小学一直到大学，学生都缺乏良好的心理教育，学校只注重学生知识和能力的培养，而没有教会学生怎样去适应社会，更好地做个社会人。

四、大学生心理问题调适

每个新入学的大学生都会存在一个适应的过程，特别是心理适应的过程。为了不断适应全新变化的大学环境，大学生应积极进行全方位的自我调整，做到不因生活环境不适应而产生失望感，不因以前的优势不复存在而产生失落感，不因对学校管理制度不适应而产生压抑感。

（一）确立新的适合自己的追求目标

许多大学生入学后，产生这样那样的心理问题，主要是缺乏新的诉求目标所致。许多大学生进入大学后，往往想轻松轻松，不进行目标规划，理想缺失，结果在大学里浑浑噩噩，产生迷茫感与失落感，最终导致心理问题和疾病。所以大学生进入大学适应新的环境后，应立即确立一个新的学习、奋斗目标。

从心理学角度来说，有一个明确的目标，会使心理指向集中于一处，这样无形中会转移注意力，削弱心理问题对心理的影响，并有了内在驱动力，可促使人变得积极向上，从而更有利于克服各种心理问题和疾病。

（二）生活规律，正确对待来自学习、生活与就业的压力

面对紧张的学习生活，大学生首先应建立起一个适合自己的有规律的生活体系，如为自己制定适合自己生物钟的作息时间表，按照时间表进行有规律的学习与生活。研究表明，有规律、有节奏的生活对保养身心、消除疾病是大有益处的。其次，应做到脑力劳动与体力劳动的有机结合。脑力与体力的交换使用，不但有助于消除精神疲劳，而且会调节心理压力，平衡失调的身心。

对于因学习紧张、生活贫困、就业困难所带来的心理压力，首先应勇敢面对，泰然处之。其次是加强自己的心理品质，提高抗干扰能力，为自己树立远大的目标，培养高尚的情操和人格修养。同时要保持心态的平衡，遇到问题，应不断进行心理调适，始终以乐观、坚强、自信的态度对待生活。从心理学角度来说，一个人以一种自信、坚强、乐观的精神面貌面对生活，有助于及时调整心态，走出心理困境。

（三）积极转移注意力

转移注意力，是有助于摆脱心理困境的。如抑郁时，可积极进行户外活动如打打球、散散步、找知心朋友谈谈心等；焦虑时，可找一部自己喜爱的休闲文学作品或影视看看，有条件的，可以定期进行外出旅游。因为从心理学角度来说，一个人一旦离开原来的生活环境，面对新事物，心理环境往往会逐步开朗，有利于减轻和消除心理问题，走出心理困境。

（四）学会自我宣泄

大学生应学会自我宣泄。对一些经常产生的不满、愤怒与痛苦应积极加以宣泄释放，如进行快跑、拳击等激烈的体育运动，或找知己加以倾诉等，以减轻心理压力，不断加强自身的心理品质，有意识地控制自己波动的情绪，以乐观、坚强的积极态度去面对所遇到的困境，使自身的心态保持平衡。

（五）上网有度，积极在现实中结交朋友

对网络的过分依赖，已成为诱发大学生心理问题的重要因素。所以大学生上网应有度，对自己上网的目的、时间应有个适当的计划。大学生可以充分利用网络的优势进行学习与交流，但网上交友聊天应有度。在上网时间上，最好每天不超过80分钟。对于一些大学生所产生的交际障碍，大学生应克服心理障碍和自闭倾向，积极在现实生活中寻找朋友，而不应沉迷于网上交友和网恋。

（六）正确对待情感问题

情感的困惑与恋爱的危机，始终是诱发青年大学生心理问题的一大因素。对于成熟过程中所遇到的一些生理与心理现象，大学生一方面应鼓足勇气，向家长、老师以及专业人员请教，另一方面应积极参加学校设立的青少年生理与心理健康课程，另外自己还可找几本相关的科普书籍学习研究，以及时消除因对一些生理与心理现象的困惑而导致的心理压力。是否学会正确对待失恋问题，直接关系到大学生自身的身心健康。面对失恋的打击，大学生应学会理智应对，如积极转移自己的注意力，从事其他事情诸如外出旅游、找知己倾诉等等以冲淡心理的压抑与痛苦。同时，失恋者应及时地树立起自信心，重新规划未来的生活。首先是尽量改变以前与恋人相处的环境与习惯，然后重新制定生活和工作的计划与规律。其次重新规划自身的人生目标是相当重要的，调整自己的爱情诉求，结合自身的条件，定位自己的爱情目标；对自己的事业目标也应进行评估，分析是否要进行调整，以切合自身实际，求得成功，满足自己的价值诉求，以此调整自己的灰色心态，走出失恋的心理阴影。

第二节 大学生人际交往障碍及调适

人是社会性动物，正如马克思所言："人的本质并不是单个人所固有的抽象物，在其现实性上，它是一切社会关系的总和。"进入大学之后，大学生们面临着新的环境、新的群体，重新整合各种关系，处理好与交往对象的关系便成为他们新的生活内容。良好的人际关系不仅是大学生心理健康水平、社会适应能力的重要指标，也是其今后事业发展与人生幸福的基石。

一、大学生人际交往障碍

（一）大学生常见的人际交往障碍

处于青年期的当代大学生，其特点是：思想活跃，精力充沛，兴趣广泛，人际交往的需要极为强烈。他们力图通过人际交往去认识世界，获得友谊，以满足自己物质和精神上的各种需要。但在交往过程中就会出现两种情况：交往顺利或不顺利，如果交往顺利，会心情舒畅、身心健康；如果交往受挫，便会使得心情郁闷，身心受损，导致各种不良后果，这些在大学生的生活中是极为常见的。大学生在各种心理障碍中，人际交往障碍表现最为常见，直接影响他们正常的学习和生活。大学生常见的人际交往障碍有以下几种。

1. 社交恐惧症

处于青春期的大学生，对于自己的形象极为在意，他们希望自己以满意的形象投入交往，特别是希望在异性的心目中留下一个好形象。因此，这种对交往的过高期望，使他们在交往中时常显得手足无措，前言不搭后语，重者还会出现一些症状，如心跳加快、呼吸短促、身体抖动等，这在心理学上被称为"社交恐惧症"。患有社交恐惧症的大学生常常陷入焦虑、痛苦、自卑之中，严重影响了他们的身心健康和日常交往。

2. 孤独感

孤独感在青年期有其心理上的独特性，随着心理的逐渐成熟，他们越来越发现自我与众不同的特点，产生了与他人交往、了解别人内心世界并被其他同龄人接受的需要。如果这种需要得不到满足，便容易感到空虚，产生孤独感，自我封闭、不愿交往。这类学生往往在学习生活中独来独往，缺乏交往的愿望和兴趣，有意远离集体，自我封闭，孤芳自赏。这类大学生或是出生、成长于优越的家庭环境，长期被父母娇生惯养，养尊处优；或是在成长过程中受到过很大挫折，心理压力大，如不加以正确引导，往往会产生很严重的心理障碍，进而影响学业和身心成长。

3. 自卑感

自卑是一个人由于生理、心理上的某些缺陷或记忆力、判断力、气质、性格、能力等方面欠佳而产生的轻视自己，认为自己在某个方面或几个方面不如他人的情感体验。自卑感是交往的一大障碍，自卑感容易使人孤立、离群，抑制人的自信心的正常发挥。有自卑感的人在交往中的表现就是缺乏自信。因为自卑的人会认为自己能力差，认为自己这也不行那也不行，形成一种消极的自我暗示，从而发生自我认识、自我评价上的偏差，导致自卑者感到不如别人而丧失信心。

4. 嫉妒感

嫉妒感是在交往活动中，因才能、名誉、成就或机遇等不如他人，而产生的羞愧、怨恨、愤怒等复杂的情感体验。每个大学生都有要求成功的欲望，有超过别人的冲动，这是嫉妒的根源。谁能在班上名列前茅，乃至系、院前列，谁就风光。于是，竞争由此拉开序幕，嫉妒也由此而生。对超过自己的同学不服气、不满意，对自己的境遇不甘心、不情愿，但又无能为力，于是便贬低别人，甚至打击别人，报复别人，以此来缩小相互之间的差别，满足自己的心理需求。

5. 猜疑心

猜疑心是在交往中由主观推测而产生的对他人不信任的复杂情感体验。有这种心理的人对别人总是有不信任的态度，认为人人都是自私的、虚伪的，他们总是以一种怀疑的眼光看人，对人存有戒心，总怀疑别人在议论自己，算计自己，自己又不肯讲真话，戴着假面具与人交往。这不仅影响了正常的人际交往，而且还影响了正常的学习和生活，严重者还会诱发心理疾病。

（二）大学生人际交往障碍的形成原因

大学生交往障碍的形成原因是多方面的，而且不同的人有各自不同的原因。从共性方面看，大学生交往障碍形成的原因，大致可以归纳为如下几点。

1. 认知误区

认知是人基于客观环境对自身及周围人的一种主观感受与评价。正确的认知会促进大学生的人际交往，而对自我、他人和人际交往过程等的不良认知，常常是影响大学生人际交往、造成交往障碍的关键原因。例如过高评价自己会引起自大，导致交往中盛气凌人，或不屑交往；过低评价自己会引起自卑，羞于与他人相处，导致交往中的恐惧感。自我评价又会直接影响对他人的评价。以自我为中心的人常常对他人评价偏低，而自卑感过重的人又会错误地过高评价他人，从而造成难以平等交往的局面。对交往本身的认识也会影响交往行为。如果认为交往只是为了满足自己的需要，从而忽视他人的需要，则会引起交往中断。

2. 情绪因素

交往过程中的情绪因素包括对交往的情绪反应、人与人之间的情感关系及心理距离的远近。大学生感情丰富，心境易变，有时对人对事过于敏感，容易凭一时的好恶改变对一个人的看法，使得人际交往缺乏稳定性，产生各种障碍。此外，交往过程中的情绪反应是否适度适当，也影响着交往的发展方向。情绪反应过分强烈会给人以轻浮不实之感；情绪反应过于冷漠则易被人视为麻木无情。

3. 个性缺陷

个性是影响大学生能否成功进行交往的重要因素，真诚热情是人际交往中最重要的品质之一。一般来说，大学生喜欢和那些个性品质好的人进行交往，不愿意同那些具有不良个性品质的人交往。许多大学生的人际交往障碍来源于其不良的个性品质，如：自我中心、固执、骄傲、不尊重人、缺乏责任感、虚伪、冷淡、自私、贪婪、嫉妒、猜疑、自卑等。性格内向的人往往也不能成功进行交往。因为性格内向的人通常不喜欢与人打交道，不善言谈，在公开场合或人多的地方总误以为别人不了解自己，觉得人际关系太复杂，把自己与周围的人隔离起来，不去表现自己，结果常常在孤独中顾影自怜。

4. 交往能力不足

要成功地进行人际交往，就要有较强的人际交往能力。人际交往能力欠缺，就难以与人交往，更不要说成功地与人交往了。有些大学生的人际交往失败是与其交往能力不足有很大关系的。这些同学在中学时只顾埋头读书，学习成绩拔尖，但很少注意与他人的交往、沟通。到了大学以后，面对多样化的大学生活，他们人际交往能力的不足就暴露出来了，并成为影响他们融入大学生群体的障碍。他们进大学之后，很快就意识到了人际交往的重要，内心也有很强烈的交往愿望，但由于以前没有学会怎样与人交往，所以在交往中常常出洋相，遭挫败，或干脆退缩逃避。

二、大学生如何正确处理人际关系

人际交往不仅是一门科学，更是一门艺术。想要在未来社会获得成功的大学生，人际交往能力里一门必不可少的技能、如何获得成功交往的技能，这不仅要求大学生要有全面的学识才能、积极培养健康的人格品质，更需要我们大学生能够把握关于人际交往的正确处理方法。

（一）塑造良好的个人形象，增进个人魅力

社会交往中，个体的知识水平与涵养直接影响着交往的效果，良好的个人形象应从点滴开始，从善如流，"勿以善小而不为，勿以恶小而为之"，优化个人的社交形象。

1. 提高心理素质

人与人之间的交往，是思想、能力、知识及心理的整体作用，哪一方面的欠缺都会影响人际关系的质量。有的学生在人际交往中存在着社交恐惧、胆怯、羞怯、自卑、冷漠、孤独、封闭、猜疑、自傲、嫉妒等不良心理，这些都不易建立良好的人际关系。因此，大学生应加强自我训练，提高自身的心理素质，以积极的态度进行交往。

2. 提高自身的人际魅力

应该说，每个个体都有其内在的人际魅力，人际魅力是一个人综合素质

的社交生活中的体现，这就要求在校的大学生丰富自己的内心世界，从仪表到谈吐，从形象到学识，多方位提高自己。心理学研究表明，人们在初次交往中，良好的社交形象会给对方留下深刻的印象，而随着交往的深入，学识更占主导地位。努力建立良好的第一印象，提高个人的外在素质，培养良好的人格特征，选择合适的交往时间、空间，合理处理意外冲突等方法，都可以提高自身的人际魅力。

（二）善用交际技巧

1. 换位思考

换位思考对建立良好的人际关系很重要。如我们经常思考，"如果我在他的位置上，我会怎样处理?"经常站在对方的角度去理解和处理问题，一切就会变得简单多了。一般而言，善于交往的人，往往善于发现他人的价值，懂得尊重他人，愿意信任他人，对人宽容，能容忍他人有不同的观点和行为，不斤斤计较他人的过失，在可能的范围内帮助他人而不是指责他人。应当懂得"你要别人怎样对待你，你就得怎样对待别人"，懂得"己所不欲，勿施于人"，懂得"得到朋友的最好办法是使自己成为别人的朋友"，懂得别人是别人而不是自己，因而不能强求，与朋友相处时应存大同，求小异。

2. 善用赞扬和批评

心理学家认为，赞扬能释放一个人身上的能量，调动人的积极性。赞扬能使羸弱的身体变得强壮，能给恐怖的内心以平静与依赖，能让受伤的神经得到休息和力量，能给身处逆境的人以务求成功的决心。真心真意，适时适度地表示你对别人的赞扬，能够增进彼此的吸引力。要善于落落大方地说"谢谢"。我们经常认为特别亲近的人不需要说谢，太小的事不需要说谢，我们在生活中不太愿意直接表达我们的感谢，而是愿意记在心中。事实上，真诚的、发自内心的感谢闪烁着人性的光辉。

与赞扬相对的是批评。一般情况下，应多做赞扬，少用批评，批评是负性刺激。通常只有当用意善良、符合事实、方法得当时，才有可能产生积极的效果，才能促进对方的进步。批评时应注意场合与环境，应对事不对人，不能对一个人产生全盘否定，这样会挫伤对方的积极性与自尊心，应就现在的一件事而不是将以前的事重新翻出来，措词与态度应是友好的、真诚的。

3. 主动交往

大学是人际关系走向社会化的一个重要转折期，每一位大学生都有着与他人广泛交往的强烈需要。渴望同学的接纳、尊重和理解，希望得到的爱护和信任，每一个大学生在校园人际关系网上就像一个活跃的化学分子，在寻找自己的同类。通过交往，结交朋友，心理上重新有所依靠，这时大学生的人际交往，成为校园生活的主题之一。在人际交往中，那些主动展开交往活动，主动去接纳别人的人，会更加自信。内向的人之所以不愿和别人交流，有一部分原因是畏惧，自卑心理。其实大可不必，我们应该迈出第一步，主动的去跟别人交流，试着迈出第一步以后，你会觉得其实跟别人交往也没有那么难。还有一个原因是，内向的人害怕被别人拒绝，担心别人不喜欢自己。其实这个担心是多余的，因为只有你敞开心扉去跟别人交流，对方也会对你真诚的关怀。不要害怕拒绝，每个人都不是十全十美的，我们也没必要做到让所有人都喜欢，要摆正心态。

4. 移情

人际关系的本质是人与人之间情感的联系与沟通，情感的沟通越充分，双方共同拥有的心理领域就越大，人际关系就越亲密。移情不是同情，而是交往双方内心情感的共通与同一。人是经验主义者，对别人的理解高度依赖于自己的直接经验，因此，自我经验的丰富，是理解与移情的必要前提。

5. 帮助别人

心理学家们发现，以帮助与相互帮助开端的人际关系，不仅良好的第一印象容易确立，而且人与人之间的心理距离可以迅速缩短，使良好的人际关系迅速建立起来。日常生活中的患难之交正说明这点。所谓"雪中送炭"的心理效应，锦上添花就很重要。

第三节　大学生恋爱安全及性心理健康

恋爱心理，是人们生理逐渐成熟的同时，在一定社会环境的影响下，结合自身心理发展的基础，表现出被异性吸引、好奇，并且愿意接近对方的一种恋爱行为，和同时产生的各种心理现象的总和。大学生对恋爱充满渴望与期待，但恋爱问题又是他们困惑的问题之一，它不仅影响学习、生活而且影响大学生人格的健康发展。因此，关注大学生的恋爱心理，培养大学生正确的恋爱行为，成为高校大学生心理健康教育工作的一项重要内容。

一、大学生恋爱心理及其调适

爱情是人类永恒的话题，也是大学校园内一道亮丽的风景线。正值青春期的大学生，生理趋于成熟，卸下了高中学业的重压，免除了老师家长的约束，由于情感的需要及周围环境的影响，大学生们渴望爱情，想谈恋爱已成为一种较普遍的心理。对于文化水平较高，情感体验较为丰富的大学生们来说，校园爱情是他们大学生活中重要的一课。大学生的爱情生活多姿多彩，大学生恋爱通常具有普遍性、低龄化、快速化、公开化的特点，并且大学生恋爱还伴随着从众心理、攀比心理、依赖心理，随意心理等心理特征。

对于爱情，每个人都希望在经历甜蜜的恋爱之后，有个幸福的结果。然而并不是所有的爱情都会有预期收获，能够走到天长地久，在恋爱中也会有挫折坎坷。大学生应该学会如何应对和调适恋爱中的挫折和坎坷，培养和提高自己爱的能力。

（一）树立正确的恋爱观

恋爱在很大程度上影响着一个人的思想、心理和行为。处于青春期的大学生要树立正确的恋爱观须从两方面着手：一是端正恋爱动机，营造健康的爱情。爱情是权利和义务的统一体，大学生恋爱时不应该以貌取人，应该更重视人的内在品质，懂得通过爱激励双方共同成长、共同进步；二是摆正爱情与学业的关系。大学生的主要任务是学习和自我发展，从而为进入社会打下坚实的基础，因此大学生应该把主要精力放在学习上。

（二）正确处理友情与爱情的关系

友情和爱情都是我们无比珍视的情感，是人与人之间重要的人际关系，但友情并不等于爱情，这就要求男女大学生在交往时不要把友情当作爱情，造成对双方的伤害。

（三）提高恋爱挫折的承受能力

大学生在恋爱中难免会遇到一些挫折，而这些挫折对大学生的打击往往很大，在面临恋爱挫折时，应正确合理地评价自己，冷静分析恋爱遭遇挫折的原因，合理宣泄不良情绪，重建自信，化挫折为动力。

（四）开展校园文化活动和社会实践活动

校园文化活动和社会实践活动对大学生的身心发展至关重要而又能起到潜移默化的作用，因此，大学生应积极主动地参加一些课外活动，这些活动不仅能培养大学生的兴趣爱好，又能使大学生开阔眼界，避免将注意力都集中在谈恋爱这一件事情上。

二、大学生恋爱的常见问题及心理调适

恋爱在给人带来幸福与快乐的同时，也会给人带来烦恼和痛苦。尤其是大学生，在经济尚未独立、人格逐步健全的状态下谈恋爱，如处理不当则极有可能给双方带来不好的影响，需要及时进行调整和疏导。

（一）失恋

 案例追击

前段时间，北京一高校的大三学生崔某在教学楼前被他人用利器砍死。事后，经调查发现，死者一同学具有重大嫌疑。据了解，此前两人都追求过同一个女生，曾为一些过节大打出手……

（来源：搜狐网）

爱情是自古以来无法回避掉的话题，每个人都期待得到幸福美好的爱情。然而随着恋爱的不断深入发展，双方关系中矛盾的不断出现，失恋成了人们常见的情感危机。这也是诱发社会心理问题的一大因素。尤其是大学生，在遭遇失恋时容易产生心理问题，严重时还会导致自杀，甚至谋杀。因此，有必要对大学生的失恋的心理及心理调适进行疏导。

1. 大学生失恋后的表现形式

大学生失恋后往往会表现出一些不良的心理和行为反应，它因失恋者的人生观、性格、恋爱时间长短以及恋爱关系深浅程度的不同而不同。主要可以概括为以下几种：

（1）悲伤抑郁心理。悲伤、抑郁是失恋大学生最明显和最常见的不良心理，主要表现为：心理焦虑、感情冷漠、内心痛苦、思想颓废等。失恋后，在情感上首先会出现极大的悲伤和痛苦，随之而来的是痛苦和绝望，其症状强度与失恋者对恋爱的感情投入成正比。很多心理调节能力差，本身就不开朗的人会变得越来越自闭，严重的还会导致抑郁，甚至自杀。

（2）自卑心理。有些人会因为失恋而觉得肯定是自己不够好所以才会被对方抛弃。因为当失恋者在恋爱时把对方当做一种信仰，甚至是生活的全部时，当对方突然的离去，会使失恋者失去方向，觉得做什么都不对。从而使失恋者自暴自弃、逃避现实，从此陷入自卑、迷茫、心灰意冷中，性格也会变得孤僻、古怪，甚至萌发轻生的念头。

（3）淡化心理。淡化心理是指恋爱者在失恋之后，因恋爱受到挫折而一蹶不振，对未来的爱情甚至婚姻都失去信心，甚至漠不关心。更有甚者，觉得"看破红尘"，会产生"出家"的念头。

（4）报复心理。报复心理也是常见的心理问题。通常是由于对方出轨，失恋者极强的占有欲受到挫伤引发的。这种人的心理失去了理智，容易产生过激行为，例如杀害第三者，杀害对方然后自杀，又或者暴力威胁、恐吓、揭发隐私等。这样的例子在日常的社会新闻中也屡见不鲜。

（5）宣泄心理。宣泄心理是指无端迁怒与失恋者毫不相干的人或物。失恋者由于某些条件的限制，往往不能直接对原来的对象进行反抗，表示敌意或发泄愤怒，因此常常迁怒他人或摔东西。

2. 大学生失恋后的心理调适

失恋是人生一个很重要的转折点，对于坚强的人来说可能是一次新生，而对于脆弱的人来说可能是一次毁灭性的打击。失恋后的不良心理会严重影响大学生的心理健康，甚至还会导致一系列的社会问题。这就要求大学生要从失恋中吸取教训，端正恋爱态度，通过一些合理有效的方法进行情感自救。面对失恋，可通过以下几种方法进行自我调适：

（1）树立正确的爱情观。恋爱时，山盟海誓很正常，但大学生要有这样的心理准备：承诺往往是为了应景。当时花好月圆，对方说这话的时候也要相信其是出于真心，所以即便分手，也不必太在意对方没有记得当初美好的誓言。恋爱不等于结婚。所以，没必要执着对方没有陪自己到最后。要独立起来，这样才能在分手到来时从容些，避免因为失去精神支柱而颓废消极。

（2）正确对待失恋。俗话说，没有经历过失恋的人就不算真正谈过恋爱。所以，失恋是无可避免的。那么，当有天失恋来临，我们就该以平常心对待。要知道，为一个已经不爱你的人伤心是很不值得的。你要做的就是总结，在挫折中吸取教训，让自己变得更好。

失恋后，不妨静下心来好好想想，在这段感情里，之所以会分手的问题出在哪里。是不是太盲目？是不是给对方压力了？有时候，太过于失去自我的感情，反而容易失去。

（3）建立正确的失恋心理疏导方式。首先，大学生要做到正确认知。爱情不是生活的全部，人生还有很多事情值得我们去追求。其次，大学生应及时疏导不良情绪。可以找个朋友倾诉或者一个人或者结伴去旅游。如果碍于自尊心不想被别人知道，那么不妨试试找个本子找支笔，写写画画。总之，千万不可压抑自己，一个人待着，只会越想越极端。最后，大学生要善于自我安慰。从心理机制上讲，心理暗示法是一种被主观意愿肯定的假设，不一定有根据，但由于主观上已肯定了它的存在，心理上便竭力趋向于这项内容。因此，不妨尝试暗示自己，你值得拥有更好的人来珍惜你。

（二）单相思

单相思是指异性关系中的一方倾心于另一方，却得不到对方回应的单方面的爱情。爱情错觉是单相思的另一种形式，是指在异性间的接触往来关系中，一方错误地认为对方对自己有意，或者把双方正常的交往和友谊误认为是爱情的来临。它常会使当事人想入非非，自作多情。单相思是恋爱心理的一种认知和情感的失误。单相思使某些学生陷入痛苦的境地，处于空虚、烦恼，甚至绝望之中。如果处理不好，对以后的恋爱婚姻生活都有消极的影响。

1. 形成单相思的原因

（1）爱幻想。这是造成单相思的主观因素。如果在现实生活中难以适应正常的恋爱生活，爱幻想者往往依据丰富的想象力，在幻想中得到他人爱的一切满足。

（2）信念误区。单相思者往往以为爱仅仅是投入，不要承诺，不要回报，不顾一切的精神恋爱才是世界上最伟大的恋爱。

（3）认知偏差。有的单相思者是由于自己的认知偏差造成的，不能正确地对待被拒绝的事实，仅仅是为了自己的自尊心（其实是虚荣心），就强迫自己追求到底。

2. 大学生单相思的心理调适

处于单相思的情况下，既不能勇敢地向对方表白，又无法停止对其爱恋，面对这种情况，同学们应当主动采用不同方法进行自我调适。

（1）客观冷静面对。恋爱是男女之间相互爱慕的行为表现，互爱是爱情产生和发展的必要前提。当我们无缘无故地爱上某个人时，请先冷静下来，仔细分析是否是因为我们将自己潜意识中的理想对象投射到了现实生活中某个具体的人身上。如果爱上的只是潜意识中的虚幻影像，并不是现实中的这个人，这时的感情就不是长久的。

（2）避免恋爱错觉。在日常生活中，我们需要细心准确地观察和分析对方的言行举止。例如，某异性乐于助人，经常在学习上帮助班级的同学，那么自己大可不必胡思乱想。或者对方只是偶尔一两次的帮忙，就没有必要自作多情。如果已经产生了恋爱错觉，那就必须客观地正视自己的问题，成功转移自己的感情。

（3）勇于自我表露。单恋困扰的另一个方面是当事人不敢表露自己的爱，如一个人过于内向，或者一贯做事都犹豫不决，在面对爱情时也是这样，顾虑重重。这时不妨直接或间接地向对方表白，勇敢地追求幸福，即使对方无意，也不再留有任何遗憾。如果对方真的是有意，那么爱情就会来临。爱情一定是两心相悦的，俗话说"强扭的瓜不甜"，理性客观的考虑是未来幸福的源泉。

三、大学生的性心理

青春后期的大学生，正处于性生理发育成熟而科学性观念还未完全建立起来的时期，性生理成熟与性心理尚未完全成熟之间的矛盾，性的生理需求与性的社会规范之间的冲突，以及由此产生的一些性伤害，特别是心理伤害，在当前已成为影响大学生健康成长的重要问题之一。

(一)大学生的性心理

所谓性心理，是指在个体性生理成熟的基础上所形成的与性特征、性欲、性行为有关的心理状况和心理过程，简而言之，就是与性生理、性行为有关的心理现象。它包括围绕性欲望、性冲动、性行为、性满足而产生的认知、情感、需要和经验等心理活动。

大学生是青年中的一个独特群体，从生理上说，他们已经发育完全，然而他们在心理上还未完全成熟。他们在性心理方面表现出性心理的朦胧性和神秘感，性意识的强烈性和表现上的文饰性，性心理的动荡性和压抑性，男女性心理的差异性等特点。

青春期的性心理由于不同的性别也有明显的差异。在对他人感情的流露上，男性表现得较为明显和热烈，女性表现得含蓄和深沉；在内心体验上，男性更多的是新奇、喜悦和神秘，女性则常常是惊慌、羞涩和不知所措；在表达方式上，男性一般较主动，女性往往采取暗示的方式。

(二)大学生的性困惑与调适

在当前的中国社会，随着文明程度的逐渐开放，大学生性行为变得更为常见，大学生性困惑也伴随而来。

1. 性冲动

性冲动是男女大学生生理、心理的正常反应。是在性诱因刺激下，性兴奋强度逐渐增加并企图诉诸行为的一种心理体验。研究表明，引起性冲动的原因有内部和外部两种。性学家发现，激素(荷尔蒙)是造成性冲动的内部因素。就外部因素而言，心理因素和社会因素起着较大的作用。

调适方法：

首先，是适度的压抑。适度的压抑是社会的需要，也是一个人性心理健康的反映。适度健康的压抑表现为：压抑并不费力气，个人应清楚知道压抑的是什么，压抑不妨碍心理活动效率，不妨碍人的社会功能。

其次，是升华。即用一种积极的、富有建设性的、能为社会所接受的方式来取代性欲，转移性欲。一些学者认为，强烈的性冲动可以转化为高水准的情绪活动和理智活动。弗洛伊德甚至认为性冲动的升华创造了文学、艺术和社会文明。

最后，是宣泄。即以某种性的方式获得性冲动的满足。对大学生来讲，性自慰和婚前性行为是较常用的方式。但大学生应懂得，性宣泄不只是一个生理行为，其方式应符合社会规范，有益于身心健康。

2. 性梦

性梦，是指人在睡梦中梦见与性对象发生性接触而出现性冲动或性高潮的现象。潘绥铭的研究表明，95%的男生和56.7%的女生做过性梦。

心理学家认为，对青年期的大学生而言，性梦是一种调整性冲动过高的自慰现象。他人带来的性吸引，有时会导致性冲动，但在清醒的意识状态下，理智和道德可以抑制这种冲动。然而在进入梦乡后，这种被压抑的性冲动就像弗洛伊德说的，按照"本我"的享乐原则行事，可以不受理智道德的约束了。弗洛伊德认为，梦是愿望的满足。在清醒状态下不敢想不敢做的性心理、性行为都可以在梦中现出，使大脑皮层出现非常活跃的兴奋灶。这种性梦的自然宣泄，类似一种安全阀的作用，可以缓和累积的张力，有利于性器功能的完善和成熟，是性生理、性心理发育正常的标志。

调适方法：

首先，重视科学性知识的学习，包括性生理和性心理的有关知识，掌握性生理和性心理的发展规律。只有正确的看待自己的性生理变化和性意识活动，才能有效的消除性无知所产生的不良情绪。

其次，睡前进行适当的体育锻炼，以利于上床后尽快入睡。

最后，尽量避免夜间过多涉及与性有关的话题和活动，有意识地培养自己保持性健康的克制力。

3. 性幻想

性幻想也称性想象，是一种介于意识和潜意识之间的、带有性色彩的精神自慰行为，是在没有异性参与的情况下，在大脑中进行的自我满足的性欲活动，故又称"意淫"。性幻想一般分为三种：第一种是不伴有性行为的性幻想，又称"白日梦"。第二种伴随性自慰的性幻想。第三种是伴随性生活的性幻想。

调适方法：

首先，树立文明的性观念。将性视为"下流"，把性看做是"万恶之首"的思想，是落后愚昧的。作为当代大学生，应抛弃这些陈旧的性观念，树立文明的性观念。要敢于正视性的问题，科学对待性问题，把性看成是正常的生理、心理现象，避免自我道德谴责所产生的强烈的罪恶感和自卑心理。

其次，指导学生正常的异性交往，开展正常的异性交往活动，建立异性间的友谊，能够满足青春期青年学生的心理需要，减少人为的压抑，防止形成强迫性观念。同时，与异性交往，还有利于了解异性，消除对异性的神秘和敏感，建立适当的异性心理反应，促进大学生心理健康发展。

4. 性自慰

性自慰俗称手淫。我国青少年性自慰焦虑的发病率普遍高于西方国家，除了性教育的普及程度低外，还与"手淫"这种习惯性称呼的明显贬义有很大关系。因此，近年来我国已经将手淫更名为性自慰，它界定了性行为的对象为个体自身，其功能在于心理缓释，从而有助于人们正确看待这种行为，克服偏见，缓解心理压力。

性自慰引起的心理困惑，表现在以下几方面：其一，虽然从理论上知道性自慰是一种自慰行为，但潜意识中仍然认为有害。其二，性自慰行为引起大学生对自己的消极评价。这种消极的自我评价，阻碍了与别人的正常交往，影响了他们的自我表现，也影响了他们的生活和学业。其三，性自慰行为引起无休止的联想和一系列强迫性观念，给大学生带来心理上的疲惫和沉重的压力。

调适方法：

首先，改变认知。国外大量的研究表明，性自慰是性宣泄的一种方式，对身体无害。性自慰的危害主要是由于对性自慰行为的过分担忧而引起的心理困惑。所以，必须正确认识性自慰行为，改变错误的认知，消除过分担忧，才能减轻危害。

其次，调整行为。改变不健康、不科学的生活方式，积极参加集体活动，加强人际交往，培养广泛的兴趣爱好，缓解对性自慰问题的关注。

最后，发展独立意识。性自慰行为引起的心理困惑的实质是大学生青春期的自恋倾向，说明其心理断乳的问题尚未解决好，缺乏自信，关注自我。要解决这一问题，必须发展独立意识，把注意力转向外界，关注社会，关注学业，树立远大理想，追求高层次的心理需要。

(三)树立健康的性心理

1. 科学地掌握性知识

作为大学生应该对"性"有一个科学的认识。性是一门综合性的科学。它包括性生理学、性心理学、性社会学、性伦理学、性美学等。大学生们应当努力学习和掌握性科学知识，避免性无知，消除把性仅仅看作是生物本能的片面认识。

2. 培养健康的人格

"性是人格的完成"。性，不仅仅决定于生物本能，一个人对待性的态度，反映了一个人人格的成熟。人自身的尊严感和对他人是否尊重，都会在两性关系中充分体现出来。

(1)要自爱自信。认同自己的性别角色。性别角色意识是一个人社会化成熟与否的重要体现，是心理健康的重要标志。世界是两性的和谐统一，男性和女性在生理和心理上各有自己的特点，各有自己的性别魅力。现代社会的大学生应当在生物生理、社会心理和文化、经济、社会参与以及政治上，进行合乎科学、合乎道德、合乎时代要求的全面角色认同。大学生应当接纳和欣赏自己的性别角色，发展出适应时代要求的优秀个性特点。性别角色的认同和胜任是现代人成功适应和发展的重要心理基础。

(2)要对性行为负有社会责任感。如果性行为只停留在手淫、性梦等方式的自我宣泄上，它不会影响他人。但是如果性行为涉及到另一个人，那么便涉及许多社会责任。性行为可以给另一方造成心理和肉体上的伤害，可以产生第三个生命。这将意味着影响另一个人的生活，也将影响你自己的生活。每一个成熟的大学生都应当了解个人性行为给他人、自我和社会带来的后果。

尊重他人，尊重自我，对自我的行为负起责任。大学生要增强自己的性道德和性法律意识，用道德和法律规范自己的性行为。

（3）要培养良好的意志品质。大学生自我控制性心理能力的大小，在一定意义上是由个人意志品质的强弱决定的。意志作为达到既定目的而自觉努力的一种心理状态，具有发动和抑制行为的作用。尽管有的青年人有很强的性冲动，尽管在外界性刺激的情况下，人会急于寻求性的满足。但是，人不同于动物，人有意志力，人可以抑制和调整自我的冲动。那些放纵自己的人往往缺乏坚强的意志品质。鲁迅先生曾经说过："不能只为了爱——盲目的爱，而将别的人生的要义全盘忽略了。"为了自己长远的幸福和个人成功的发展，应当努力培养自己良好的意志品质。

3. 积极进行自我调节

每一名大学生都应该懂得：每个人都应该尊重任何一个他人的存在价值，每个人都应该以希望他人如何对待自己的方式去对待他人，每个人发展自尊与自重都应该建立在良好的人格标准基础上，即责任心、诚实、善良，并对自己的道德能力有信心。性欲是正常的和健康的，而且，性欲是可以控制的。

（1）要正确调控性冲动。对于性冲动，除了给以适度控制外，还可以采取一些积极的、富于建设性的、符合社会规范的方式，来取代或转移性欲。通过投入学习、工作和参加各种文体活动，以及男女正常交往等多种合理途径，陶冶个人情操。大学生们要尽量避免影视、报刊、网络上的过强的性信息刺激，抵制黄色书刊的不健康影响。

（2）要克服遗精恐惧和月经焦虑。对于遗精和月经，不必太紧张。男生要正确对待遗精，经常清洗床单、内裤和性器官，保持个人卫生。女生要了解月经期规律，减少经期中的不良精神刺激，努力调控自己的情绪，愉快度过经期。

（3）要正确对待手淫、白日梦和性梦。要通过性知识的学习，克服手淫引起的心理困扰。大学生不必因为手淫而自责。但是，过分沉溺于手淫，只靠频繁的手淫来缓解性紧张是不健康的表现，应当通过丰富多彩的精神生活和恰当的异性交往来平衡自己的性心理。对于白日梦和性梦不必担心。青年人应当通过追求高层次的需要，来缓解自己的性心理，减少白日梦和性梦。

（4）要正确对待性游戏带来的心理冲突。性游戏是儿童对性好奇而玩的游戏。儿童在性游戏时往往还不具备道德意识，因此，不必给童年性游戏的经历加上道德判断，对自己过分谴责。但是，大学生已经有了道德认识和判断能力，不能把性游戏的行为延续到成年的生活之中。

4. 文明适度地进行异性交往

文明适度地进行异性交往，可以满足青年期性心理的需求，缓解性压抑。异性交往有益于扩大信息、完善自我，对个人的恋爱婚姻及个人的成才发展具有重要的作用。但大学生在异性交往时要把握分寸，注意场合，规范行为，处理好"友情"与"恋爱"的关系。

当代大学生应该以崇高的人生观和价值观贯穿于对科学文化知识的学习和运用之中，将个人的幸福与未来寓于民族的前途之中，对当代大学生所存在的恋爱心理及性心理问题，正如我国著名性学专家吴阶平教授所言："不以好奇去开始，不以发生为懊恼，已成习惯要有克服的决心，克服以后不必担心。这样便不会有任何不良的后果"。只要大学生通过学习树立正确的恋爱观，积极解除不必要的心理负担，就能使自己的身心得以健康发展。

第四节　远离毒品，拒绝赌博

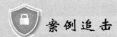 **案例追击**

日前，警方在南宁某小区抓获了 5 名"瘾君子"，查获 K 粉 110.67 克。据南宁公安兴宁分局禁毒大队民警透露，这 5 名"瘾君子"都是大学生，来自南宁不同高校，其中 2 人还涉嫌贩毒。涉嫌贩毒的陈某表示，他在上大学之前就接触了毒品。

（来源：中国禁毒网）

一、远离毒品

毒品是百恶之首，对人类有着巨大的危害。毒品是传播性病、艾滋病和其他传统病的重要渠道，严重危害人的身心健康；毒品会使人格变异，人性泯灭而诱发其他违法犯罪，破坏正常的社会和经济秩序；毒品不仅消耗了大量的财富，给社会造成巨大的经济损失，还会夺去吸毒者的健康乃至生命。面对毒品，大学生应树立全局观念、大局意识，积极主动远离毒品危害，健康生活，健康成长。

（一）毒品及其危害

1. 什么是毒品

根据《中华人民共和国刑法》第三百五十七条规定，毒品是指鸦片、海洛因、甲基苯丙胺（冰毒）、吗啡、大麻、可卡因以及国家规定管制的其他能够使人形成瘾癖的麻醉药品和精神药品。《麻醉药品及精神药品品种目录》中列明了 121 种麻醉药品和 130 种精神药品。毒品通常分为麻醉药品和精神药品两大类。其中最常见的主要是麻醉药品类中的大麻类、鸦片类和可卡因类。

195

常见的毒品可分为传统毒品和新型毒品。传统毒品有鸦片、吗啡、海洛因、大麻、杜冷丁、古柯、可卡因，此外，传统毒品还有可待因、那可汀、盐酸二氢埃托啡等。新型毒品包括冰毒、摇头丸、K粉、咖啡因、三唑仑，此外，新型毒品还有安纳咖、氟硝安定、麦角乙二胺（LSD）、安眠酮、丁丙诺啡、地西泮及有机溶剂和鼻吸剂等。

2. 毒品的危害

目前，日趋严重的毒品问题已成为全球性的灾难。毒品的泛滥直接危害人民的身心健康，并给经济发展和社会进步带来巨大的威胁。

（1）身体依赖性。身体依赖性是由于反复用药所造成的一种强烈的依赖性。毒品作用于人体，使人体体能产生适应性改变，形成在药物作用下的新的平衡状态。一旦停掉药物，生理功能就会发生紊乱，出现一系列严重反应，称为戒断反应，使人感到非常痛苦。用药者为了避免戒断反应，就必须定时用药，并且不断加大剂量，使吸毒者终日离不开毒品。

（2）精神依赖性。毒品进入人体后作用于人的神经系统，会使吸毒者出现一种渴求用药的强烈欲望，驱使吸毒者不顾一切地寻求和使用毒品。一旦出现精神依赖后，即使经过脱毒治疗，在急性期戒断反应基本控制后，要完全康复原有生理机能往往需要数月甚至数年的时间。

更严重的是，对毒品的依赖性难以消除。这是许多吸毒者一而再、再而三重复吸毒的原因，也是世界医、药学界尚待解决的课题。

（3）毒品危害人体的机理。我国目前流行最广、危害最严重的毒品是海洛因，海洛因属于阿片灯药物。在正常人的脑内和体内一些器官，存在着内源性阿片肽和阿片受体。在正常情况下，内源性阿片肽作用于阿片受体，调节着人的情绪和行为。人在吸食海洛因后，抑制了内源性阿片肽的生成，逐渐形成在海洛因作用下的平衡状态，一旦停用就会出现不安、焦虑、忽冷忽热、起鸡皮疙瘩、流泪、流涕、出汗、恶心、呕吐、腹痛、腹泻等症状。这种戒断反应的痛苦，反过来又促使吸毒者为避免这种痛苦而千方百计地维持吸毒状态。冰毒和摇头丸在药理作用上属中枢兴奋药，毁坏人的神经中枢。

（4）毒品对社会的危害。吸毒者在自我毁灭的同时，也会破害自己的家庭，使家庭陷入经济破产、亲属离散甚至家破人亡的困难境地。

吸毒首先会导致身体疾病，影响生产，其次是造成社会财富的巨大损失和浪费，同时毒品活动还造成环境恶化，缩小了人类的生存空间。此外，毒品活动会加剧诱发各种违法犯罪活动，扰乱社会治安，给社会安定带来巨大威胁。

（二）大学生对毒品的认识

改革开放以来，中国已由毒品过境受害国转变为毒品过境与消费并存的受害国。迅速蔓延的毒情不可避免的侵蚀了高校这一净土，特别是近年来在校大学生涉毒的新闻屡见不鲜，结果往往令人扼腕叹息。绝大部分学生对毒品缺乏全面系统认识，有相当一部分学生无防毒意识，对毒品的危害认识不清或认识不全。

1. 多数大学生认为毒品离自己很遥远

大学生中普遍存在这样的认识：毒品离我很遥远。有的同学认为自己的生活圈子是不会存在毒品这一说的，就算偶尔听到一些酒吧、歌厅有摇头丸、K粉、麻古的出现，或者是在媒体上获知一个人怎样吸毒堕落，有的同学仍表示，在纯净的校园里，"毒品"二字显得那么遥远，如果大规模开设毒品知识课，显得有些多余；还有一些同学认为，当有人告诉我社会上有很多毒品蔓延、很多人吸毒甚至贩毒时，我会想，有那么严重吗？当我看到公共场所关于禁毒的标语时，我会想，真是杞人忧天。学生的这种认识，既反映出了普遍状况，又从侧面说明了被调查大学生了解的有关毒品的知识还很少，面对毒品时不仅缺乏辨别能力，同时防范意识也十分欠缺。

2. 少数大学生错误地认为沾染毒品不可怕

大学生正处于青春期后期与成年初期阶段，在生理和心理上都处于迅速变化的过程中，他们虽然文化层次较高，思想比较活跃，然而由于他们阅历浅、社会经验不足，对自己缺乏正确而全面的认识，容易受到社会上各种思潮的冲击，从而轻易改变自己的人生方向。从调查结果可以看出，有的同学存在着"假如我沾染了毒品，凭我的自制力，一定能戒掉，所以不排除在特定情况下我会尝试毒品"这样的错误想法，认为凭自己的意志可以控制不上瘾，并且在错误的思想引导下认为毒品是陌生而有趣的，亦或是使自己感到舒服的东西时，便彻底卸下了防备，陷入毒品的麻醉之中，走上不归路。

3. 一些学生因交友不慎或思想波动而主动放弃毒品防线

在网络技术迅猛发展的今天，传统的社会交际的大部分形式已经被新兴的虚拟社会圈取代，并衍生出更多的新渠道。例如某些手机软件可以随时添加附近或者经特定条件筛选出的陌生人为好友开展交际，这种近乎"零距离"的交往，为一些制、贩或吸毒者进入大学生的生活交际圈提供了便利，致使毒祸波及大学校园。这些人往往以同乡、网友等身份与大学生展开交际，然后不动声色地将学生推向涉毒的边缘地带，如果学生本人自制力不强，就极有可能受到影响和引诱。此外，随着高校扩招，以及社会就业形势吃紧，大学生承担的来自家庭、学校乃至全社会的各种压力陡增，涉世不深的他们经常会感到无所适从，易被一些飘忽不定的思想左右。同时，在大学期间还要做很多困难的选择，如交友、恋爱、就业，叠加的压力使人最容易把持不住而做出某些反常的事情，就会出现有的学生会为了摆脱一时的压力借助烟酒甚至毒品来寻求发泄。从毒理学上看，冰毒等中枢神经兴奋剂确实具有一定的减轻疲劳、提高警觉、减少睡眠、增强自信心和思维活动的作用，因此更会迷惑青年学生走上吸毒这条歧路。

（三）有效防范毒品危害

作为一名大学生，我们应该接受基本的毒品知识和禁毒法律法规，彻底抛弃关于毒品的错误认识，不听信毒品能治病的谎言。谨慎交友，不结交有吸毒、贩毒行为的朋友，发现亲戚朋友有涉毒行为的要及时制止，极力劝阻；要树立正确的人生观和价值观，不贪图享乐，不盲目追求感官刺激；出入娱乐场所时要谨慎，不吸食摇头丸、K粉等兴奋剂；多参加健康积极向上的集体活动，避免因孤独、空虚、烦恼而吸毒。

大学生要接受毒品基本知识和禁毒法律法规教育，了解毒品的危害，懂得"吸毒一口，掉入虎口"的道理。树立正确的人生观，不盲目追求享受，寻求刺激，赶时髦。

不听信毒品能治病、毒品能解脱烦恼和痛苦、毒品能给人带来快乐等各种花言巧语。

不结交有吸毒、贩毒行为的人。如发现亲朋好友中有吸、贩毒行为的人，一定要劝阻，二要远离，三要报告公安机关。

尽量不进歌舞厅。决不吸食摇头丸、K 粉等兴奋剂。

即使自己在不知情的情况下，被引诱、欺骗吸毒一次，也要珍惜自己的生命，不再吸第二次，更不要吸第三次。

二、拒绝赌博

 案例追击

> 22 岁的何某是攀枝花市某高校的一名大三学生，因沉迷网络赌博，不仅输光了学费，网上贷款的数万元也无法偿还。他不敢向家里要钱，便产生了抢劫犯罪的念头，连续两次在凌晨实施持刀抢劫，抢得现金780多元以及两部手机。最终，何某因犯抢劫罪被判处有期徒刑 5 年 6 个月。
>
> （来源：华西都市报）

赌博，是一种拿有价值的东西做注码来赌输赢的游戏，是人类的一种娱乐方式。赌博是一种行为活动，也是一种复杂的精神活动，它具有深层的心理本能因素。它能给人带来刺激、乐趣和财富，是人类对自我分析、预测能力、心智的充分肯定与自信，但其本质是盲目的、无知的、浅薄的，是一种人性弱点的膨胀。在拜金主义思潮影响下，不少人急功近利，追求快速致富，占有财富的欲望恶性膨胀，当无法通过正当途径满足其欲望时，赌博这种冒险手段就成为他们通向发财之路的阶梯。近年来，关于大学生赌博输掉学费、身背累债、偷盗抢劫、轻生自杀等事件层出不穷，它不仅严重地影响大学生自身的健康成长，而且也带来了一系列的社会治安等问题。

(一)大学生赌博的危害

青少年赌博具有很大的危害性，它可以严重影响青少年的学业成绩，诱发生理和心理疾病，败坏人际关系，导致违法犯罪行为。

1. 荒废学业、浪费青春

伴随着高校招生规模的不断扩大，导致学生在整体素质上参差不齐，一些不思进取的大学生时常纠合在一起进行赌博，一些大学生赌博成瘾，经常赌到半夜，甚至通宵达旦，导致时间不够用、精力跟不上，经常迟到、缺课，即使上课也是精神恍惚，下课后又沉迷于赌博，不做作业、不做研究。不少人考试不及格，被迫留级，几年大学不知所学为何物，浪费了人生中最宝贵的黄金岁月。

2. 影响他人、侵蚀校园

经常赌博的大学生，生活起居不能遵循学校的规定时间，不能遵守学校的作息制度。其他同学上课了他姗姗来迟，其他同学休息他还在挑灯"战斗"，影响了其他同学学习、生活。久而久之，同学之间便生出许多不快，同学之间的互助、友爱之情变味成对立的情绪。赌博现象的存在也会将一些意志薄弱的同学拉下水，如瘟疫在校园蔓延，造成负面影响，败坏了校风。

3. 累及父母、祸害家庭

赌博的大学生往往赢了还想赢，输了想捞回来，越赌越烈、愈陷愈深。赢钱的时候，钱不当钱用，最终大多因赌致贪，只好编造各种理由向家人索要，家长往往抱着再苦不能苦孩子的心理，想办法满足他们的要求。有些大学生害怕连续向家长要钱会引起怀疑，便想办法向社会上的人借钱，甚至借下高利贷，欠下巨额外债。一旦债主追讨致事发，父母亲虽然恨铁不成钢，但为了面子、为了儿女的前途，也只能无奈地买单，祸害了家庭。

4. 诱发犯罪，危害社会

参与赌博，输光了钱，只好变卖物品，手机、衣物等变现换钱。有些大学生连生活费都无法解决，为解决现实的窘迫或筹集赌资选择了铤而走险，从校园内身边的同学开始偷盗，有些和社会上的不法分子纠结在一起发展成为盗窃、抢夺，以身试法，走上了一条犯罪的不归路。

（二）大学生赌博原因分析

1. 好奇心驱使，寻求刺激

现在的大学生大多为独生子女，在家一直有家人呵护，入大学之前过得是从校门到家门的生活，阅历尚浅，看见其他同学赌博觉得简单，认为自己如果赌一定可以赢钱，便开始手痒，经不起别人引诱、怂恿，由旁观者变为参与者。有的学生不求进取，或是因为家境较富裕，或是摆脱了家人的约束，进入大学后便不将学习当回事，学业上得过且过，混文凭，闲得无聊，以赌作消遣，视赌博为乐趣。

2. 价值观弱化，精神空虚

一些学生没有树立正确的人生目标和理想，对正确的社会道德价值观缺乏积极的认同感和归宿感，精神颓废，崇尚"享乐主义""拜金主义""物欲主义"，导致价值观偏离和行为规范残缺，对自己的未来没有规划，没有学习目标，无所事事，将赌博看作是一种享受，将赌技看作是一种能力，试图通过赌博实现一夜暴富的梦想，最终滋生赌博恶习。

3. 视觉受"污染"，免疫力低

社会上一些影视作品、报刊杂志为了扩大销售量在醒目的版面作一些教人赌博、传授赌技的宣传，刺激着大学生的神经；一些学生家长自己长期沉迷赌博，学生从小便耳濡目染，进入大学后对赌博误以为是正常活动，不能正确认识赌博的危害性；一些社会闲散人员将在校的大学生视为骗赌、诈赌、赚取钱财的对象，有意识向校园渗透。这些视觉"污染"在大学生身上向心灵渗透，一些意志不坚定、免疫力低的大学生误入赌途。

4. 家丑怕外扬，管理缺位

由于观念的变化，现在的大学全部改变了原先那种对学生严格管理的模式，为大学生参赌聚赌提供了环境。由于学生可在校外租房居住，使得他们有条件脱离学校的监管，并且使得其与校外人员联系更加方便。东窗事发后，家长往往顾及子女的名声、前途和自己的面子不做宣扬，花钱消灾。相关老师也会为了全班的考核排名，投鼠忌器，态度暧昧，只要不闹出大问题，不会施以惩罚，缺少反面教材，以致警示作用不明显。

（三）拒绝赌博

1. 大学生应加强思想道德教育，正确认识自我

大学生应该不断培养、增强自身的责任感和公德意识，从根本上意识到赌博对身心的危害，同时，大学生也应该从根本上树立远大的人生目标和正确人生方向，并持之以恒，把更多空闲时间用到学习上来。要从思想上筑起保护墙，树立起"千里之堤，毁于蚁穴"的思想。大凡赌徒开始都是从寻求所谓的刺激，逐步升级染上赌瘾的，因此，只有大学生看透了赌博的本质，提高思想认识，才能做到防微杜渐，远离赌博。

2. 大学生要正确看待社会上的娱乐赌博现象

随着人们生活水平的日益提高，不少人在工作之余会搓搓麻将、打打扑克，以满足精神生活的需要。当代的大学生要正确看待这一现象，尤其是逢年过节看到亲朋好友聚在一起有钱物往来的搓麻将、打扑克时，要少参与此类活动，更不要把这类活动带到学校。大学生要在日常生活中加强自我约束和自我修养，坚决避免赌博这类不文明行为的发生。

3. 大学生应多积极参加健康向上、丰富多彩的活动

大学生可以在学校的工作部门、工会、共青团、学生会、各学术及文艺体育团体等组织内，充分利用学校的教学、文化、体育、娱乐设施和条件，开展各种健康向上、丰富多彩的课余活动。大学生的课余生活丰富了，无聊、叛逆的心理会减轻，赌博现象也会相应减少。大学生在努力提高自身思想政治素质和专业素质的同时，可以合理分配时间，让自己的大学生活变得更加充实和有意义。

第五节 防范犯罪

大学生是家庭的希望、祖国的未来，家长给予他们良好的教育，希望他们能成人成才、报答家人恩情、报效祖国。大学生所受的教育、拥有的知识量以及心理的成熟，与一般知识较浅的人相比，应该懂的法律知识更全面，更懂得生命的重要和珍贵，更具有道德心，更应该具有人性，更具有分析问题和判断是非的能力。但事实并非如人愿。随着市场经济的发展，经济水平的骤然提高，给大学生的思想和价值观带来了前所未有的冲击，他们在不断接受新事物及变化成长的过程中，有些"天之骄子"的价值观发生了扭曲和错位。大学生违法犯罪的现象屡增不减，大学生犯罪成为备受关注和探讨的话题。

一、大学生犯罪的基本情况

（一）侵财犯罪案件占有相当大的比重

市场经济的建立和发展深刻地影响大学生的思想行为，加之贫富差距加大、地区间发展不平衡问题突出，大学生就业压力大、就业后收入少等问题，都对大学生思想、心理、行为产生了许多不利的影响。特别是社会上盛行的"有钱就有一切""拜金主义""享乐主义"使得社会涉世不深、判断力较弱的大学生的人生观、世界观、价值观出现偏差，追求享受奢侈生活，进而进行违法犯罪活动获取金钱。

（二）暴力犯罪案件性质恶劣，社会反响强烈

大学生犯罪中所占比例不是很大，但近些年来呈迅速增长趋势。如今在大学生的违法犯罪案件中暴力犯罪案件所占比重较大，据调查该类案件约占大学生违法犯罪案件的30%。大学生暴力犯罪屡见不鲜，后果非伤即残，甚至出现一些造成严重社会影响的恶性案件。

（三）涉性犯罪问题比较突出

大学生涉性犯罪是当代大学生犯罪中的一个突出问题，虽被高度重视，但犯罪率仍呈上升趋势。而且涉性犯罪手段日趋恶劣，大学生涉性犯罪多使用暴力、胁迫等极端的手段，同时还采取诱骗、药物麻醉等方式强奸妇女，奸淫劝女，强迫妇女卖淫，性骚扰，侮辱、调戏妇女，甚至杀害被害人。

（四）智能化犯罪逐渐增多

随着社会的发展、科技的进步，高科技智能化犯罪是当前大学生犯罪呈现出的一个新特点，表现为大学生在犯罪中能充分发挥自己科技优势和智能优势。另外，以计算机网络为载体的大学生犯罪案件日益增多，且由单纯的制造病毒对计算机信息系统进行危害逐渐向其他犯罪对象及领域蔓延。网络犯罪已经涉及网络盗窃、发布网络虚假信息、网络色情传播、网络诽谤、网络恐吓、网络赌博、网络诈骗等领域。

二、大学生犯罪的心理特征

（一）心理迷乱，情绪失控

大学生正处于青春期，他们热情浪漫、追求时尚、充满创造和叛逆精神，而网络、影视作品倡导的个性张扬、叛逆精神正好迎合了大学生的追求，在一定程度上为大学生的不良情绪的发泄和心理压力的释放提供了空间。在日常生活中容易因为一点鸡毛蒜皮的小事与同学斤斤计较，强烈的情绪冲动加上理智控制能力较弱，突发性事件一触即发。

（二）思想不成熟，幼稚冲动

大学生正处于青年时期，其生理和心理都迅速走向成熟但还没有成熟。他们对社会的认知还没有达到一定的水平，有时甚至可能出现偏差，因此基于自己错误的判断作出了错误的选择，致使犯下严重错误。大学生是一群特殊的群体，有别于社会上的青年人，他们热情敏感、激情四射，拥有良好的性格的同时，亦存在一些消极的方面；他们感情丰富，心理起伏大，易冲动，自控能力差；他们自我定位不准，挫折承受力较差，一旦遇到较大的压力，容易产生过激行为。

（三）动机单一，不计后果

曾经轰动全国的云南马加爵事件，仅仅是因为同学间打牌发生了争执，马加爵便残忍地杀害了四名同校同学。备受社会各界关注的"7.28"跨省抢劫杀人案的凶手罗吉军和卓科，他们把抢劫杀人得来的钱财美其名曰"创业的第一桶金"。西安音乐学院学生药家鑫撞伤人后不仅没有及时抢救受轻伤的受害者，还凶残地将之杀害，其行凶的原因只是因为看到被害者在记他的车牌号，怕被害者纠缠他的家人。这些极端事件背后行凶的动机竟都是如此简单，不计后果。

（四）藐视法律，铤而走险

大学生大多对法律条文的规定有大致的了解，有的甚至攻读法律专业。在犯罪大学生中，有的学生明明知道那样做是违法的，但仍心存侥幸，认为自己手段比较高超，不会被查获，所以不惜铤而走险。所谓激情犯罪的背后，凸显出一个可能早被忽略却非常可怕的事实：当今不少大学生的内心世界里德育和法律意识已出现真空。

三、大学生犯罪的原因

通过对大学生犯罪心理特征的分析，我们可以总结出大学生犯罪的心理原因何在，犯罪的心理原因在我国《刑法》中称为"犯罪动机"，影响大学生产生犯罪动机的原因是多方面的。主要概括为以下四点。

（一）社会根源

改革开放以来，我国的经济迅速发展，国民的生活水平和生活素质大大提高。市场经济的发展带来了经济繁荣的同时，也对学生价值观带来了冲击，使大学生的人生观、价值观发生重大变化甚至错位。市场经济的冲击下，人们对物质的追求已经不再被看作是"拜金主义""腐败之风"的体现。这种盲目追逐名利的风气被带到大学校园内，使得大学生的价值观受到了严重的影响，刺激和引诱着他们参与盗窃、抢劫等违法行为，有的甚至出卖自己的肉体，摒弃道德。

（二）学校教育体制有待完善

近年来，我国的教育部门提倡着重培养学生的素质教育，但还是摆脱不了应试教育的弊端。这主要体现在学校只重视培养学生的专业知识，而忽视了学生心理素质的培养。

大学和高中的教育体制迥然不同，它给学生营造了自由的学习环境，注重培养学生自学、自理、自立的学习习惯。步入大学的学生们，有的在这自由的环境中释放，觉得摆脱了繁重的学习任务，他们自由散漫，专业知识不仅没有学到，甚至一步一步走向堕落，从此前程尽毁；有的学生则是继续保持中学时期刻苦学习的好习惯，但是自身的素质跟不上来，"一好遮百丑"让他们觉得自己成绩好最重要，什么心理健康、什么素质良好不要也罢，在这种思想的影响下，有些老师眼中的好学生也会作出盗窃、欺骗等一些有悖道德与法律的事。

（三）原生家庭的影响

家长是孩子的启蒙老师，家庭的教育是生命的教育。家长教育孩子的方式对孩子的人格培养有着深远的意义。有种暴力的教育方式叫作"棒棍下出孝子"，其实这种做法的背后的阴暗面，就是孩子的心理受到创伤，常年积压下来孩子就会产生暴力心理。据近年来的学生暴力犯罪案件分析，他们犯罪心理的形成跟家长的暴力教育是息息相关的。另外过分对孩子溺爱也会带来不利的影响，容易使孩子养成骄傲自大、以自我为中心、藐视他人的不健康心理。另一方面，家庭结构的变化也影响着孩子的心理，比如父母离异、家庭变故等。孩子缺少完整的爱，心理易产生扭曲、叛逆。

（四）大学生自身存在一些心理问题

由于受人际关系不良、经济困难、失恋、学业受挫等影响，常造成心理障碍。根据一项以全国 12.6 万大学生为对象的调查显示，约 20.23% 的人有不同程度的心理障碍。

四、大学生犯罪的预防

预防是减少犯罪的最有利方法，预防大学生犯罪是对人才的培养和珍惜。大学生作为社会主义现代化的准人才，是和谐社会建设的生力军，是民族的希望，祖国的未来。预防大学生犯罪迫在眉睫。

（一）大学生应注重思想道德教育

大学生应注重思想道德教育，正确认识自我、认识社会，树立正确的人生方向和追求目标，加强公德意识建设。

（二）大学生应培养良好的心理素质

可以多参加学校开展的心理健康知识讲座，逐步形成健康向上的心理，更好地控制情绪，增强社会应变力，学会处理现实与愿望的矛盾，学会自我调适，做事前理智思考。要建立和谐的人际关系，放弃自卑与自负心理，充满信心地对待生活，能够接纳他人，使自己处于轻松愉悦之中。要正确处理恋爱问题，正视恋爱关系，保持稳定的情绪及健康的心理。

（三）大学生要加强法制学习，增强法律意识

当今大学生中有许多人不知法、不懂法，有的甚至是法盲，针对此情况，大学生应加强法制学习，做到知法、懂法、守法，正确理解权利与义务的关系，在履行义务的前提下，合法行使自己的权利。

第九章
实验、兼职、实习、留学与求职安全

　　安全是教育事业不断发展、学生成长成才的基本保障。近年来，教育系统树立安全发展理念，弘扬生命至上、安全第一的思想，大学生安全教育除了人身、交通、消防等方面受到重视之外，在实验、实习、求职和社会实践等方面也作出了积极成效，安全形势总体保持稳定。但是，高校实验、实习、求职与社会实践安全依然是大学生安全的薄弱领域，还需要加强教育疏导。

第一节　大学生实验安全

 案例追击

　　2015年12月18日，清华大学化学系何添楼二层的一间实验室发生爆炸火灾事故，一名正在做实验的孟姓博士后当场死亡。

（来源：北京青年报）

　　2018年11月11日，南京中医药大学翰林学院一实验室发生爆燃事件，事发时师生正在实验室进行萃取实验，事发后有人员受伤被送治疗。

（来源：新京报）

　　2018年12月26日9时34分，119指挥中心接到了海淀区北京交通大学东校区2号楼起火的报警。经核实，现场为2号楼实验室内学生进行垃圾渗滤液污水处理科研试验时发生爆炸。

（来源：北京消防微博消息）

　　近年来，高校实验室安全事故频发，为我们敲响了一个又一个安全警钟。在做实验的过程中，我们经常会使用到腐蚀性强、易燃、易爆或有毒的化学试剂，易损的玻璃仪器和一些比较精密的分析仪器，使用燃气、水、电等，在一不留神的情况下，危险就可能降临到我们的身边。对此，在校大学生要时刻将实验室安全牢记心中，严格遵守实验室安全规则，加强安全防范意识，在事故发生时，学会用充足的知识进行自救，努力将可能发生的危险系数降到最低。

一、实验室安全事故的类别

　　目前，实验室安全主要集中在实验室火灾、实验室爆炸、实验室毒害等问题上。具体可分为以下几点。

（一）实验室火灾

由于实验的特殊性，不少实验室里会堆放很多易燃物质，这些物质如果得不到有效处理，就容易引发火灾，甚至还可能引发爆炸，造成巨大的人身财产损失。

实验室发生火灾的原因主要有：

①实验室内的大量易燃物质因违反规定存放和使用而引发火灾。

②实验室机器线路老化、超负荷运转、不合理操作。

③没有按照实验规章和程序操作而引发火灾。

④在实验室内乱扔烟头、火星，接触易燃物质。

⑤因偶然因素作用而引发的火灾，如化学物品的接触发生了化学反应，一些实验用品存放时间过长等。

⑥对某些可以自燃或在低温下即可燃烧的物质缺乏了解和重视，未能及时排除隐患而造成自燃。

（二）实验室爆炸

爆炸是一种极为迅速的物理或化学的能量释放过程。当一个或一个以上的物质在极短时间内（一定空间）急速燃烧，短时间内聚集大量的热，使气体体积迅速膨胀，就会引起爆炸。此时的气体由于瞬间存在于有限的空间内，故有极大的压强，对爆炸点周围的物体会产生强烈的压力，当高压气体迅速膨胀时形成爆炸。

一般来讲，实验室爆炸可分为以下几种。

1. 物理性爆炸

这种爆炸是由物理变化而引起的，物质因状态或压力发生突变而形成爆炸的现象称为物理性爆炸。例如容器内液体过热气化引起的爆炸，锅炉的爆炸，压缩气体、液化气体超压引起的爆炸等。

2. 化学性爆炸

由于物质发生急迅速的化学反应，产生高温、高压而引起的爆炸被称为化学性爆炸。化学爆炸前后，物质的性质和成分均会发生根本变化。化学性爆炸按照爆炸时所产生的化学变化，可分为单分解爆炸、杂分解爆炸和爆炸性混合物爆炸三类。

（1）单分解爆炸。引起简单分解爆炸的爆炸物在爆炸时并不一定发生燃烧反应，爆炸所需的热量，是由于爆炸物质本身分解时产生的。属于这一类的有叠氮铅、乙炔银、乙炔酮、碘化氮、氯化氮等。这类物质是非常危险的，受到轻微震动即会引起爆炸。

（2）杂分解爆炸。这类爆炸性物质燃烧时所需的氧气由本身分解时供给，在爆炸时会伴有燃烧现象，其危险性较简单分解爆炸物低，各种氨及氯的氧化物、苦味酸等都属于这一类。

（3）爆炸性混合物爆炸。所有可燃气体、蒸汽及粉尘与空气混合所形成的混合物的爆炸均属于此类。这类物质爆炸需要一定的条件，如爆炸性物质的含量，氧气含量及激发能源等，其危险性虽较前两者较低，但很普遍，造成的危害性较大。

实验室发生爆炸的原因有：

①实验室内的明火与爆炸性物品接触。

②在实验时无视规章制度的要求，违章操作。

③实验室内的机器线路老化漏电而引起爆炸。

④在实验中，对研制的物质的化学性质、物理性质没有完全掌握的情况下，采用了一些不适当的做法，而引发了爆炸事故。

⑤压力容器设备发生故障，安全减压系统失效，压力容器内部压力剧增得不到排除而发生爆炸。

（三）实验室毒害

毒害物质是指会污染环境或危害人体健康的物质，如致癌物、有毒物、致敏感物、刺激物、腐蚀物等。实验室毒害是指实验室发生的毒害现象。

实验室发生毒害的原因有：

①在实验室内用沾染化学物质的手吃东西。

②实验室内排气通道受阻，无法保持实验室内空气的流动，无法保证有毒物品与液体的排除，污染实验室环境。

③违反实验室规章制度进行操作，没有实验室毒害的意识。

④没有做好实验防护，忽视穿戴防护服装、佩戴防护面具的重要性。

二、实验室安全的预防措施

（一）做好物品存放

在实验室内进行实验后，要将实验物品做好存放。在存放时，要根据物品的物理和化学性质进行归类，安全存放。

实验室物品存放应做到：

①易挥发物品要存放在通风良好的避光阴凉处，远离热源和火源。在存放时，不能装满，有些易燃、有毒的挥发性物品可储存在防爆冰箱内。

②腐蚀性物品应放在试剂柜的下层，或垫上防腐蚀托盘，置于普通试剂柜的下层。

③易变质药品不易长期储存，最好现用现配。

④氟化氢（氢氟酸）易腐蚀玻璃，应存放在塑料或铅制器皿中。

⑤实验室用的干燥剂因极易吸水，因而要用蜡封保存。

⑥见光易分解的化学物质有硝酸银、浓硝酸、双氧水、高锰酸钾等，这些物品应存放在棕色瓶子里。

⑦碱性溶液可以与玻璃发生反应，生成硅酸钠，产生粘性使瓶塞无法打开，因此存放这种物质的瓶子的瓶塞应用胶塞。

⑧活性金属应放在对试剂相对稳定的液体或惰性气体中，让它与空气隔离。如：锂存放于固体石蜡中，钠、钾存放在煤油中，铯应存放在石蜡或充有惰性气体的安瓿中，钙应存放在煤油或石蜡或惰性气体的安瓿中，磷、汞应放在水中保存。

⑨有些吸湿性极强或遇水蒸气容易发生强烈水解现象的试剂，如五氧化二磷、无水氯化钙等，不仅要严密盖紧，还要蜡封。

⑩危险物品应分隔存放在危险品柜内，避免因为混放而诱发的爆炸、燃烧事故发生。

（二）安全使用仪器设备

安全使用仪器，是保证实验室安全的重要条件之一。大学生在使用仪器设备前，应及时检查试验设备安全性能状况，发现问题故障时要及时报告，不得随意拆卸，自行修理。在实验中，应严格按照实验室的相关规章制度要求进行使用，不能擅自违规使用。

（三）预防实验室安全事故

1. 预防实验室火灾

预防实验室火灾应做到：

①提前熟悉实验室内灭火器等器材的存放地点和使用方法，熟悉实验室安全通道，发生危险时能有效灭火，及时撤离，降低危险概率。

②不要在实验室内饮食、吸烟。

③在使用易燃易爆的物品时要加强警惕意识，谨慎小心，不可疏忽大意。

④使用乙醚、苯、丙酮、三氯甲烷等有机溶剂时，要远离火焰和热源，用完试剂后将试剂瓶塞上，放在阴凉处保存，低沸点的有机溶剂不能直接在火焰或者热源上加热。

⑤在水、电、燃气灯使用完毕后，应立即关闭。离开实验室时要检查水、电、燃气灯、门窗等是否关好。

2. 预防实验室爆炸

预防实验室爆炸应做到：

①清楚了解有关物质的物理化学性质，有关设备的安全系数，如在什么条件下（如温度、压力）会发生爆炸危险等，做好预防。

②保持室内空气流通，防止可燃气体在空气中达到发生爆炸的浓度。不允许用火的地方严禁用火。

③控制可燃物形成爆炸性混合物。如用惰性介质二氧化碳、氨气和水等，排除容器设备和管道内的可燃物，使其浓度降低到爆炸的下限，以防爆炸发生。

④防止易燃易爆气体液体的泄露。要严防容器和管道的跑、冒、滴、漏，特别要防止从阀门、盖子和接头处泄漏。

3. 预防实验室毒害

预防实验室毒害应做到：

①在进行危险实验时，要准备好防护用品。

②使用剧毒药品（如氰化物、砷化物等）要经过实验室负责人批准后限量发放，取量要逐一登记，用剩余的要回收，回收数量要入账。如发现危险品被盗，要立即报告校领导。

③做好通风排气工作。易发生有强刺激或有毒烟雾的实验应在通风橱内进行。使用水银做实验，要防止水银中毒。不准用汽油代替酒精或煤油作为燃料。酒精、汽油等易燃液体大量洒落地面时，要立即打开窗户或排气扇通风，并严禁在室内用明火，禁止在实验室内存放食品或吸烟。

第二节　大学生兼职、实习安全

不少大学生在校期间，都会找一些兼职、实习工作来丰富自己的社会实践经验，在获取一定报酬的同时也为将来就业积累经验。不过，由于大学生社会经验较浅，因此在寻找兼职、实习工作时需要擦亮双眼，加强安全意识，避免上当受骗，造成人身和财产损失。

一、常见的兼职、实习安全问题

（一）被不法中介利用

大学生在寻找兼职、实习工作时，往往会寻求一些中介机构帮助。有些中介机构没有工商部门颁发的营业执照和健全的服务体系，不具备一定的规模和资质，利用大学生缺少社会经验的特点，在收取高额中介费之后，并不按约定帮助大学生介绍合适的工作，给大学生带来了严重的财产损失。

（二）被骗交押金

被骗交押金的情况主要出现在一些从事文秘、打印、翻译等较为轻松的工作上。招聘方会宣称要交一定的押金才能上班，结果学生交钱后，招聘方又推托说暂时没有工作岗位，要学生等消息，之后便再也没有了消息，到最后押金往往不能退回。

（三）拿不到工资

在私营企业里打工或是做家教可能遇到拿不到工资的情况。一些私营企业临时雇佣大学生工作，在该付工资时却消失得无影无踪。有些大学生做家教之前，对方提出一个月结一次工资，但一个月后却以教授效果不佳为由拒付工资。

（四）信息泄露

大学生在兼职和实习的过程中，往往会因信息安全意识薄弱而被一些有心人利用。如：因非法交易、非法劳动合同和随意抵押重要证件带来的信息泄露，因小道消息而被诱惑的信息诈骗等。

（五）不正当交易

校园小广告经常会出现一些类似代替上课、代写专业论文等的交易，往往是一些非法中介公司的噱头，同时，此类弄虚作假的信息也有违学校相关制度。在面对此类信息时，大学生应明辨是非，提高警惕，坚决抵制。

（六）误入传销陷阱

一些不法之人打着招聘的幌子，利用大学生寻找兼职、实习心切的心理，以高工资诱惑大学生，实则从事不法的传销活动。

（七）女生求职遭遇性侵害

这类侵害主要发生在招聘家教或文秘时。有的女生在对方约见时，不加考虑就去，就容易遇到危险，如财物被抢，甚至遭到性侵害等，使女生身心健康遭到极大伤害。

（八）受伤害理赔难

就实习而言，目前我国法律对于在校实习生与实习单位之间的关系还没有做出专门的规定，从严格意义上讲，实习生与实习单位之间不存在劳动关系，不能适用《中华人民共和国劳动法》。所以实习生人身伤害不能通过工伤赔偿来获得救济，司法上往往按一般民事侵权来处理。

而就兼职来说，没有签订任何协议、兼职打工的大学生的权益更加无法得到保障。

（九）出租房有安全隐患

由于用人单位不提供住处，因路途遥远、住校不方便等原因，有些学生采用就近租房的办法。某地抽样调查发现约35%的学生租房存在安全隐患，人身和财产的安全难以得到保障。

（十）交通事故危险

学生在前往社会实践地点和返校的过程中都要使用交通工具，而车祸已经成为严重威胁人类安全的杀手，学生因交通事故而死亡的人数占了学生非正常死亡人数的较大比例，交通安全问题不容忽视。

二、确保兼职、实习安全的举措

（一）防止中介诈骗

大学生在实习、兼职中常会遇到一些中介机构，有的只是作为商户与雇员之间的纽带，赚取中介费，但也不乏一些非法中介机构，抓住大学生缺乏社会经验又挣钱心切的心理，收取高额的中介费，签约伪合同或直接不按照合同行事，坑骗大学生。因此，大学生一定要提高警惕，提高自己的分辨能力。在选择中介时，要看中介是否具有劳动部门颁发的《职业介绍许可证》，或通过网上查询，了解其经营范围是否与执照相符，一定要选择信誉良好的中介所找工作。

（二）确认用工单位的合法性

当找到工作后，要在正式工作之前对用工单位进行一番全面了解，对于工作的认可度、工作体制的合法性、工作内容的规范性等进行细致了解，尤其要确认用人单位是否具有法人资格，是否具备工商管理部门颁发的营业执照，是否拥有固定的营业场所等，如果发现不够规范，又有可疑之处的，一定要慎重考虑。

（三）签订劳动协议

实习、兼职属于短期临时的工作，因此很多商户或用人单位不纳入正式的用人流程，不签书面合同或者直接口头协议，这容易在遇到一些人事纠纷或工商故障时无凭无据，对于大学生极为不利，因此，大学生要有法律意识，一定要签署劳动合同，争取自己的合法权益，确保自身利益不受侵害。

（四）防止误入传销陷阱

很多传销都是打着销售的名头，用高回扣利诱大学生，因此，大学生要练就一双慧眼。不仅如此，还要会分析问题，不可太贪婪，要保持理性，谨防误入传销。要有足够的安全意识规避上当受骗。对于待遇好、热情友善的公司邀请，结合自身能力和实际，要多考察一下，最简单的方式是通过"天眼查"查一下企业的可信度，再做选择。

（五）防止网上欺骗

随着互联网的发展，现在网络招工也较多，颇受大学生的青睐。但是网络环境较现实更为复杂，一方面，这种涉及钱财交往，要提防网上黑客、钓鱼软件、间谍等。另一方面，要确保网络工作的合法性和获取渠道的安全性。因此，签署相关协议也要对相关的工作内容与工作单位有足够了解，谨防签署一些不利于自身权益的合同，比如含糊其辞的合同等。最好先做相关了解，然后通过老师或熟悉的朋友的介绍给网站做兼职。

（六）不轻易交纳任何押金，不抵押任何证件

要缴纳押金，或者抵押身份证（包括身份证复印件）、学生证等的企业，大都不靠谱。《劳动合同法》对这些都有明确的要求，一般企业不得作抵押，因此，大学生做兼职时，要坚决抵制这种行为，谨防证件流失或被不法分子利用，或者做一些非法交易，侵害自己。身份证复印件也不能随便给人，以防落入不法分子手中，成为非法活动的工具。

（七）不到娱乐场所工作

娱乐场所良莠不齐，常常有不法分子出没，也容易藏污纳垢，从事非法交易，比如贩毒、色情交易等。因此，大学生找兼职工作最好不要到酒吧、舞厅等场所，避免受到意外伤害。

（八）不做高危工作

大学生勤工助学也要量力而行，不要为了挣钱干一些超出自身能力的工作，比如工地施工等苦力活，一则透支体能容易损害大学生身体，二则工地较为危险，容易发生意外，工地引发的工伤还往往产生工伤纠纷，因此，大学生最好不要选择工地干活。此外，一些高压工作、辐射类工作，还有电器类工作，危险系数高，也应尽量避免。

（九）女生不单独外出约见

女大学生应格外留意，提高警惕。在找工作的时候，不要打扮得过于显眼，以免引起一些居心叵测之徒的觊觎，要学会保护自己，不要单独外出约见招聘，谈工作要小心谨慎，多打听咨询一下。

（十）通过正当渠道寻找兼职、实习工作

这主要针对一些黑暗交易，比如雇用代课、写作业、写论文等，这些一般活跃在不同的学生群体中，对于这些买卖，往往考验着大学生的良心和尊严，而作为买方，还是应该考虑学校的一些规章制度，不以滋长校园弄虚作假的不正之风牟利。

第三节　大学生留学与求职安全

当大学生进入大四后，必然都会面临毕业的取向和选择问题。一般来讲，大学生毕业后的去向主要包括考研、留学和求职三种。而在这三种情况中，大家要格外注意留学和求职安全，确保自己的人身和财产安全不受损失。

一、大学生留学安全

 案例追击

据美国福克斯新闻报道，中国留学生吴某 1 月 24 日失踪，至今毫无音讯。23 岁的吴某来自中国，刚从美国亚利桑那州立大学毕业。24 日午夜时分，吴某带着他的狗离开了公寓，他当时显得心烦意乱。几小时后，吴某便和朋友们失去了联系，他的狗之后在附近的一个庇护所被发现。据警方调查发现，吴某最后一次被发现是在便利店购买香烟和手机充电器。他的车被遗弃在路边，车钥匙还在车里(点火发动)，但本人却不知去向。

(来源：环球时报)

据教育部数据显示，2018 年度，中国出国留学人员总数为 66.21 万人，与 2017 年度相比，出国留学人数增加 5.37 万人，增长 8.83%。随着留学人员规模的不断提升及留学低龄化现象的日益凸显，各类侵害留学人员人身、财产安全，甚至生命安全的案例时有发生，这让留学人员在海外的人身安全问题备受关注。

面对留学安全问题，由万铎科技发布的《2018 年中国赴美留学生安全报告》显示，只有 35% 的受访留学生认为自身安全意识薄弱，仅有 20% 的受访对象表示知道如何应对校园枪击、恐怖袭击这类突发事件。近 80% 的受访对象表示不知道或不确定如何应对在海外遭遇抢劫或绑架的情况。这从侧面反映出海外学子的安全意识和应对突发事件的能力都亟待提高。为了避免留学安全问题，大学生应尽早接受留学安全教育，提高安全意识和安全能力。

（一）常见的留学安全问题

常见的留学安全问题涉及人身财产安全、心理健康安全、网络安全等多个方面。分析这些留学安全问题的原因，有因为不熟悉当地法律法规带来的风险；有因为不了解留学目的学校附近的环境而导致的危险；也有因适应不了新环境而出现的心理健康问题……具体来讲，可归纳为以下几个方面：

1. 缺乏安全保护意识，思想单纯

不少留学生总是单纯主观地认为，出了国就很好，很安全，很享受。对周围环境的复杂性没有深刻认识，思想单纯，缺乏自我保护意识，这是造成留学安全问题的重要原因。

2. 对文化差异认识不足

不少安全问题的发生归根结底是留学生不了解当地的文化习惯而造成的。正是因为不了解当地风俗，才会触犯当地的禁忌，从而使小矛盾不断升级，造成大矛盾、大冲突。

3. 对新环境的适应能力较差

当身处异国他乡的新环境时，不少留学生会因不熟悉新环境、想家、缺乏朋友等原因无法适应新环境。在这种情况下，内心的一些烦闷情绪得不到及时排解，最终便会形成一些严重的心理健康问题。

4. 人际交往能力较差

不少留学生都是独生子女，习惯以自我为中心，不懂得照顾别人的情绪和感受，在异国他乡依然不会很好地处理人际关系，长此以往下去，不仅自己会容易不开心，也会让他人感到不舒服。

5. 不注意言行举止

不少留学生不注意自己的言行举止，将自己的一些坏习惯带到了海外，如随意乱坐、大声讲话、乱丢垃圾等，这些坏毛病会引起与外国人的矛盾，造成一些严重的冲突，威胁自身安全。

6. 不熟悉当地的交通规则

不少留学生对留学地的交通规则缺乏足够的了解和熟悉，这样，会增加交通事故的发生概率，带来许多本可以避免的安全问题。

7. 不熟悉当地的法律法规

如果对当地的法律法规缺乏了解，就可能触犯一些不必要的法律麻烦。同时，不熟悉法律法规也意味着在发生法律纠纷时，无法及时拿起法律武器保护自己的合法权益。

（二）避免留学安全问题的举措

1. 提高安全保护意识

留学生应提高安全保护意识，在出国留学时注意安全，不做危险的事。

2. 及时到使领馆备案

出国后，应尽快到中国驻所在国使领馆备案，填写个人以及国内外联系人的详细信息，这样，当遇到突发事件时，能及时得到使馆的保护。

3. 及时了解当地的法律法规

在出国前，要及时对留学目的国的基本法律制度及司法处理程序有一定程度的了解。当自身利益受到侵害时，应当学会运用法律手段来维护自身的合法权益。牢记所在国的报警电话，人身安全及个人合法财产受到威胁或损失时应当及时寻求警方的援助。

4. 注意交通安全

去留学之前，要提前了解该国的基本交通规则。出国后，要注意遵守当地的交通规则。在过马路时，一定要小心，比如在英国，驾驶车辆靠左行驶，因为不熟悉英国交通法规而出现交通事故的现象屡有发生。通过主要路口，一定要多看提示。

5. 重要资料备份

护照、银行卡、支票号码等重要资料要及时备份，以防丢失后能够准确及时地挂失、报案。

6. 保护好私人财物

出国后，日常活动不要携带大量现金，可多使用银行卡、支票等支付工具，保护好私人财产，如果遇到危险，记得弃财保命。

7. 交友慎重

与外国人结交朋友，要注意谨慎，不要盲目结交。初次见面时尽量不要透漏太多个人信息，要有自我保护的意识，不酗酒，不吸毒，不赌博等。

8. 租房

对于刚刚抵达国外的新生，建议最好选择住在学校宿舍。如果要租房，记得不选择偏远地方。详细了解合同条款，谨慎选择房东和合租人。要早点回家，避免晚上单独出门。经常将自己的行踪告知房东、朋友或亲戚。

9. 保持良好的心情

出国后，难免会遇到各种各样的问题。在这个时候，要保持好轻松、愉悦的心情，遇到烦闷的事情及时梳理和排解出去，不要积压下来，影响心理健康。

10. 学习基本的逃生方法

很多国家有地震、火灾、龙卷风，面对这些自然灾害，最好是提前了解和学习一些基本逃生方法，同时记得在灾难来临时一定要保持冷静。

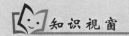 知识视窗

不同国家的报警电话

美国：911	加拿大：911	英国：999	法国：17
德国：110	新西兰：111	澳大利亚：000	

二、大学生求职安全

 案例追击

大学毕业生韩某在人才交流市场与某家公司达成就业协议。当时韩某了解到，进这家公司，每人要收取200元的服装保证金，用于制作工作服，离开公司的时候，200元可以原封退还。1个月后，韩某按照公司的约定来到公司的办公地点参加培训，但却发现，该公司和主管人员早已经人去楼空，才知自己已经上当受骗。据了解，在这起诈骗案中，有150多名求职者上当受骗，其中大多数都是刚刚毕业的大学生。

（来源：《中国大学生就业》）

近年来，大学生就业压力日益增大。一些不良商家利用大学生求职心切的心理和思想单纯的性格特征，进行诈骗，严重的还会威胁大学生的人身安全。面对这种情况，大学生应提高警惕意识，重视求职安全。

（一）常见的求职安全问题

1. 收取相关费用

求职面试后，招工者以服装费、体检费、培训费、保险费、押金、手续费等名义向应聘者收取钱款。应聘者交费后，招工者要么迅速脱身，要么找借口不给安排工作，钱财积累到一定阶段便人去楼空。

2. 只试用，不聘用

有的单位为了降低用人成本，在公司业务特别繁忙的时候大量招聘低成本的应届毕业生。等试用期结束，便以各种理由不通过试用或解聘。有些单位在实习试用期间，不仅不支付任何薪资，甚至要求交培训费。

3. 借招聘骗取个人信息

很多贩卖个人信息的中介公司，为了获得更多更精准的信息，往往会在网上发布虚假招聘信息，吸引求职者前来，从而获得求职者的个人信息。

4. 受骗进入传销组织

传销公司一般先安排学生以销售人员的名义上岗工作，然后公司让学生交纳一定的提货款，再让学生去哄骗他人。有的同学在高回扣的诱惑下，甚至去欺骗自己的同学、朋友、亲人。上当之后又往往骑虎难下，最终只得自己白搭上一笔钱。

5. 女生危险多

近年来，部分专业的女生就业困难重重。一些女生在谋求就业岗位时被骗财骗色，甚至付出了生命的代价。这类单位多强调工作轻松、待遇优厚，条件为年轻貌美，以高薪、高位诱骗女大学生从事非法活动。

6. 签署有失公平的劳动合同或不签劳动合同

在严峻的就业局势下，大学生在求职中往往处于弱势地位，不少用人单位会借机提出一些明显的不合理条款，如违约金、服务期等，很多毕业生敢怒不敢言，结果造成了各种损失。另外，一些企业还会寻找各种借口不签订劳动合同，或以《高校毕业生就业协议》代替劳动合同。但其实，一些诸如工作岗位、工作条件等劳动合同的必备条款并不在《就业协议书》中体现，单凭《就业协议书》对学生正式报到就业后的劳动权利无法全面保障。

（二）确保求职安全的措施

1. 确保就业信息无误

在求职时，要注意通过正规途径获取就业信息，如学校、当地教育或人事等政府部门举办的招聘会等。通过求职网上获取的招聘信息,要注意甄别真假,投递简历前应充分了解用人单位的情况,必要时可向当地人才服务机构核实。企业资质也可通过工商部门企业信用信息网查询。

2. 在面试中保持安全的警惕意识

(1)当前往面试的第一天或职前训练的前几天,要留意该单位是否继续隐瞒工作性质及业务性质。

(2)面试地点偏僻、要求夜间面试或是转换面试地点的状况,都应加倍小心。过于隐密的面试地点不要去。

(3)在进行面试的过程中,如果遇到用人单位要交保证金或其他培训费用(如报名费、训练费、材料费等)时,一定要慎重,千万不要为了保住工作而盲目交费。

(4)面试前后应随时与学校辅导员、同学、家长保持联系,并告知面试场所地址及电话号码。面试人员要求提供亲友名单,身份证号码(复印件)的情况要注意避免。

(5)对过分强调"形象与容貌"、提供"薪金过高"(如月薪数万)的招聘信息要格外小心。

(6)看到一些编辑粗糙、内容不完整的招聘信息,不要盲目参加应聘,更不要随意投递自己的简历。

3. 学会用法律保护自己

(1)根据相关法律规定,招聘单位录用员工应与劳动者订立的是劳动合同,不是产品推销协议。毕业生要提高警惕,不要去签订以推广、促销为名的民事协议,更不要盲目签字,随意交钱。一旦上当受骗,可向当地劳动保障监察部门或公安部门报警,寻求法律保护。

(2)与用人单位签订就业协议时,应就协议中的条款内容与单位进行充分沟通,明确之后再填写清楚。

(3)同学们在就业过程中有任何疑问,均可向所在学院毕业班辅导员、学校大学生就业指导中心及时反映。

第十章
突发事件中的安全问题

　　突发事件主要是由自然、人为或社会政治原因引发的，在学生中间突然发生并迅速演化为较大规模的、威胁到学生的生命财产安全，对学校的教学、工作和生活秩序乃至社会秩序造成一定的影响、冲击或危害的事件。因此，正确认识、预防和处理大学生突发事件是一件十分重要的事情，大学生应充分了解突发事件的特点和危害性，随时洞察可能引发突发事件的苗头，预防突发事件的发生。对已经发生的突然事件，大学生要迅速采取果断、有效的措施，及时避险避难，防止事态蔓延、扩大。

第一节　避免踩踏

2014 年 12 月 31 日 23 时 35 分，正值跨年夜活动，因很多游客市民聚集在上海外滩迎接新年，上海市黄浦区外滩陈毅广场东南角通往黄浦江观景平台的人行通道阶梯处底部有人失衡跌倒，继而引发多人摔倒、叠压，致使拥挤踩踏事件发生，造成 36 人死亡，49 人受伤。

当密集人群受到惊吓时，容易产生恐慌，如听到尖叫声、爆炸声、其他刺耳的声音和突如其来的变故，会出现惊慌失措的失控局面，在无组织无目的逃生中，相互拥挤，从而出现踩踏事故。

踩踏，一般是指在某一事件或某个活动过程中，因聚集在某处的人群过度拥挤，致使一部分甚至多数人因行走或站立不稳而跌倒未能及时爬起，被人踩在脚下或压在身下，短时间内无法及时控制、制止的混乱场面。踩踏是一种极其原始的事故。每年东非大迁徙的过程中都有很多食草动物死于同类的蹄子之下，而人群的踩踏事故更是在历史长河中留下一个又一个印记。人类是天性爱群居的动物，人群就像磁铁一样对个人有着强大的吸引力。一旦人群聚集，并被街道、房屋、楼梯、栏杆压缩，危险就出现了。

踩踏多发生在人群聚居场所，学校人员相对聚集，如遇有紧急情况，疏散不及时，则容易发生踩踏事故，因此，大学生要了解踩踏的伤害，就能有效避免发生踩踏事故，规避意外伤害。

一、踩踏的危害

拥挤踩踏事故的直接危害就是人员的伤亡。

（一）身体受伤

踩踏最容易引发身体受伤，最容易造成骨折，还可造成肌肉软组织的挤压、挫裂伤，头、面、颈部的皮下点状出血或淤血，眼结膜出血，耳鼻出血、耳鸣或鼓膜穿孔等。

（二）内脏损伤

这种情况多为倒地以后被脚反复踩踏造成。最容易受损的部位是腹部，比如肝脾破裂，肠管及肠系膜广泛严重的碾搓性损伤，肾挫裂伤等。其次，胸部被踩踏可能造成肋骨骨折，肋骨刺穿肺部造成气胸、血气胸、肺部和心脏挫裂伤。头部如果遭受暴力，也可能造成急性颅脑损伤，导致死亡。

（三）窒息

人的呼吸运动需要依靠胸廓的起伏，配合腹部肌肉的运动。当胸部、腹部肌肉的活动都受到限制的时候，空气就无法吸入。比如当一个人身体被竖直埋进土里，仅颈部以上露在外面的时候，由于腹部和胸部完全没有活动空间，即使口鼻和呼吸道都通畅，也有可能窒息死亡。

二、踩踏事故发生原因

不管是在狭窄的街道、楼梯还是在宽阔的商场、广场等地，只要人群拥挤，并且发生失控现象，就有出现踩踏事故的可能。踩踏事故一旦发生，带来的危害和损失不容忽视。预防踩踏事故出现，首先应该了解踩踏事故出现的原因。

（一）逆行

在拥挤的通行人群中逆行是高度危险的行为。尤其是在狭窄的楼梯上，一部分人群上行，另一部分人群下行，当通行人数众多，上、下行人群互相干扰、阻碍时，很容易导致人群恐慌和互相推挤，进而引发踩踏事故。

（二）不慎摔倒

在拥挤的通行人群中摔倒，往往会成为踩踏事件的直接诱因。由于行走时注意力不集中，在下台阶时不慎踩空而摔倒；或者由于雨雪天楼梯湿滑，行走时不慎滑倒，而紧随其后的人群由于后面人群的裹挟前行无法止步，相继被绊倒，从而发生踩踏事故。

（三）在行进中弯腰系鞋带、捡东西

在下楼梯过程中，鞋带突然松了，或者东西掉地上了，很多人的第一反应是停下来解决问题。殊不知，如果人群拥挤，后面的人由于反应不及，很可能踩踏过去或被绊倒，从而引发事故。

（四）通行中搞恶作剧

比如故意堵住通道、出口，故意大喊大叫，故意说出吓人的话（如大喊

"地震了""鬼来了"等），引起人群恐慌，导致人群因急于离开而相互拥挤，进而酿成踩踏事故。

（五）部分人群通行速度过快

天气突然变化后，学生急于回教室、宿舍；或上课、上操铃声响后，学生急于回教室或到达操场，因部分人群通行速度快于人群的整体速度而导致推挤踩伤。

（六）突然出现异常情况

如突然停电后，学生因恐慌、害怕而相互拥挤。或在楼梯中发生异常情况时（如有人摔倒、哭泣、打架等），部分学生因好奇心驱使，不但未止步，反而纷纷凑上前去探个究竟，导致人群拥挤，发生踩踏事故。

三、避免踩踏事故

在拥挤行进的人群中，如果前面有人摔倒，而后面不知情的人若继续前行的话，那么人群中极易出现像"多米诺骨牌"一样连锁倒地的拥挤踩踏现象。在人多拥挤的地方发生踩踏事故的原因有多种，一般来讲，当人群因恐慌、愤怒、兴奋而情绪激动失去理智时，危险往往容易产生。如果你此时正好置身在这样的环境中，就非常有可能受到伤害。在一些现实的案例中，许多伤亡者都是在刚刚意识到危险就被拥挤的人群踩在脚下，因此如何判别危险，怎样离开危险境地，如何在险境中进行自我保护，就显得非常重要。

（一）遭遇踩踏时怎么办

首先，要想尽办法不要被挤倒。如果不幸倒地，应该争取迅速起来离开；如果起不来，采取以下救命姿势：①两手十指交叉相扣，护住后脑和颈部；两肘向前，护住头部。②双膝尽量前屈，护住胸腔和腹腔重要脏器，侧躺在地。

其次，如果没有倒地，在拥挤人群中，应保持类似拳击式姿势，即双手握拳在胸前；或一手握拳，另一只手握住该手手腕，双肘撑开平放胸前，用力保护自己的胸腔，保证自己能够呼吸，顺着人群寻找机会从侧边离开。

（二）遭遇拥挤的人群怎么办

第一，发觉拥挤的人群向着自己行走的方向拥来时，应该马上避到一旁，但是不要奔跑，以免摔倒。

第二，如果路边有商店、咖啡馆等可以暂时躲避的地方，可以暂避一时。切记不要逆着人流前进，那样非常容易被推倒在地。

第三，若身不由己陷入人群之中，一定要先稳住双脚。切记远离店铺的玻璃窗，以免因玻璃破碎而被扎伤。

第四，遭遇拥挤的人流时，一定不要采用体位前倾或者低重心的姿势，即便鞋子被踩掉，也不要贸然弯腰提鞋或系鞋带。

第五，如有可能，抓住一样坚固牢靠的东西，例如路灯柱之类，待人群过去后，迅速而镇静地离开现场。

（三）出现混乱局面后怎么办

第一，在拥挤的人群中，要时刻保持警惕，当发现有人情绪不对，或人群开始骚动时，就要做好准备保护自己和他人。

第二，此时脚下要稳当些，千万不能被绊倒，避免自己成为拥挤踩踏事件的诱发因素。

第三，当发现自己前面有人突然摔倒了，马上要停下脚步，同时大声呼救，告知后面的人不要向前靠近。

第四，当带着孩子遭遇拥挤的人群时，最好把孩子抱起来，避免其在混乱中被踩伤。

第五，若被推倒，要设法靠近墙壁。面向墙壁，身体蜷成球状，双手在颈后紧扣，以保护身体最脆弱的部位。

（四）事故已经发生该怎么办

第一，拥挤踩踏事故发生后，一方面赶快报警，等待救援，另一方面，在医务人员到达现场前，要抓紧时间用科学的方法开展自救和互救。

第二，在救治中，要遵循先救重伤者、老人、儿童及妇女的原则。判断伤势的依据有：神志不清、呼之不应者伤势较重；脉搏急促而乏力者伤势较重；血压下降、瞳孔放大者伤势较重；有明显外伤，血流不止者伤势较重。

第三，当发现伤者呼吸、心跳停止时，要赶快做人工呼吸，辅之以胸外按压。

第二节　躲避地震危害

 案例追击

2019 年 8 月 8 日 5 时 28 分，我国台湾宜兰县海域发生 6.4 级地震。

2019 年 6 月 17 日 22 时 55 分，我国四川省宜宾市长宁县发生 6.0 级地震。

2017 年 8 月 8 日 21 时 19 分 46 秒，我国四川省北部阿坝州九寨沟县发生 7.0 级地震。

……

（来源：中国地震局）

据统计，地球上每年约发生 500 多万次地震，即每天要发生上万次的地震。地震又称地动、地振动，是地壳快速释放能量过程中造成的振动，期间会产生地震波的一种自然现象。地球上板块与板块之间相互挤压碰撞，造成板块边沿及板块内部产生错动和破裂，是引起地震的主要原因。

地震是非常可怕的自然灾害，地震来临的时候造成的破坏相当大，甚至会出现人命伤亡，所以我们在平日里一定要了解学习关于地震的知识，在遇到突发地震灾害时更好地保护自己。

一、地震灾害

地震灾害是指由地震引起的强烈地面振动及伴生的地面裂缝和变形，使各类建筑物倒塌和损坏，设备和设施损坏，交通、通讯中断和其他生命线工程设施等被破坏，以及由此引起的火灾、爆炸、瘟疫、有毒物质泄漏、放射性污染、场地破坏等造成人畜伤亡和财产损失的灾害。深入了解地震灾害有利于大学生更好地避险避灾。地震突发性比较强，猝不及防，破坏性大，成灾广泛，社会影响深远，防御难度比较大，地震产生次生灾害，持续时间比较长，地震灾害具有某种周期性，地震灾害的损害与社会和个人的防灾的意识密切相关。

大地振动是地震最直观、最普遍的表现。在海底或滨海地区发生的强烈地震，能引起巨大的波浪，称为海啸。在大陆地区发生的强烈地震，会引发滑坡、崩塌、地裂缝等次生灾害。

二、地震预知

地震前，在自然界发生的与地震有关的异常现象，我们称之为地震前兆，它包括微观前兆和宏观前兆两大类。常见的地震前兆现象有：地震活动异常、地震波速度变化、地壳变形、地下水异常变化、地下水中氡气含量或其他化学成分的变化、地应力变化、地电变化、地磁变化、重力异常、动物异常、地声、地光、地温异常等等。当然，上述这些异常变化都是很复杂的，往往并不一定是由地震引起的。例如地下水位的升降就与降雨、干旱、人为抽水和灌溉有关。再如动物异常往往与天气变化、饲养条件的改变、生存条件的变化以及动物本身的生理状态变化等等有关。因此，我们必须在首先识别出这些变化原因的基础上，再来考虑是否与地震有关。

人的感官能直接觉察到的地震前兆称为地震的宏观前兆，简称宏观前兆。比较常见的有：井水陡涨陡落、变色变味、翻花冒泡、温度升降，泉水流量的突然变化，温泉水温的突然变化，动物的习性异常，临震前的地声和地光等。人的感官无法觉察，只有用专门的仪器才能测量到的地震前兆称为地震的微观前兆，简称微观前兆，主要包括以下几类：地震活动异常、地形异常、地球物理变化、地下流体的变化等。

宏观前兆中的动物异常是震前征兆的普遍现象，由于不同动物的生活习性和敏感程度的差异，所反映的异常状态和特征也不一样。如隆冬季节数百条毒蛇出"洞"或"自寻短见"，成千上万只青蛙携幼搬迁，离开震中数百米等。由于地震宏观前兆的特征突出，与老百姓的日常生活密切相关，并相对易于发现，因此是在大地震群测群防中最适合普及的方法。

一旦发现异常的自然现象，不要轻易作出马上发生地震的结论，更不要惊慌失措，而应当弄清异常现象出现的时间、地点和有关情况，保护好现场，向地震相关部门或政府报告，让地震相关部门的专业人员调查核实，弄清真相。

三、地震避险

我国是一个地震多发国家，在每年发生的破坏性地震当中，学校往往不同程度地存在由于避险不当造成的各种伤亡现象，如避震位置不当、慌忙外逃被坠落物砸伤、惊慌跳楼伤亡、惊慌拥挤踩踏伤亡等等。地震避险安全，是校园安全的重要组成部分，是当代大学生应当学习掌握的必要知识。

（一）自救原则与常识

地震发生时要采取积极有效的地震应急处置措施，尽最大可能减少人身伤害，保证人身安全。大学生在平时应积极参加地震应急演练，掌握一些应急逃生知识，增强地震灾害预防能力。

1. 自救原则

（1）因地制宜，正确选择。根据实际情况判断地震发生在白天还是晚上，所处地点是平房还是楼房，房屋是否坚固，室内有没有避震空间，所处的位置离房门远近，室外是否开阔、安全等。

（2）行动果断、切忌犹豫。避震能否成功，就在千钧一发之际，决不能瞻前顾后，犹豫不决。如平房避震时，更要行动果断，或就近躲避，或紧急外出，切勿往返。

（3）伏而待定，不可疾出。古人在《地震录》里曾记载："卒然闻变，不可疾出，伏而待定，纵有覆巢，可冀完卵"，意思就是说，发生地震时，不要急着跑出室外，而应抓紧求生时间寻找合适的避震场所，采取蹲下或坐下的方式，静待地震过去，这样即使房屋倒塌，人亦可安然无恙。

2. 自救常识

（1）大地震时不要急。破坏性地震从人感觉震动到建筑物被破坏平均只有12秒钟，在这短短的时间内千万不要惊慌，应根据所处环境迅速作出保障安全的抉择。如果住的是平房，那么可以迅速跑到门外；如果住的是楼房，千万不要跳楼，应立即切断电闸，关掉煤气，暂避到洗手间等狭窄的地方，或是桌子、床铺等下面，震后迅速撤离，以防强余震。

（2）人多先找藏身处。学校、商场、电影院等人群聚集的场所如遇到地震，最忌慌乱，应立即躲在桌椅或坚固物品下面，待地震过后再有序地撤离。教师、现场工作人员等必须冷静地指挥人们就地避震，决不可带头乱跑。

（3）远离危险区。如在街道上遇到地震，应用手护住头部，迅速远离楼房，到街心一带。如在郊外遇到地震，要注意远离山崖、陡坡、河岸及高压线等。正在行驶的汽车和火车要立即停车。

（4）被埋要保存体力。如果震后不幸被废墟埋压，要尽量保持冷静，设法自救。无法脱险时，要保存体力，尽力寻找水和食物，创造生存条件，耐心等待救援人员。

（二）在校园内避险

强烈的震感通常只有几秒到几十秒钟时间，较为短促，应采取"就近避震"的方式。大学生应保持镇定，切莫惊慌失措。听到警报或呼喊声时，就近躲避在安全地点，千万不要匆忙逃离教室、宿舍等建筑物。

1. 在教室内的学生

应迅速抱头或头顶书包就近躲避，身体采用卧倒或蹲下的方式，使身体尽量低，躲到桌边或内墙角，以保护身体，避免被砸。要闭上眼睛和嘴巴，用鼻子呼吸，不要靠近窗口、外墙。坐在最靠近门的同学，应首先把教室门打开。

2. 在寝室内的学生

如果有时间和机会撤离的话，应迅速有序地疏散到指定的安全地区，不要拥挤在楼梯和走廊上。如来不及撤离，则应就近避震，震后再及时撤离到安全地方。可以躲在床或书桌下面。避震时，要注意保护头部，如用枕头、书包等顶在头上，用双手护住头部。

3. 在走廊的学生

应立即选择有利的安全地点，就近躲避。避震时，蹲下或卧倒，用双手护住头部，不要站在栏杆旁、窗口边。

4. 在建筑物外的学生

应迅速跑到空旷的地方，双手抱头，防止被砸，要注意避开高大建筑物和电线杆等。在操场上的同学，感觉到地震来临时，要保持镇静，可直接在操场中央蹲下、双手抱头即可，不能乱跑，更不能躲入建筑物内。

（三）在公共场所避险

1. 在公共场所室内

在商场、电影院、体育馆等地，感觉到地震来临时，应就地蹲下或趴下，注意避开吊灯、电扇、广告牌等悬挂物，用书包等物品保护头部。还可选择结实的非易碎材质的柜台、商品（如低矮家具等）或柱子旁，以及内墙角等处就地蹲下，注意避开玻璃门窗、玻璃橱柜，避开高大不稳或摆放重物、易碎品的货架。等地震过去后，听从工作人员指挥，有组织地撤离。

2. 在行驶的交通工具上

在行驶的交通工具内突遇地震应抓牢扶手，以免摔倒或碰伤；注意降低重心，躲在座位附近，地震过去后再下车。

第三节 应对洪水危害

 案例追击

2019年6月23日9时许，南宁市消防支队指挥中心接到南宁市上林县公安局指挥中心联动警情称，南宁市上林县西燕镇江沪村内韦庄龙湖水库9名"驴友"被困，急需救援。接警后，指挥中心立即调派上林大队救援人员赶赴现场救援。

消防人员到达现场后了解到，有4男5女共计9名驴友，于22日下午进入内韦峡谷露营。23日7时左右，由于突降暴雨导致河水猛涨，道路阻断，几人被困在峡谷内无法返回。

23日11时25分，救援人员小组深入峡谷2千米处时于河对岸发现被困人员。此时拦路的河水水流十分湍急，且河床内的石块上布满湿滑的苔藓，无法通过。现场指挥员立即组织消防队员利用远距离救生抛投器将绳索抛投固定至对岸后，指导被困人员做好支点捆绑，由2名消防队员做好自身防护后，过河施救。在询问被困人员身体状况，确定无人员受伤后，消防员逐一使用绳索护送被困人员横渡湍急的河水，并带出峡谷。23日14时许，9名被困人员被成功转移至安全区域。

（来源：广西消防网）

我国幅员辽阔，大约3/4的国土面积存在着不同类型和不同程度的洪水灾害。洪灾是由于江、河、湖、库水位猛涨，堤坝漫溢或溃决，水流入境而造成的灾害。洪灾除对农业造成重大灾害外，还会造成工业甚至生命财产的损失，是威胁人类生存的十大自然灾害之一。大学生学习了解关于洪水的知识，有利于更好地应对洪水灾害。

一、洪灾的危害

洪水灾害是一个十分复杂的灾害系统，因为它的诱发因素极为广泛，水系泛滥、风暴、地震、火山爆发、海啸等都可以引发洪水，甚至人为因素也可以造成洪水泛滥。

洪水灾害是世界上最严重的自然灾害之一，洪灾往往分布在人口稠密、农业垦殖度高、江河湖泊集中、降水充沛的地方，如北半球暖温带、亚热带。中国、孟加拉国是世界上洪水灾害发生最频繁的地区，美国、日本、印度和欧洲的洪水灾害也较为严重。

中国幅员辽阔，地形复杂，季风气候显著，是世界上洪灾频发且影响范围较广泛的国家之一。全国约有35%的耕地、40%的人口和70%的工农业生产经常受到江河洪水的危险，并且因为洪水灾害所造成的财产损失居各种灾害之首。洪水出现频率高，波及范围广，来势凶猛，破坏性极大。洪水不但淹没房屋和人口，造成大量人员伤亡，而且还卷走人们居住地的一切物品，包括粮食，并淹没农田，毁坏农作物，导致粮食大幅度减产，从而造成饥荒。洪水还会破坏工厂、厂房，通讯与交通设施，从而造成对国民经济的破坏。

二、遇到洪灾时如何避险自救

（一）暴雨洪水发生前

在城区外学习或居住的大学生要避免在低洼地带、山体滑坡威胁区域和受河道出槽洪水顶冲的地方居住，不要人为侵占河道自然行洪断面。要多对房前屋后进行检查，留心附近山体变化。对应急情况下的撤离方向和地点做到心中有数，把贵重物品集中放置妥当。如果降雨较大，要查看房屋四周有无积水，排水是否畅通，防止山洪冲击房屋或浸泡地基，还要根据情况安排人守夜。

在城区内学习或居住的大学生要熟悉周围环境，自备必要的防水、排水设施，如帆布、编制袋、沙石、木板、抽水泵等。注意收听当地气象防汛部门的预报。听从老师或家长安排，及时做好人员疏导转移等工作。

（二）暴雨洪水发生后

发现重大征兆或已经发生灾害时，应尽快将消息传递出去，引起政府部门重视，争取控制灾害发展和救援。

大学生在紧急情况下，应头脑冷静，行动迅速。汛期河道涨洪时，千万不要强行过河或长距离绕行过河。在发生暴雨洪水时，大学生避雨要远离高压线路、电器设备等危险区域。

及时对溺水、触电、雷击者进行人工呼吸等紧急救护，并尽快与120联系取得救护。

（三）洪水暴发时自救方法

洪灾的发生，都是灾害能量积累到一定程度的结果，因此在洪水到来前，洪灾区群众应利用这段有限的时间尽可能充分地作好准备。有条件者可修筑或加高围堤，无条件者选择登高避难之所，如基础牢固的屋顶、在大树上筑棚、搭建临时避难台。蒸煮可供几天食用的食品，宰杀家畜制成熟食，将衣被等御寒物放至高处保存，扎制木排，并搜集木盆、木块等漂浮材料加工为救生设备以备急需，将不便携带的贵重物品做防水捆扎后埋入地下或置放高处，票款、首饰等物品可缝在衣物中；准备好医药、取火等物品，保存好各种尚能使用的通讯设施。

（四）洪水将至，应该如何逃生

当洪水来临时，不要慌张，一定要听从父母或学校的组织安排，进行避洪，千万不要轻易地涉水，也不要沿着洪道方向跑。应该向两边快速躲避，以免被卷入洪水内。

1. 认清路标

在那些洪水多发的地区，政府修筑有避难道路。一般说来，这种道路应是单行线，以减少交通混乱和阻塞。在那些避难道路上，设有指示前进方向的路标，如果避难人群未很好地识别路标，盲目地走错路，再往回折返，便会与其他人群产生碰撞、拥挤，产生不必要的混乱。

2. 保持镇定的情绪

掌握"灾害心理学"实际上也是一种学问。有专家介绍，在一个拥有150

万人口的滞洪区，当地曾做过一次避难演习，仅仅是一个演习，竟因为人多混乱挤塌了桥，发生了死伤事故。在洪灾中，避难者由于自身的苦痛、家庭的巨大损失，已经是人心惶惶，如果再受到流言蜚语的蛊惑、避难队伍中突然发出的喊叫、警车和救护车警笛的乱鸣这些外来的干扰，极易产生不必要的惊恐和混乱。

（五）哪些是较安全的避难所

避灾专家们认为，避难场所的选择不容忽视。避难所一般应选择在距家最近、地势较高、交通较为方便处，应有上下水设施，卫生条件较好，与外界可保持良好的通讯、交通联系。在城市中大多是高层建筑的平坦楼顶，地势较高或有牢固楼房的学校、医院以及地势高、条件较好的公园等。

第四节　妥善应对滑坡和泥石流

我国幅员辽阔，山地地区在雨水充沛的情况下，容易引发山体滑坡、泥石流等地质灾害。滑坡和泥石流一旦发生，会给我们的生命和财产安全带来巨大灾害。大学生应加强防范，学习滑坡和泥石流的相关知识，当遇到这类灾害时，就能采取有效的措施保护自己。

一、滑坡

滑坡是指斜坡上的土体或者岩体，受河流冲刷、地下水活动、雨水浸泡、地震及人工切坡等因素影响，在重力作用下，沿着一定的软弱面或者软弱带，整体地或者分散地顺坡向下滑动的自然现象。山体滑坡不仅造成一定范围内的人员伤亡、财产损失，还会对附近道路交通造成严重威胁。

(一)滑坡的形成条件与因素

产生滑坡的基本条件是斜坡体前有滑动空间，两侧有切割面。例如中国西南地区，特别是西南丘陵山区，最基本的地形地貌特征就是山体众多，山势陡峻，土壤结构疏松，易积水，沟谷河流遍布于山体之中，与之相互切割，因而形成众多的具有足够滑动空间的斜坡体和切割面。广泛存在滑坡发生的基本条件，滑坡灾害相当频繁。

1. 降雨对滑坡的影响

降雨对滑坡的作用主要表现在雨水的大量下渗，导致斜坡上的土石层饱和，甚至在斜坡下部的隔水层上积水，从而增加了滑体的重量，降低土石层的抗剪强度，导致滑坡产生。不少滑坡具有"大雨大滑、小雨小滑、无雨不滑"的特点。

2. 地震对滑坡的影响

究其原因，首先是地震的强烈作用使斜坡土石的内部结构发生破坏和变化，原有的结构面张裂、松弛，加上地下水也有较大变化，特别是地下水位的突然升高或降低对斜坡稳定是很不利的。另外，一次强烈地震的发生往往伴随着许多余震，在地震力的反复振动冲击下，斜坡土石体就更容易发生变形，最后就会发展成滑坡。

(二)滑坡的前兆

不同类型、不同性质、不同特点的滑坡，在滑动之前，均会表现出不同的异常现象，即为滑坡的前兆。常见的滑坡前兆，有如下几种。

1. 大滑动之前

在滑坡前缘坡脚处，有堵塞多年的泉水复活现象，或者出现泉水或井水突然干枯，井或钻孔水位突变等类似的异常现象。

2. 在滑坡体中

前部出现横向及纵向放射状裂缝，它反映了滑坡体向前推挤并受到阻碍，已进入临滑状态。

3. 大滑动之前

滑坡体前缘坡脚处，土体出现凸起现象，这是滑坡明显的向前推挤现象。有岩石开裂或被剪切挤压的现象，这种现象反映了深部变形与破裂。动物对此十分敏感，常有异常反应。

4. 临滑之前

滑坡体四周岩、土体会出现小型崩塌和松弛现象。在滑坡体范围内的动物惊恐异常，植物变态。如猪、狗、牛惊恐不宁，不入睡，老鼠乱窜不进洞。树木枯萎或歪斜等。

如果在滑坡体有长期位移观测资料，那么大滑动之前，无论是水平位移量或垂直位移量，均会出现加速变化的趋势。这是临滑的明显迹象。

滑坡后缘的裂缝急剧扩展，并从裂缝中冒出热气或冷风。

(三)滑坡的应对措施

当处在滑坡体上时，首先应保持冷静，不能慌乱。要迅速环顾四周，向较安全的地段撤离。一般除高速滑坡外，只要行动迅速，都有可能逃离危险区段。跑离时，向两侧跑为最佳方向。在向下滑动的山坡中，向上或向下跑都是很危险的。当遇无法跑离的高速滑坡时，更不能慌乱，在一定条件下，如滑坡呈整体滑动时，原地不动，或抱住大树等物，不失为一种有效的自救措施。

当处于非滑坡区，而发现可疑的滑坡活动时，应立即报告邻近的村、乡、县政府有关单位，如群测群防站或县、市（地区）及省政府设有的国土资源局，便于相关单位组织抢险救灾活动。

如遇山体崩滑，可躲避在结实的遮蔽物下，或蹲在地坎、地沟里。应注意保护好头部，可利用身边的衣物裹住头部。

二、泥石流

泥石流是指在山区或者其他沟谷深壑，地形险峻的地区，因为暴雨、暴雪或其他自然灾害引发的山体滑坡并携带有大量泥沙以及石块的特殊洪流。泥石流具有突然性以及流速快，流量大，物质容量大和破坏力强等特点。发生泥石流常常会冲毁公路、铁路等交通设施甚至村镇等，造成巨大损失。

泥石流的形成必须同时具备 3 个条件：陡峻的便于集水、集物的地形、地貌；有丰富的松散物质；短时间内有大量水源。

（一）泥石流的危害

泥石流常常具有暴发突然、来势凶猛之特点，并兼有崩塌、滑坡和洪水破坏的双重作用，其危害程度比单一的崩塌、滑坡和洪水的危害更为广泛和严重。

1. 对居民点的危害

泥石流最常见的危害之一，是冲进乡村、城镇，摧毁房屋、学校、工厂、企事业单位及其他场所设施。淹没人畜、毁坏土地，甚至造成村毁人亡的灾难。

2. 对交通的危害

泥石流可直接埋没车站，铁路、公路，摧毁路基、桥涵等设施，致使交通中断，还可引起正在运行的火车、汽车颠覆，造成重大的人身伤亡事故。有时泥石流汇入河道，引起河道大幅度变迁，间接毁坏公路、铁路及其他构筑物，有时迫使道路改线，造成巨大的经济损失。

3. 对水利工程的危害

主要是冲毁水电站、引水渠道及过沟建筑物，淤埋水电站尾水渠，并淤积水库、磨蚀坝面等。

4. 对矿山的危害

主要是摧毁矿山及其设施，淤埋矿山坑道、伤害矿山人员、造成停工停产，甚至使矿山报废。

（二）泥石流的应对措施

1. 泥石流的预防与应对措施

（1）在泥石流多发地区的学生，要随时注意暴雨预警预报，选好躲避路线，避免到时措手不及。要提前留心周围环境，特别是警惕远处传来的土石崩落、洪水咆哮等异常声响，积极做好防范泥石流的准备。

（2）在上游地区的学生，如果发现了泥石流症状，应设法立即通知泥石流可能影响的下游村庄、学校、厂矿等，以便及时躲避泥石流。

（3）在泥石流易发地区的学生，不要留恋财物，听从指挥，迅速撤离危险区。

（4）在沟谷内逗留或活动时，一旦遭遇大雨、暴雨，要迅速转移到安全的高地，不要在低洼的谷底或陡峻的山坡下躲避、停留。

（5）发现泥石流袭来时，千万不要顺沟方向往上游或下游跑，要向与泥石流方向垂直的两边山坡上面爬，且不要停留在凹坡处。千万不要在泥石流中横渡。

（6）在泥石流发生前已经撤出危险区的学生，千万不要返回收拾物品或锁门。

（7）尽快与有关部门取得联系，报告自己的方位和险情，积极寻求救援。

2. 山区旅游如何躲避泥石流

（1）在泥石流多发季节（比如夏季）内，尽量不要到泥石流多发山区旅游。

（2）出行前收听当地天气预报，在大雨天或在连续阴雨几天、当天仍有雨的情况下不要贸然成行，进入山区沟谷旅游。

（3）最好聘请一位当地向导，从而可避开一些地质不稳定的地区。

（4）准备一些必要的食品、药品、饮用水以及救生用的器材。

（5）野外扎营时，要选择平整的高地作为营址，尽量避开有滚石和大量堆积物的山坡下或山谷、沟底。

（6）在沟谷内游玩时，一旦遭遇大雨、暴雨，要迅速转移到安全的高地，不要在低洼的谷底或陡峻的山坡下躲避、停留。

（7）碰上泥石流，不能沿沟向下或向上跑，而应向两侧山坡上跑，离开沟道、河谷地带。但注意不要在土质松软、土体不稳定的斜坡停留，应选择在基底稳固又较为平缓开阔的地方停留。

（8）暴雨停止后，不要急于返回沟内住地，应等待一段时间。

第五节 其他自然灾害的防范和应对

自然灾害是人类赖以生存的自然界中所发生的异常现象，在现实生活中，自然灾害越来越严重，给人类社会造成的损失也越来越大。自然灾害包括干旱、高温、低温、寒潮、洪涝、台风、龙卷风、冰雹、霜冻、暴雨、暴雪、大雾、结冰、霾、地震、海啸、泥石流、沙尘暴、雷电、球状闪电、火山喷发等。从科学的层次上认识自然灾害的发生、发展规律，提升普通大众防灾、减灾意识和知识，尽可能减小自然灾害对人类社会所造成的危害，这已是国际社会的一个共识。

大学生了解并掌握一定的自然灾害的应对，有利于顾全个人安危，并且能够增强抗灾害意识和应对自然灾害的能力。

一、海啸

海啸是由海底地震、火山爆发、海底滑坡或气象变化产生的破坏性海浪，海啸的波速高达每小时 700~800 千米，在几小时内就能横过大洋，波长可达数百千米，可以传播几千米而能量损失很小，在茫茫的大洋里波高不足一米，但当到达海岸浅水地带时，波长减短而波高急剧增高，可达数十米，形成含有巨大能量的"水墙"。海啸主要受海底地形、海岸线几何形状及波浪特性的控制，呼啸的海浪冰墙每隔数分钟或数十分钟就重复一次，摧毁堤岸，淹没陆地，夺走生命财产，破坏力极大。

（一）海啸发生前的征兆

1. 地震是海啸最明显的前兆

如果感觉到较强的震动，不要靠近海边、江河的入海口。如果听到有关附近地震的报告，要做好防海啸的准备，注意电视和广播新闻。要记住，海啸有时会在地震发生几小时后到达离震源上千千米远的地方。不过，由于海啸的能量传播要作用于水，一个波与另一个波之间有一个距离，这个距离，就为那些有相关知识的人留下了逃生的时间。

2. 海滩出现大量深海鱼类

由于深海环境和水面有巨大差别，深海鱼类绝不会自己游到海面，只可能被海啸等异常海洋活动的巨大暗流卷上浅海。因此，深海鱼类出现在海面上，是海啸等海洋异常活动的预报。

3. 动物有异常行为

科学家认为，地震影响到地下水的流动、地球的磁场、温度和声波。动物比人类更敏感，因此它们能够比人类先感觉到变化。

4. 海水会突然下沉

海水下沉并引起水流向下沉的方向流动，从而出现快速的退潮。

5. 海面出现异常的海浪

海啸的排浪与通常的涨潮不同，海啸到来前的排浪非常整齐，浪头很高，像一堵墙一样。

（二）海啸的应对措施

了解海啸自救常识，是我们战胜自然灾难所必备的常识。因为尽管我们不能阻止海啸，却可以凭借智慧将海啸的伤害降到最小。

1. 提前撤离

沿海地区一般都设有海啸预警中心，在海啸来临前给当地民众发出警报，提醒人们提前撤离。但大多数海啸是突然来临，因此一旦发生地震或当海面出现异常情况，都要立马撤离。因为，当异常出现时就已经意味着海啸在几分钟内就会到来。要争取在当地海啸警报拉响前成功撤到安全地。一些海啸频发的国家会在海滩边设置海啸逃生路线，因此当我们在海滩边旅行时，要提前了解这一地区的逃生路线。在海啸来临前提前撤离到高处，是避免海啸灾难的最好方法。

2. 逃往内陆和高地

海啸来临时，要尽可能远离海岸线。假如已经在海边，而我们是不可能跑得过海啸的，因此海啸来临时要想幸免于难，就要快速赶往尽可能高的地方去——到海边高大、坚固的建筑物高层，低矮的房屋或木结构建筑无法抵御海啸袭击；地势较高的山坡和大树也是很好的避难所；岛屿链、深度浅的海岸和红树林可以分散和减弱海啸，但是无法抵挡非常强劲的海浪。因此，海边出行要格外注意天气预报，去之前做好旅游相关准备工作，且不可涉身探险。

3. 紧紧抓住可依附物

海浪袭来时，不仅速度快，而且冲击力还很大，会在瞬间推倒建筑，甚至将百年老树连根拔起。不过，有一些树木、路灯、建筑会抵住海浪的袭击，因此，在海啸来临而没有机会逃往高地时，要紧紧抓住或抱住身边的树木、建筑物等，坚持到海浪退却便可以生还。许多时候，人们往往不是在海浪来临时被淹没在海水中，而是在退潮时被卷走。因此，紧紧抓住一些较大的漂浮物，如床、柜子、树木等，这样即便被海浪卷走，也可以将这些物品当成临时的救生艇，等待救援。

4. 解除警报后再回家

许多不了解海啸的人，在第一波海浪冲击过后就以为安全了，因此离开逃生处回到家里，殊不知往往会在接下来更强烈的海啸中丧生。海啸不同于地震，可能持续几分钟，也可能持续几个小时。因此，只有当危险彻底过去后才能离开避难处。通常，当地政府会发出信号，告诉人们什么时候可以回家。

二、台风

 案例追击

据中华人民共和国应急管理部统计，截至 2019 年 8 月 14 日 10 时，超强台风利奇马共造成中国 1 402.4 万人受灾，57 人死亡（其中浙江 45 人，安徽 5 人，山东 5 人，江苏 1 人，台湾 1 人），14 人失踪（浙江 3 人，安徽 4 人，山东 7 人），直接经济损失 537.2 亿元人民币。

（来源：新京报）

台风是赤道以北，日界线以西，亚洲太平洋国家或地区对热带气旋的一个分级。在气象学上，按世界气象组织定义，热带气旋中心持续风速达到 12

级（即 64 节或以上，每秒 32.7 米或以上，又或者每小时 118 千米或以上）称为飓风或其他所在地近义字。西北太平洋地区采用近义字台风。

（一）台风强度等级

我国习惯称形成于 26℃ 以上热带洋面上的热带气旋为台风。但其实"台风"仅为热带气旋的一个分级。热带气旋是产生于热带洋面上的中尺度或天气尺度的暖性气旋。可见于西太平洋及其临近海域（台风）、大西洋和东北太平洋（飓风）以及印度洋和南太平洋。按照中心附近地面最大风速，可将热带气旋分为六个等级：热带低压、热带风暴、强热带风暴、台风、强台风和超强台风（表 10-1）。

表 10-1　台风的分类和风力等级

名称	风力	备注
热带低压	6~7 级 （10.8~17.1 米/秒）	台风形成最重要的起源，也是最后消失的结尾
热带风暴	8~9 级 （17.2~24.4 米/秒）	在热带低压的基础上产生。为中国沿海、日本海沿岸、印度、东南亚和美国东南部带来丰沛淡水
强热带风暴	10~11 级 （24.5~32.6 米/秒）	在热带风暴持续加强后形成。伴有暴雨、海潮与海啸，破坏力较热带风暴更强
台风	12~13 级 （32.7~41.4 米/秒）	强热带风暴继续加强后形成
强台风	14~15 级 （41.5~50.9 米/秒）	台风继续加强后形成。常伴有大暴雨、大海潮、大海啸，易造成人员伤亡，但也给广大地区带来充足雨水
超强台风	风速大于 51.0 米/秒	强台风继续加强后形成。是世界上最严重的自然灾害之一

（二）台风预警信号

台风预警信号是用来提示居民台风风力的信号。中国气象局于 2004 年 8

月 16 日发布了《突发气象灾害预警信号发布试行办法》，其中把台风预警信号分为蓝色、黄色、橙色和红色四级。

1. 蓝色预警信号

表示 24 小时内可能或者已经受热带气旋影响，沿海或者陆地平均风力达 6 级以上，或者阵风 8 级以上并可能持续。

出现蓝色预警信号，应立刻停止露天集体活动和高空等户外危险活动。相关水域水上活动应采取积极的应对措施，如回港避风或者绕道航行等。此外，还应加固门窗、围板、棚架、广告牌等易被风吹动的搭建物，切断危险的室外电源。

2. 黄色预警信号

表示 24 小时内可能或者已经受热带气旋影响，沿海或者陆地平均风力达 8 级以上，或者阵风 10 级以上并可能持续。

出现黄色预警信号，应停止室内外大型集会和高空等户外危险活动。人员切勿随意外出，以免发生意外。

3. 橙色预警信号

表示 12 小时内可能或者已经受热带气旋影响，沿海或者陆地平均风力达 10 级以上，或者阵风 12 级以上并可能持续。

出现橙色预警信号，应停止室内外大型集会、停课、停业（除特殊行业外），人员应当尽可能待在防风安全的地方。

4. 红色预警信号

表示 6 小时内可能或者已经受热带气旋影响，沿海或者陆地平均风力达 12 级以上，或者阵风达 14 级以上并可能持续。

出现红色预警信号，应立刻停止集会、停课、停业（除特殊行业外），人员应当待在防风安全的地方，当台风中心经过时风力会减小或者静止一段时间，切记强风将会突然吹袭，应当继续留在安全处避风。

（三）台风应对措施

台风带来的重创，相信很多人都清楚，除了冲毁植被、损坏建筑外，最严重的还是造成生命死亡。然而台风灾害造成的影响有些是可以避免的，我们应掌握应对台风的一些措施，更好地保护自己。

1. 台风来临前

（1）密切关注台风动向。注意收听、收看有关媒体的报道或通过气象咨询电话、广播、电视、气象网站等了解台风的最新情况。

（2）气象台根据台风可能产生的影响，在预报时采用"消息""警报"和"紧急警报"三种形式向社会发布。同时，按台风可能造成的影响程度，从轻到重向社会发布蓝、黄、橙、红四色台风预警信号，应根据预报及时采取预防措施。

（3）台风来临前，要做好充分的准备。如准备所需的食物、净水、药品、应急灯以及有关的生活必需品等，不妨多买些水果、蔬菜、鱼、肉等副食品储存在冰箱里备用。

（4）清理窗台，关好门窗。将放置在窗外不锈钢框架里或阳台上的花盆、杂物搬进室内，检查雨篷、空调室外机的固定架是否松脱。如果阳台封有铝合金窗或塑钢窗，必须检查窗架是否需要加固。检查门窗是否坚固，取下悬挂的东西，检查电路、炉火、煤气等设施是否安全。

（5）将养在室外的动植物及其他物品移至室内。特别是要将楼顶的杂物搬进来，室外易被吹动的东西要加固。住在低洼地区和危房中的人员要及时转移到安全住所。

（6）停骑单车。12 级台风刮来时，整个人体受到的风力约有 100 千克。就是 8 级风力，人体受到的冲力也很大。如果骑自行车、助动车或摩托车，受到的冲力可能更大，车头可能漂移失控。如果台风在当天下课前可能来袭，上学时就应避免骑车。

2. 台风来临时

（1）尽量不要外出。如果在外面，千万不要在临时建筑物、广告牌、铁塔、大树等附近避风避雨。

（2）如果自己或家人正在开车的话，则应立即将车开到地下停车场或隐蔽处。

（3）如果正住在帐篷里，则应立即收起帐篷，到坚固结实的房屋中避风。

（4）如果你在水面上（如游泳），则应立即上岸避风避雨。

（5）如果你已经在结实的房屋里，则应小心关好窗户，在窗玻璃上用胶布贴成"米"字图形，以防窗玻璃破碎。

（6）如台风加上打雷，要采取防雷措施。

（7）台风过后需要注意环境卫生，注意食物、水的安全。

3. 台风过去后

台风信号解除后，此时人们往往会认为危险已经远离而放松警惕，这样就给台风带来的次生灾害有了可乘之机。所以，当台风信号刚刚解除时，一定要继续保持高度的警惕性，并注意以下几点：

（1）坚持收听电台广播、收看电视。只有当撤离的地区被宣布安全时，才可以返回该地区。

（2）如果遇到路障或者是洪水淹没的道路，要切记绕道而行。

（3）避免走不坚固的桥，不要开车或乘车进入洪水暴涨区域。

（4）要检查煤气、电线线路的安全性。

（5）检查自来水的安全性，在不能确定自来水是否被污染前，不要盲目喝自来水或者用它做饭烧菜。

（6）地面水域很有可能因为地下电缆或者垂下来的电线而具有导电性，要绕道而行。看到落地电线，无论电线是否扯断，都不要靠近，更不要用湿竹竿、湿木杆去拨动电线。家住底层的市民若在台风过后回到家发现积水，必须先切断电源，再进屋收拾电线及电器设备。